智慧国土空间规划方法探索与实践应用

张鸿辉　刘小平　罗伟玲　钟镇涛　刘　耿　著

科学出版社

北京

内 容 简 介

在我国加快建立健全全国国土空间规划体系与国土空间治理数字化转型的大背景下，结合新时代推进国家治理体系与国土空间治理能力现代化的要求，本书以"可感知、能学习、善治理、自适应"的智慧国土空间规划理念为指导，围绕新时代国土空间规划编制、审查、实施、监督全业务流程智慧化管理需要，探索智慧国土空间规划的概念、内涵、理论框架与方法体系，并基于各地的国土空间规划实践工作，深入浅出地阐述了依托数字化、信息化等技术手段支撑智慧国土空间规划管理的实现路径。

本书内容通俗易懂，理论方法与实践并重，面向所有国土空间规划管理实践、行业从业人员，也可供国土空间规划相关专业师生参考。

审图号：GS 京（2024）0184 号

图书在版编目（CIP）数据

智慧国土空间规划方法探索与实践应用 / 张鸿辉等著. —北京：科学出版社，2024.3

ISBN 978-7-03-078055-3

Ⅰ. ①智⋯ Ⅱ. ①张⋯ Ⅲ. ①国土规划－研究－中国 Ⅳ. ①F129.9

中国国家版本馆 CIP 数据核字（2024）第 023174 号

责任编辑：郭勇斌 杨路诗 / 责任校对：郝甜甜
责任印制：吴兆东 / 封面设计：义和文创

科 学 出 版 社 出版
北京东黄城根北街 16 号
邮政编码：100717
http://www.sciencep.com
涿州市般润文化传播有限公司印刷
科学出版社发行 各地新华书店经销

*

2024 年 3 月第 一 版 开本：720 × 1000 1/16
2024 年 4 月第二次印刷 印张：20 1/4 插页：8
字数：408 000
定价：168.00 元
（如有印装质量问题，我社负责调换）

作 者 简 介

张鸿辉，工学博士，理学博士后，正高级工程师，广东国地规划科技股份有限公司联席总裁，自然资源部碳中和与国土空间优化重点实验室副主任，自然资源部高层次科技创新人才工程（国土空间规划行业）科技创新领军人才，广东省智慧空间规划工程技术研究中心主任，中国测绘学会青年测绘地理信息科技创新人才，广州市创新领军人才，广州市高层次人才。主持国家自然科学基金、中国博士后科学基金等国家级、省部级科研项目 30 多项，负责或主要参与国内 50 多个省、市的智慧国土空间规划建设相关工作，在国内外期刊发表文章 100 多篇，出版专著 6 部，先后获首届自然资源青年科技奖、广东省科技进步奖二等奖、湖南省科技进步奖二等奖、中国地理信息科技进步奖一等奖、全国优秀城乡规划设计奖等奖励。

刘小平，教授，博士生导师，2022 年国家杰出青年科学基金获得者，中山大学"百人计划"引进人才，中山大学遥感与地理信息工程系主任，主要从事地理模拟、空间智能、优化决策及智慧城市方面的研究。2009 年"教育部新世纪优秀人才支持计划"入选者，2011 年"全国百篇优秀博士论文"获得者，2013 年入选中组部"万人计划"青年拔尖人才，2013 年获得国家优秀青年科学基金，2015 年入选"长江学者奖励计划"青年学者。中国地理信息产业协会教育与科普工作委员会副主任，中国地理信息系统协会理论与方法专业委员会委员，中国海外地理信息科学协会（CPGIS）委员，中国自然资源学会自然资源信息系统专业委员会副主任委员，中国地理学会地理模型与地理信息分析专业委员会委员。

罗伟玲，正高级工程师，注册城乡规划师，广东国地规划科技股份有限公司总工程师，自然资源部高层次科技创新人才工程（国土空间规划行业）青年科技人才，中国土地学会专家库专家，广东省土地学会副理事长，广东省科技厅科技评审专家，广东省国土空间规划、节地评价和生态修复专家库专家。主要研究领域为智慧国土空间规划、智慧自然资源。先后作为主创人员参与 20 多个城市的土地利用总体规划，20 余项省级以上规划与自然资源领域科技项目或课题，近 30 项省、市级国土空间规划"一张图"实施监督信息系统、智慧国土空间规划信息平台项目，获得各类科学技术奖和工程技术奖近 20 项，公开发表论文 10 余篇。

钟镇涛，硕士，广东国地规划科技股份有限公司技术总监，测绘工程师。主要研究领域为智慧国土空间规划与自然资源信息化，参与国家重点研发计划课题1项，主持资源环境承载能力与国土空间开发适宜性评价、国土空间规划监测评估预警、国土空间规划三维立体管控、智能化城市体检评估等科技研发项目10余项，获测绘科学技术奖二等奖2项、广东省科技进步奖二等奖1项，公开发表论文多篇。

刘耿，博士，广东国地资源与环境研究院副院长，规划专业工程师。主要研究领域为智慧国土空间规划、城市大数据挖掘与应用研究。参与国家自然科学基金项目2项，主持实施国土空间规划监测评估预警研究、规划和自然资源信息化总体设计、国土空间规划大数据应用类重点项目10余项。获得地理信息科技进步奖一等奖等行业奖项6项，参编行业标准和团体标准4项，公开发表论文多篇。

序　一

国土空间规划作为国土空间治理的重要手段，在促进土地资源可持续利用和保护上有着不可替代的作用。改革开放四十余年风雨兼程，中国的城镇化浪潮澎湃向前，国土空间开发与保护之间的矛盾也日益加剧，如何以高水平规划引领国土空间高质量发展、高效能保护，提升国土空间治理体系和治理能力现代化水平，是新时代国土空间规划面临的一道关键性命题。

在新的发展理念与发展需求下，要提升国土空间治理能力，需要转变对规划、空间、城市等要素的理论认知，也要重构面向新时代空间治理需求的规划技术范式。以实景三维、生成式 AI、5G 等为代表的新一代信息通信技术的发展，将极大地影响和改变国土空间利用、保护、研究的方式乃至理念，推动规划管理从粗放到精细、从静态到动态、从分割到协同的根本转变。站在新时代的历史节点，我们需要用前瞻性的眼光识别与洞察新理念、新技术给空间规划带来的历史机遇，实现国土空间规划的数字化、智慧化转型，提高国土空间规划的科学性与可操作性。

《智慧国土空间规划方法探索与实践应用》立足国内外智慧规划发展现状，系统阐释了智慧国土空间规划的理论内涵、技术路径与应用案例等。全书在分析国内外智慧规划探索现状的基础上，提出了智慧国土空间规划方法体系，构建了涵盖感知、融合、发现、决策、集成的智慧国土空间规划全过程技术框架，并以理论结合实践的形式介绍了国土空间规划"编制-审查-实施-监督"全生命周期智慧化管理的技术方法与实践案例。最后，通过以国土空间规划"一张图"实施监督信息系统等为代表的信息化平台，深入阐述了信息化手段与数字化应用辅助空间规划全流程智慧化管理的具体方式。值得一提的是，书中列举的多个典型案例，生动展示了我国不同地区运用新理念、新技术探索国土空间规划智慧化转型的实践，为各地智慧国土空间规划建设提供了宝贵的参考和借鉴。

当前，我国智慧规划理论与技术方法仍在快速发展，尤其是随着全国国土空间规划实施监测网络（CSPON）建设工作的推进，今后对于智慧国土空间规划各层面的创新与研究需求仍会持续增加，该书的推出对我国国土空间规划理论与实践的创新具有开拓性的示范意义。相信该书能为推动智慧国土空间规划事业蓬勃发展发挥一定的引领作用，也期待与所有关心国土空间治理现代化的同仁共同探索，为构建更和谐、可持续的国土空间治理体系贡献智慧与力量。

郭仁忠

中国工程院院士

2024 年 3 月 12 日于深圳

序　二

数字化、网络化、智能化的全面爆发，推动了生产方式、生活方式、治理方式发生基础性、全局性和根本性的改变，也使我们有了识别空间规划发展的内在需求，洞察新技术给空间规划带来历史机遇的能力。国土空间规划数智化转型，不是对规划体制机制转型的被动回应，而是源于规划系统化进程的需求转型，并将处于长期的演进过程中，是历史发展的必然。实现现代国家空间规划的数智化转型，需要精准捕捉人民内心渴望，通过智能配置手段解决区域内部要素在各空间要素之间的不平衡问题，依托智慧数库对规划后的国土空间精准评估，以及通过智慧手段帮助作出精准、快速、有效的决策等。在新一代技术的介入下，空间规划体系得到全面的智能化，呈现出空间规划多类型融合与"感知-评价-规划-监督"全生命过程的智能化特征，也为未来城市的规划、发展提供了想象空间。

《智慧国土空间规划方法探索与实践应用》梳理了智慧国土空间规划"信息感知-信息融合-知识发现-智能决策-信息集成"全过程的关键技术，从"一张图"数据治理、智慧编制、智能审查、精准实施、监测评估预警等国土空间规划全流程管理以及信息化赋能等方面阐述了智慧国土空间规划的实现路径，并提炼了信息化支撑国土空间规划全周期管理的代表性应用案例。从方法论到技术、从模型算法到信息平台、从场景到应用，为国土空间规划智慧化发展提供了系统性的方法和实践参考。

国土空间规划陆续批复后，面临着要构建国土空间规划实施监测网络，运用数理逻辑提升对国土空间感知、管控、决策等方面的治理能力的问题。借助数据、模型和平台驱动，通过智能方法挖掘规律，并依据规律实现空间诊断、推演与场景营造，以工具理性创新引领转型时期国土空间规划的新思路，将成为未来空间规划的关键发展方向。希望《智慧国土空间规划方法探索与实践应用》的出版助力空间治理的数字化水平提升，助力学理与实践的融合。

吴志强

中国工程院院士

2024 年 2 月 21 日于上海

前　言

国土空间规划是国家空间发展的指南、可持续发展的空间蓝图，是各类开发保护建设活动的基本依据。2018 年党和国家机构改革，组建自然资源部，明确其主要职责之一是对自然资源开发利用和保护进行监管，建立空间规划体系并监督实施。此后，国土空间规划体系改革成为新时代下推进国家治理体系与治理能力现代化的重要举措，推进实现"可感知、能学习、善治理、自适应"的智慧国土空间规划，也成为新时代国土空间规划数字化转型的重要目标。

当前，全国各地经过数年的实践探索，已基本完成国土空间总体规划编制，并且积极应用数字化、信息化手段，结合新理念、新技术、新方法，在国土空间规划"一张图"建设、国土空间基础信息平台构建、国土空间规划"一张图"实施监督信息系统构建等方面做出了诸多探索与尝试，也取得了一定的成效，但离实现"可感知、能学习、善治理、自适应"的智慧国土空间规划仍有一定的差距。究其原因，目前各界对于智慧国土空间规划是什么、应该如何做、要做成怎样等尚无统一的认识与理解。

总体上，智慧国土空间规划的内涵与外延不明、目标与愿景模糊、方法与技术框架不清等，都是当前探索智慧国土空间规划道路上急需解决的关键问题。尤其是随着国土空间规划工作的不断深入，以及人工智能、大数据、实景三维等新技术快速发展，实现智慧国土空间规划的技术条件已愈发成熟，面向五级三类国土空间规划协同化、智慧化管理需要，加快厘清智慧国土空间规划基本方法与操作路径，更是深入推进国土空间规划体系改革，健全国土空间规划管理机制的重要支撑。

综上，本书紧扣当下国家政策与行业、技术变革的需求，结合笔者多年来在规划信息化领域一线的实践工作经验，深入辨析了智慧国土空间规划发展路径、理论框架、关键技术等，聚焦国土空间规划编制-审查-实施-监督全业务环节，引入了大量具备前沿性、代表性与示范性的智慧国土空间规划应用案例，通过理论方法结合实践的形式，全面分析不同地区智慧国土空间规划的探索经验，以期为我国国土空间规划事业发展提供些许参考思路与借鉴。

目　录

1 智慧国土空间规划概述

1.1 国土空间规划变革的时代背景

国土空间指国家主权与主权权利管辖下的地球表层系统大气圈、水圈、生物圈、岩石圈和人类圈的总和（陈之荣，1997）。狭义上来说，国土空间规划关注的空间主要是一个由土地资源、水资源、矿产资源、能源、生态环境和气候等自然要素，以及人口、社会、经济、基础设施和技术创新等人文要素交互作用形成的动态复杂人地关系巨系统，它是一切人类活动的物质基础，是人类社会文明可持续发展的空间载体（陈明星等，2019；冯广京等，2021）。从人类社会文明演化阶段来看，总体上经历了从以自然要素生产为主的"农业文明"，到经济要素发挥重要影响的"工业文明"，再到注重人地和谐的"生态文明"发展过程（卢风，2021）。随着人类文明的不断演进，国土空间要素演变逐渐走向多元、全面与综合，国土空间规划的理念与治理方式也发生了根本性的变革（杨保军等，2019；周旭东，2021）。国土空间规划是国家可持续发展的空间蓝图（焦思颖，2019），其不仅是规范人类活动秩序的"刚性管控"工具，而且也是落实国家"战略引领"的重要空间治理手段（林坚等，2018；Liu et al.，2021）。新中国成立以来，我国国土空间规划经历了从无到有、从少到多、从混乱到有序、从感性到理性的发展完善过程（庄少勤，2019a；叶裕民等，2019）。随着中国特色社会主义进入新时代，实现国土空间规划从信息化到智慧化的综合赋能，逐步走上智慧化治理的道路是时代发展的必然要求（甄峰等，2019b；吴志强，2022）。

1.1.1 政策要求

在生态文明建设的时代背景下，如何理顺国土空间规划职能关系，破解"多规"衔接复杂冲突、部门协调困难、规划立法薄弱等难题，构建新型统一的国土空间规划体系一直都是我国机构改革研究和实践的热点问题（谢英挺等，2015；张衍毓等，2016；严金明等，2017；晓叶，2019）。2013年以来，一系列关于国土空间规划体系建设的政策文件陆续出台，有效推动了国土空间规划改革落地。主要政策历程总结如下。

（1）"多规合一"试点探索与经验积累

2013 年 11 月，中国共产党第十八届中央委员会第三次全体会议《中共中央关于全面深化改革若干重大问题的决定》首次提出建立空间规划体系，划定生产、生活、生态空间开发管制界限，落实用途管制。2014 年，国家发展和改革委员会、国土资源部、环境保护部及住房和城乡建设部四部委联合下发《关于开展市县"多规合一"试点工作的通知》，提出在全国 28 个市县开展"多规合一"试点。2015 年 9 月，中共中央、国务院印发的《生态文明体制改革总体方案》提出，构建以空间规划为基础、以用途管制为主要手段的国土空间开发保护制度；构建以空间治理和空间结构优化为主要内容，全国统一、相互衔接、分级管理的空间规划体系，着力解决空间性规划重叠冲突、部门职责交叉重复、地方规划朝令夕改等问题。2016 年 12 月，中共中央办公厅、国务院办公厅印发《省级空间规划试点方案》，随后全国多个省区市都积极开展了"多规合一"试点，如广西、福建、宁夏等地区以省级空间规划试点为契机，在政策法规、技术方法、规划体制改革等方面积累了大量有益的实践经验，为后续国土空间规划体系改革奠定了坚实的基础。在各地的"多规合一"试点探索过程中，建设"多规合一"信息平台、统一技术规范标准，成为协调"多规"矛盾冲突、进行业务协同和信息联动共享的重要技术支撑。

（2）"五级三类四体系"的国土空间规划体系框架初成

2018 年 3 月，党和国家机构改革将国土资源部的职责、国家发展和改革委员会的组织编制主体功能区规划职责、住房和城乡建设部的城乡规划管理职责等进行整合，组建自然资源部，并赋予其"建立国土空间规划体系并监督实施"的重要职责。2019 年 5 月，《中共中央 国务院关于建立国土空间规划体系并监督实施的若干意见》明确要求将主体功能区规划、土地利用规划和城乡规划等空间规划融合为统一的国土空间规划，提出"五级三类四体系"的国土空间规划体系总体框架，即纵向分国家、省、市、县、乡（镇）五级，横向分总体规划、详细规划和相关专项规划三类，逐步建立"多规合一"的规划编制审批体系、实施监督体系、法规政策体系和技术标准体系，构建国土空间规划体系的"四梁八柱"。其中，"运用城市设计、乡村营造、大数据等手段，改进规划方法，提高规划编制水平。""形成全国国土空间规划'一张图'，推进政府部门之间的数据共享以及政府与社会之间的信息交互"成为国土空间规划体系改革的重要内容。明确到2035 年，全面提升国土空间治理体系和治理能力现代化水平，基本形成生产空间集约高效、生活空间宜居适度、生态空间山清水秀，安全和谐、富有竞争力和可持续发展的国土空间格局。

（3）国土空间规划"一张图"全面建设

2019 年 6 月，《自然资源部关于全面开展国土空间规划工作的通知》要求各地全面启动国土空间规划编制，搭建从国家到市县级的国土空间规划"一张图"实施监督信息系统，形成覆盖全国、动态更新、权威统一的国土空间规划"一张图"。2019 年 7 月，自然资源部办公厅印发《关于开展国土空间规划"一张图"建设和现状评估工作的通知》，再次明确基于国土空间基础信息平台，同步推动省、市、县各级国土空间规划"一张图"实施监督信息系统建设，为建立健全国土空间规划动态监测评估预警和实施监管机制提供信息化支撑。2020 年 5 月，自然资源部办公厅印发《关于加强国土空间规划监督管理的通知》，强调各级自然资源主管部门肩负国土空间规划监督管理的重大责任，要求各地形成国土空间规划"一张图"，作为统一国土空间用途管制、实施建设项目规划许可、强化规划实施监督的依据和支撑；建立规划编制、审批、修改和实施监督全程留痕制度，在国土空间规划"一张图"实施监督信息系统中设置自动强制留痕功能。2021 年 8 月，自然资源部办公厅印发《关于认真抓好〈国土空间规划城市体检评估规程〉贯彻落实工作的通知》，要求国土空间规划要完善规划定期评估、动态维护的实施监督机制。各地要将城市体检评估融入规划管理日常工作，结合实际细化、优化工作方案，充分利用"多规合一"相关资源，落实和完善"一年一体检、五年一评估"的常态化规划实施监督机制。2022 年 2 月，自然资源部办公厅印发《关于全面推进实景三维中国建设的通知》，强调实景三维通过"人机兼容、物联感知、泛在服务"实现数字空间与现实空间的实时关联互通，为数字中国提供统一的空间定位框架和分析基础，是国家重要的新型基础设施，是数字政府、数字经济重要的战略性数据资源和生产要素。2022 年 5 月，自然资源部办公厅印发《关于进一步加强国土空间规划"一张图"系统建设的通知》（自然资办发〔2022〕19 号），要求各地按照"统一底图、统一标准、统一规划、统一平台"要求抓紧完成"一张图"系统建设，有效支撑"三区三线"划定及规划编制、审批、修改和实施监督数字化管理；落实"数、线、图"一致要求，将各类空间需求统筹平衡后纳入"一张图"系统；落实"可考核、可审计、可追责"要求，健全全国"一张图"实施监督机制。2022 年 10 月，自然资源部印发《关于进一步加强国土空间规划编制和实施管理的通知》（自然资发〔2022〕186 号），明确依托国土空间规划"一张图"实施监督系统和监测网络，实现各级规划编制、审批、修改、实施全过程在线管理。此外，《全国国土空间规划纲要（2021—2035 年）》明确提出建设全国国土空间规划实施监测网络（China Spatial Planning Observation Network，CSPON），对资源环境承载能力和国土空间开发适宜性、国土空间开发保护状况实施动态监测评估。加强对重要控制线、重大战略区域、重点城市等规划实施情况和重大工程、重点领域、突出问题等的监测预警。

综上所述，深化落实国土空间规划体系改革，既是顺应新时代高质量发展的需求，也是落实生态文明建设的内在需要，更是建设美丽中国和实现中华民族伟大复兴的必然路径。国土空间规划"一张图"实施监督信息系统是建立国土空间规划体系并监督实施的重要技术支撑，基于新技术、新手段，为国土空间规划编制、审批、修改和实施监督全周期管理提供信息化技术支持，为打造"可感知、能学习、善治理、自适应"的智慧规划奠定基础。

1.1.2　行业发展

建立并完善国土空间规划体系不仅是国家的重大战略部署，而且也是推进国家治理体系和治理能力现代化的重要举措（董祚继，2019；黄征学等，2020；刘莉，2022）。国土空间规划既不同于传统以发展建设为主体导向的城乡规划，也不同于传统以管控为主的土地利用规划，国土空间规划是一个属于新时代的新生事物（林坚等，2018；庄少勤，2019b）。国土空间规划既要实现诸多技术层面的全面整合，也要实现空间规划逻辑的全面创新，目的是促进国土空间实现治理体系和治理能力的全面升级（孟鹏等，2019；汪彬，2021）。国土空间规划体系需要统筹保护与发展等诸多目标，必然是一个极其复杂的系统工程，也必将是一个持续不断地调适和完善的过程（张京祥等，2019；陈明星等，2019）。显然，国土空间规划体系建设需要全面重构现有空间规划逻辑，特别是规划理念和思维方式急需实现从以工业文明为主导向以生态文明为主导的根本转变（张晓玲等，2020；王天青，2021；孙加峰等，2022；王朋伟，2022）。国土空间规划不仅是谋划自然资源开发与保护的蓝图，更是响应国家"双碳"目标和"两个一百年"奋斗目标的重要抓手（崔金丽等，2022；王伟等，2022）。因此，传统的规划理念与技术手段已不足以满足国土空间规划事业发展的需要，新时代的国土空间规划要在吸纳以往各种规划体系优点的基础上，注重新理念、新方法、新手段的集成应用（李鹏等，2021；卢庆强等，2021；李继军等，2021）。

根据国土空间治理能力现代化的发展需求，新时代的国土空间规划将是"可感知、能学习、善治理、自适应"的智慧规划或智慧型"生态规划"，规划的三个核心问题在于"取势、正道、优术"。所谓取势，是指好的规划应具有前瞻性，要善于"无中生有"，并顺势而为；正道，是指规划要讲究科学性，只有掌握科学的规律、把握正确的原则，才能有针对性地解决问题；优术，则是指要优化工作方式与机制，保证规划能有效实施和运行（庄少勤，2019c）。只有理解并遵循上述原则，才能做出"能用、管用、好用"的国土空间规划。在当前的互联网大数据和人工智能时代，5G、互联网、物联网等数字基础设施的建设，可提高空间规划感知、认知、预知和自适应能力，为实现"可感知、能学习、善治理、自适应"的智慧国土空间规划提供了发展基础（高铭等，2021；谢花林等，2022）。由此可见，"可感知、能学习、善治理、自适应"的智慧规划理念是新时代下转换空间规划理念的迫切需求，它的出现有其历史必然性，将贯穿未来国土空间规划的全生命周期（张鸿辉等，2019）。

1.1.3 技术趋势

新一代信息技术的快速发展导致数据呈现爆发式增长，推动了新兴技术的发展和各行各业的数字化变革，国土空间规划行业也不例外。实际上，利用信息技术支撑国土空间规划有着天然的契合性。在数据层面上，国土空间规划涉及的数据来源广泛且类型多样，不仅包含矢量数据、遥感影像、数字高程模型（digital elevation model，DEM）等传统地理信息，也包含建筑信息模型（building information model，BIM）、激光雷达（light detection and ranging，LiDAR）点云、位置大数据、视频等新型地理信息；在技术层面上，空间规划涉及大数据、人工智能、地理智能、移动互联网、物联网、高性能计算、虚拟仿真、区块链、泛在地理信息等一系列新技术，这些海量的数据资源与智慧化的信息技术是智慧国土空间规划转型的主要动力和重要支撑（秦萧等，2019；王柱等，2021；谢静等，2021）。自20世纪晚期智慧城市（smart city）概念提出以来，智慧化建设就融入了城市发展的方方面面，智慧城市逐渐成为一些发达国家的新潮流。例如，2005年，新加坡与美国麻省理工学院的可感知城市实验室（SENSEable City Lab）合作，建设了一个名为"实时新加坡"（LIVE Singapore！）的大数据平台（Kloeckl et al.，2012）。当前，智慧技术逐渐得到空间规划研究和管理者的关注，越来越多的城市也在引进智慧技术进行智慧实践探索（Batty et al.，2012；董宏伟等，2014；Kitchin，2014）。

近年来，随着建立国土空间规划体系的逐步明确，国家也出台了一系列政策文件，鼓励在国土空间治理中运用大数据与新技术。2016年，国土资源部发布的《关于促进国土资源大数据应用发展的实施意见》指出，在新一代信息技术迅猛发展的背景下，要创新国土资源管理方式，促进国土资源决策科学化。将大数据与自然资源调查、年度变更调查和有关专项调查相结合，有助于摸清家底，协调矛盾，形成科学编制规划的底数、底盘和底图。2018年9月，中央全面深化改革委员会第四次会议通过《关于统一规划体系更好发挥国家发展规划战略导向作用的意见》，明确提出要综合运用大数据、云计算等现代信息技术，创新规划编制手段；充分发挥科研机构、智库等对规划编制的辅助支持作用。2019年5月，《中共中央 国务院关于建立国土空间规划体系并监督实施的若干意见》明确强调要利用大数据等手段，改进规划方法，提高规划编制水平。因此，基于海量大数据的支撑，利用互联网、云计算和人工智能等信息技术进行赋能，智慧国土空间规划建设和国土空间治理能力现代化的科技创新要求已逐步明晰，大数据与人工智能等新技术已成为智慧国土空间规划必不可少的支撑（吴志强，2018；甄峰等，2019a；王伟，2019）。

1.2 国土空间规划智慧化转型的重要意义

1.2.1 发展智慧国土空间规划理论体系

以城乡规划为代表的传统规划对城市问题的分析认识主要以定性描述和简单统计为主，缺乏对问题的形成过程、动态变化和空间关联进行系统性研究；规划成果的表达，注重静态的规划蓝图和目标描述，缺乏对空间发展演变进行动态系统性模拟仿真和可视化表达，且规划实施监督能力不足（席广亮等，2015）。随着遥感监测、社会感知和人工智能等新技术的发展，规划设计在技术及方法上面临着巨大的变革，同时也推动了国土空间规划编制、管理、实施、监督评估预警技术方法的创新（甄峰等，2019a）。以实践应用为导向，以智慧化为抓手，推动国土空间规划的编制、审查、实施、监督全周期管理中的关键技术研究，创新国土空间规划分析方法和研究手段，可有效推动传统规划技术转型，促进规划行业技术进步。

国土空间规划是国家空间发展的指南、可持续发展的空间蓝图，是各类开发保护建设活动的基本依据。面向新时代国土空间规划智慧化发展的现实需求，构建智慧国土空间规划的理论框架，是促进"可感知、能学习、善治理、自适应"智慧规划转型的基础。因此，加快智慧国土空间规划探索一方面有助于完善国土空间规划理论体系，另一方面也可以更好地指导国土空间规划实践，特别是在应用中得到反馈，进而丰富国土空间规划内涵和形成更加完善的智慧国土空间规划理论框架（李满春等，2019）。是以，探索构建新时代智慧国土空间规划理论方法框架，厘清智慧国土空间规划的内涵与外延、目标与实现路径等具有非常重要的理论意义。

1.2.2 服务国土空间规划全周期精细管理

规划的编制、审批、实施管理衔接不畅是传统规划乱象产生的重要原因，实行国土空间规划编制、审批、管理的全周期管理是新时代国土空间规划体系改革的重大要求（周俊杰，2020）。国土空间规划除了理论与方法上的智慧化改进，还需要注重国土空间基础信息平台的建设（周晓然等，2020）。为了解决国土空间规划编制全要素空间信息感知、分析能力匮乏，规划审查人工依赖严重、判识不准、计算不明，规划实施管控能力不足、管控手段不够智能等问题，急需研究智慧规划信息平台建设路径与方法。以一体化信息平台为载体，集成国土空间规划的编制、审查、实施、监测、评估和预警全流程，可实现国土空间规划成果信息化审查与管理，国土空间规划实施情况的动态监测、评估和及时预警，并对规划编制、审批、修改和实施监督管理行为进行全过程回溯、查询，有助于实现国土空间规划全生命周期闭环管理。

相比于传统孤立、静态的空间治理，智慧国土空间规划可促使空间治理模式升级，特别是结合"空天地网云"一体化的数字化与信息化优势（李德仁，2012），可大幅提升国土空间治理体系和治理能力现代化水平。因此，智慧国土空间规划理念技术在促进国土空间规划全生命周期管理的同时，可进一步推动国土空间治理的智慧化，进而提高国土空间治理的精细化水平（徐辉，2019）。

1.2.3 助力国土空间治理能力现代化

新时代发展追求人与自然和谐共生，新时代国土空间规划体系构建是在工业文明向生态文明转变背景下规划领域的一次重大变革，规划是国家治理的重要政策工具之一。以人工智能、大数据和云计算等为主的信息化技术赋能是当前国土空间规划智慧化的主要动力与发展重点，而如何理解并推进智慧社会发展则是智慧编制与实施国土空间规划的重要基础（何瑞东，2018）。人地关系和地域生命有机体理论是智慧社会下国土空间规划与治理的理论与方法基础，需要从信息化赋能向包含技术赋能与创新赋能的综合赋能理念转变，研究智慧国土空间规划的总体思路，进而构建以生态文明为基础、以人为本为核心、技术集成应用和制度创新为支撑的智慧国土空间规划框架，并探讨规划编制的智慧化以及规划实施的智慧化（甄峰等，2019b）。因此，开展智慧国土空间规划方法、技术和实践探索可有效促进国土空间治理能力现代化。

当前，智慧国土空间规划一方面需通过新技术的运用加强对空间底线的管控，改变人类活动对自然单一索取的方式，促进人与自然和谐共生；另一方面突出国土空间资源的生态价值属性，通过新技术、新方法提升对国土空间资源的统筹和调配作用，实现更高质量的发展，支撑生态文明的整体转型和高水平建设要求。

1.3 智慧国土空间规划五大核心内容

国土空间规划是一个新生事物，仍有诸多基础方法和技术需要探索。在高质量发展和生态文明建设大背景下，融合新型信息化技术与国土空间治理需求，探索智慧国土空间规划的理论、方法、技术与实施路径是国土空间规划领域的新挑战。鉴于此，本书聚焦智慧国土空间规划的方法框架、关键技术、数据资源体系、应用实践和信息平台五个方面,提出从方法到实践的智慧国土空间规划构建路径,以期为新时代智慧国土空间规划提供建设思路和案例借鉴。

1.3.1　智慧国土空间规划方法框架构建

在如何实现国土空间规划智慧化的道路上,前人在理论、方法和实践等方面都做了广泛的研究和探索,这对国土空间规划体系建设和规划实践具有非常重要的借鉴意义。认识到国土空间规划的智慧化,是一个从理论方法到实践的持续过程,需要对新理念、新思路、新方法、新技术进行整体性思考和系统性的综合研究,需要构建一个总体的智慧国土空间规划方法框架,系统化回答国土空间规划智慧化的系列问题。比如,智慧国土空间规划的"智慧"究竟是如何体现的,如何通过规划理念上的转变与技术上的革新来实现智慧国土空间规划,以及智慧国土空间规划的主要目标和实现路径有哪些。针对目前亟待回答的相关理论方法问题,本书主要从智慧国土空间规划的内涵、目标、逻辑、路径以及方法等层面构建其方法框架。

1.3.2　智慧国土空间规划关键技术研究

智慧国土空间规划的实现离不开新技术的发展和运用。当前,智慧国土空间规划主要得益于三大关键技术的应用,即人工智能、大数据和云计算。在规划编制中,可结合卫星遥感、无人机、各类监测平台等提供的大规模数据,运用人工智能信息提取和识别的方法,在建筑、水体、道路等地物要素的精准提取和动态变化监测方面,实现数据的智能化、高效化、精准化获取,提升规划编制的数据获取能力;在规划实施中,运用多源时空大数据融合和挖掘技术,建立多层次、多尺度、多模态的时空数据挖掘体系,对多源数据开展提取与分析,实现人群时空分布、出行模式等的综合评估和精准识别,支撑智能化的知识发现,为空间规划决策提供支持;在规划建设和管理运行中,利用云计算技术支撑空间规划海量数据的分布式计算和城市运行状态的及时呈现,提升对国土空间的全周期管控能力。如何进一步将智能化技术、方法与国土空间规划具体业务相结合,构建以人工智能、大数据和云计算等为核心的智慧国土空间规划技术体系,使智慧化贯穿于国土空间规划的各个环节,是本书探讨的重要内容之一。

1.3.3　智慧国土空间规划数据资源体系建设

数据资源是开展国土空间规划工作的基础。目前,自然资源部门掌握了包含原有的国土、海洋、规划等部门汇聚的一批基础数据和业务数据，但存在格式不一、标准不一、交叉重叠、分散存储和条块应用等情况，数据动态管理、信息智能提取、智慧融合应用的数据服务体系不健全。因此，急需建立数据标准规范，并对现有数据资源进行整理分类和治理，形成统一的数据资源体系，以整体提升数据管理和服务的全周期、智慧化应用支撑能力。本书主要围绕国土空间规划"一张图"的建设开展技术方法研究，探索如何推动形成覆盖全域、坐标一致、边界吻合、上下贯通的国土空间规划"一张图"，为智慧国土空间规划提供统一的底图、底数、底板。

1.3.4　智慧国土空间规划全周期管理应用

针对现行国土空间规划编制、审查、实施存在的不协同、不智能、不精准等问题，通过信息化等手段赋能国土空间规划全周期管理，引领国土空间治理方式变革，进一步提升管理和服务效能是新时代智慧国土空间规划的新要求。在国土空间规划编制阶段，急需大数据等技术手段支撑国土空间自然资源条件分析评价、区域协同、"三线"划定、基础设施与公共服务设施配置等重大专题研究，提升规划编制的科学性；在国土空间规划审查阶段，急需规则模型、智能审查工具等技术的支持，推进规划成果自动化审查，减少规划审查的人工干预，提升审查效率；在国土空间规划实施阶段，急需 GIS 分析模型等应用于规划项目选址、建设项目策划生成等，急需监测评估预警模型应用于规划实施评估、体检评估及监测预警，提高实施监督的精准性和及时性。针对国土空间规划编制、审查、实施存在的相关问题，本书主要研究新技术、新方法的融入和结合，探索智慧国土空间规划全周期管理的主要路径。

1.3.5　智慧国土空间规划相关平台（系统）建设

面向国土空间规划全周期管理的应用需求，依据《自然资源部办公厅关于开展国土空间规划"一张图"建设和现状评估工作的通知》（自然资办发〔2019〕38 号）等相关文件要求，急需集成国土空间规划编制、审查、实施、监测、评估和预警全周期管理关键技术，搭建集数据资源管理、业务应用支撑、共享交换、运维管理等于一体的基础平台和应用支撑系统，提供大数据接入、存储和分析支撑能力，为时空数据的治理和管控、国土空间规划的全周期管理提供支撑。本书主要对国土空间规划全周期数字化支撑应用系统的设计思路、主要功能进行分析总结，重点研究包括国土空间基础信息平台、国土空间规划"一张图"实施监督信息系统等，构建全领域覆盖、多维度监管的闭环运行应用体系，支撑全流程智能监管。

参 考 文 献

陈明星, 梁龙武, 王振波, 等, 2019. 美丽中国与国土空间规划关系的地理学思考[J]. 地理学报, 74(12): 2467-2481.

陈之荣, 1997. 最新的地球圈层: 人类圈[J]. 地理研究, 16(3): 95-100.

崔金丽, 朱德宝, 2022. "双碳"目标下的国土空间规划施策: 逻辑关系与实现路径[J]. 规划师, 38(1): 5-11.

董宏伟, 寇永霞, 2014. 智慧城市的批判与实践: 国外文献综述[J]. 城市规划, 38(11): 52-58.

董祚继, 2019. 新时代国土空间规划的十大关系[J]. 资源科学, 41(9): 1589-1599.

冯广京, 王睿, 谢莹, 2021. 国家治理视域下国土空间概念内涵[J]. 中国土地科学, 35(5): 8-16.

高铭, 刘丽, 张苗琳, 等, 2021. "多规协同"目标下的数据治理体系方法研究[C]//中国城市规划学会城市规划新技术应用学术委员会, 广州市规划和自然资源自动化中心. 创新技术·赋能规划·慧享未来: 2021年中国城市规划信息化年会论文集. 南宁: 广西科学技术出版社.

何瑞东, 2018. 中国"智慧国土"工程建设现状与发展[J]. 科技导报, 36(18): 10-15.

黄征学, 王丽, 2020. 国土空间治理体系和治理能力现代化的内涵及重点[J]. 中国土地, (8): 16-18.

焦思颖, 2019. 将国土空间规划一张蓝图绘到底[N].中国自然资源报, 2019-05-29(1).

李德仁, 2012. 论空天地一体化对地观测网络[J]. 地球信息科学学报, 14(4): 419-425.

李继军, 魏水芸, 王楚涵, 2021. 国土空间规划的国家战略思维[J]. 中国名城, 35(10): 13-18.

李满春, 陈振杰, 夏南, 2019. 打造新时代智慧型国土空间规划[N].中国自然资源报, 2019-06-26(6).

李鹏, 马灿, 2021. 国土空间详细规划技术逻辑重塑与创新[J]. 规划师, 37(9): 5-9.

林坚, 吴宇翔, 吴佳雨, 等, 2018. 论空间规划体系的构建: 兼析空间规划、国土空间用途管制与自然资源监管的关系[J]. 城市规划, 42(5): 9-17.

刘莉, 2022. 新时代区域协调发展中空间治理的现代化[J]. 社会主义研究, (1): 84-90.

卢风, 2021. 农业文明、工业文明与生态文明: 兼论生态哲学的核心思想[J]. 理论探讨, (6): 94-101.

卢庆强, 尚嫣然, 崔音, 2021. 省级国土空间规划空间格局构建逻辑与技术体系[J]. 规划师, 37(6): 11-18.

孟鹏, 王庆日, 郎海鸥, 等, 2019. 空间治理现代化下中国国土空间规划面临的挑战与改革导向: 基于国土空间治理重点问题系列研讨的思考[J]. 中国土地科学, 33(11): 8-14.

秦萧, 甄峰, 李亚奇, 等, 2019. 国土空间规划大数据应用方法框架探讨[J]. 自然资源学报, 34(10): 2134-2149.

孙加峰, 彭文英, 2022. 新时代生态文明体系构建思考[J]. 合作经济与科技, (8): 170-172.

汪彬, 2021. 完善国土空间治理的逻辑及进路[J]. 开放导报, (6): 90-96.

王朋伟, 2022. 五大发展理念视域下的生态文明观[J]. 中共乌鲁木齐市委党校学报, (1): 1-7.

王天青, 2021. 生态文明体制下的国土空间规划技术逻辑思考[J]. 规划师, 37(S2): 5-10.

王伟, 2019. 国土空间整体性治理与智慧规划建构路径[J]. 城乡规划, (6): 11-17.

王伟, 邹伟, 张国彪, 等, 2022. "双碳"目标下的城市群国土空间规划路径与治理机制[J]. 环境保护, 50(Z1): 64-69.

王柱, 段献, 姜沛辰, 等, 2021. 融合·智慧·协同: 面向新时代的智慧规划大数据平台建设探讨[C]//中国城市规划学会城市规划新技术应用学术委员会, 广州市规划和自然资源自动化中心. 创新技术·赋能规划·慧享未来: 2021年中国城市规划信息化年会论文集. 南宁: 广西科学技术出版社.

吴志强, 2018. 人工智能辅助城市规划[J]. 时代建筑, (1): 6-11.

吴志强, 2022. 融合生态文明 回归规划要义 面向技术赋能: 解读《国土空间规划标准体系建设三年行动计划》[J]. 未来城市设计与运营, (1): 15-16.

席广亮, 甄峰, 2015. 过程还是结果? ——大数据支撑下的城市规划创新探讨[J]. 现代城市研究, (1): 19-23.

晓叶, 2019. 让科学的空间规划体系引领保障绿色高质量发展: 谈国土空间规划体系的建设与实施[J]. 中国土地, (6): 1.

谢花林, 温家明, 陈倩茹, 等, 2022. 地球信息科学技术在国土空间规划中的应用研究进展[J]. 地球信息科学学报, 24(2): 202-219.

谢静, 李淼, 2021. 大数据时代智慧国土空间规划发展研究[J]. 智能建筑与智慧城市, (9): 22-23.

谢英挺, 王伟, 2015. 从"多规合一"到空间规划体系重构[J]. 城市规划学刊, (3): 15-21.

徐辉, 2019. 面向城市精细化治理的大数据应用探索[J]. 中国建设信息化, (9): 12-15.

严金明, 陈昊, 夏方舟, 2017. "多规合一"与空间规划: 认知、导向与路径[J]. 中国土地科学, 31(1): 21-27.

杨保军, 陈鹏, 董珂, 等, 2019. 生态文明背景下的国土空间规划体系构建[J]. 城市规划学刊, (4): 16-23.

叶裕民, 王晨跃, 2019. 改革开放 40 年国土空间规划治理的回顾与展望[J]. 公共管理与政策评论, 8(6): 25-39.

张鸿辉, 洪良, 罗伟玲, 等, 2019. 面向"可感知、能学习、善治理、自适应"的智慧国土空间规划理论框架构建与实践探索研究[J]. 城乡规划, (6): 18-27.

张京祥, 夏天慈, 2019. 治理现代化目标下国家空间规划体系的变迁与重构[J]. 自然资源学报, 34(10): 2040-2050.

张晓玲, 吕晓, 2020. 国土空间用途管制的改革逻辑及其规划响应路径[J]. 自然资源学报, 35(6): 1261-1272.

张衍毓, 陈美景, 2016. 国土空间系统认知与规划改革构想[J]. 中国土地科学, 30(2): 11-21.

甄峰, 秦萧, 2019a. "前瞻引领, 科技支撑, 高效驱动, 精准赋能": "智慧社会下的国土空间规划创新"专辑发刊词[J]. 自然资源学报, 34(10): 2037-2039.

甄峰, 张姗琪, 秦萧, 等, 2019b. 从信息化赋能到综合赋能: 智慧国土空间规划思路探索[J]. 自然资源学报, 34(10): 2060-2072.

周俊杰, 2020. 国土空间规划"一张图"[J]. 中国建设信息化, (21): 16-17.

周晓然, 谢嘉成, 杨海刚, 等, 2020. 面向国土空间规划编制的新型信息平台创新模式研究[C]//中国城市规划学会. 面向高质量发展的空间治理: 2020 中国城市规划年会论文集. 北京: 中国建筑工业出版社.

周旭东, 2021. 国土空间规划再认识: 我国空间规划演进与变革刍议[J]. 福建建筑, (11): 11-16, 45.

庄少勤, 2019a. 新时代的空间规划逻辑[J]. 中国土地, (1): 4-8.

庄少勤, 2019b. 国土空间规划应避免"穿新鞋走老路"[J]. 住宅产业, (9): 64-65.

庄少勤, 2019c. 新时代国土空间规划优化|规划的逻辑有势、道、术[EB/OL]. (2019-03-18)[2024-02-20]. https://www.ciyew.com/policy/4430-2965.html.

Batty M, Axhausen K W, Giannotti F, et al., 2012. Smart cities of the future [J]. The European Physical Journal Special Topics, 214(1): 481-518.

Kitchin R, 2014. The real-time city? Big data and smart urbanism [J]. GeoJournal, 79(1): 1-4.

Kloeckl K, Senn O, Ratti C, 2012. Enabling the real-time city: LIVE Sigapore！[J]. Journal of Urban Technology, 19(2): 89-112.

Liu Y, Zhou Y, 2021. Territory spatial planning and national governance system in China[J]. Land Use Policy, 102: 105288.

2　智慧国土空间规划发展与探索

2.1　国外空间规划体系的发展

空间规划一词最早在 1893 年的 "欧洲区域/空间规划章程" 中提出，被定义为经济、社会、文化和生态政策在空间上的体现，是为了实现区域的平衡发展而制定的一种跨领域的综合性规划方法（钱慧等，2011）。空间规划概念提出的本质目标是在全球化和欧洲一体化的背景下，促进欧盟内部国家与国家间、城市与城市间的地区平衡和空间可持续发展。1997 年，《欧洲空间规划制度概要》将空间规划正式定义为 "主要由公共部门使用的影响未来活动空间分布的方法，其目标是创造一个更合理的土地利用和功能关系的领土组织，来平衡环境保护和社会、经济发展的需求"（European Communities et al.，1997）。目前，欧洲大部分发达国家、美国、日本等均建立了空间规划体系，但由于各个国家政治经济体制、经济发展水平的差异性，空间规划的框架体系、内容、政府管控权限等均存在差异。

2.1.1　英国

作为现代城市规划的起源国，世界上第一部城市规划法——《住房与城市规划诸法》的诞生地，英国在城市规划（空间规划）[①]方面的理论与实践研究一直处于世界前列。英国的空间规划体系经历了国家、地方两级管理，到国家、区域、地方三级管理，再回归到国家、地方两级管理（邓丽君等，2020a）。2004 年，英国颁布了《规划和强制收购法》，建立了含国家、区域、市镇三级的空间规划体系（徐杰等，2016）。其中，国家层面主要制定宏观政策，包括住房、可再生能源、食品安全等，包含在《国家规划政策指导框架》（National Planning Policy Framework，NPPF）内，这些政策对地方政府是一种指导（guidance）而不是指示；区域层面，英格兰被划分为 9 个区域，由每个区域设立的规划机构提出 "区域空间战略"，在空气质量、生物多样性和自然保护、气候变化等 17 个方面的空间发展议题基础上，依据各区域发展背景及相关的政策和法规进行编制（陈志

---

① 本书所指的英国空间规划，实际上就是英格兰空间规划。

敏等，2006），区域空间战略为地方发展框架中的文件和具体政策的制定提供一个基础和框架的指导；地方（市镇）层面，编制地方发展框架（包含一系列的核心政策和相关规划文件），是规划项目许可审批的直接依据，并可指导土地利用（周姝天等，2017），具体的内容详见表2-1。

表 2-1　2004 年英格兰空间规划体系框架和主要内容

层次	空间规划重点
国家	国家规划政策 反映政府总体发展目标和综合政策倾向
区域	区域空间战略 包含空间愿景和区域发展战略 细化和落实国家规划政策的要求 综合考虑本区域的特色、内部协调和可持续发展 制定战略和区域政策，为地方规划的制定提供框架
地方（市镇）	地方发展框架 包含一系列的核心政策和相关规划文件 注重地方特性和政策可持续性 规划项目许可审批的直接依据 指导土地利用

2.1.2　荷兰

荷兰是欧美国家中建设密度最高的国家之一，但在拥有高密度城镇空间的同时也拥有着优美的自然环境和生态空间，荷兰规划长期以来在国际规划领域享有很好的口碑（张书海等，2014）。荷兰的空间规划分为国家、省级和市级三个层次，其中国家和省级的空间规划都是指导性的。国家层面的规划称作空间发展战略，主要解决空间发展的核心决策问题；省级空间规划本质上是区域规划；市级层面规划分两个层次：一是结构规划，二是土地利用规划。其中，土地利用规划的核心内容是不同土地利用的分配和使用方案，对地方开发建设活动具有绝对的约束力，是整个规划体系的核心所在（牛赓等，2018）。荷兰空间规划体系框架和主要内容见表2-2。

表 2-2　荷兰空间规划体系框架和主要内容

层次	空间规划重点
国家	国家空间发展战略 解决空间发展的核心决策问题 指导性规划
省级	省级空间规划 本质上是区域规划 衔接性规划。对上，将国家层面的空间政策转化成区域（省域）尺度可操作性的准则；对下，关注市级层面的空间规划行为，必要时对其施加影响

续表

层次	空间规划重点
市级	结构规划 　空间范围为市域范围 　市级政策导则 土地利用规划 　空间范围为周边城市部分 　核心内容是不同土地利用的分配和使用方案 　对地方开发建设具有绝对的约束力

2.1.3　德国

德国自 19 世纪经历了快速工业化和城市化进程后，成为欧洲第一个建立空间规划体系的国家（邓丽君等，2020b）。德国空间规划可以分为正式规划和非正式规划，其中正式规划包括综合空间规划和专项规划，综合空间规划包括空间布局规划（联邦、联邦州层面）和建设规划（市镇层面）（图 2-1）。

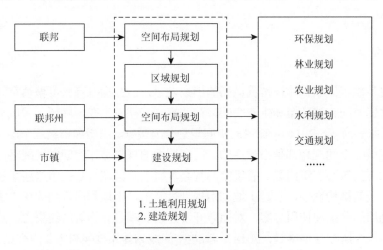

图 2-1　德国空间规划体系（正式规划）框架

综合空间规划指协调不断出现的空间要求以及空间关系的规划，涵盖了联邦、联邦州、市镇 3 个层面上的正式法定规划（周颖等，2006）。在联邦州以下，介于州域规划层面和市镇规划层面，可以制定区域规划，用以解决城市之间的空间发展问题的规划。联邦层面和联邦州层面的空间规划属于空间布局规划，保障各空间功能分区以及区域的综合发展、整顿和安全，在法律体系上优先于建设规划和专项规划。市镇层面的空间规划属于建设规划，包含土地利用规划和建造规划。

其中，土地利用规划是建设规划的预备规划，目的是掌握及确定整个市镇地域的土地利用类型，建造规划则必须根据土地利用规划，对一定区域建造具体实施时的相关土地利用以及建筑控制等进行确定。专项规划主要有环保、林业、农业、水利等相关专项规划。

空间规划协调方面，纵向上，建设规划必须与空间布局规划相适应，反过来空间布局规划必须注意建设规划的现实条件和需要；横向上，在同一个规划层面，综合空间规划必须与专项规划适应。

2.1.4　日本

日本空间规划体系的形成缘于第二次世界大战后国土开发和城市建设的极大需求。伴随着《城市规划法》《国土形成规划法》《国土利用规划法》三部法律的制定，日本逐渐构建起比较完备的空间规划体系。日本的空间规划体系主要是国家层面国土形成规划和地方层面国土利用规划共同作用的规划体系（李亚洲等，2020），包括依据《国土形成规划法》编制的国土形成规划；依据《国土利用规划法》编制的国土利用规划（在都道府县层面编制土地利用基本规划）；依据各专业法规编制的部门土地利用规划（如依据《城市规划法》编制的城市规划等）。日本空间规划体系框架详见图2-2。

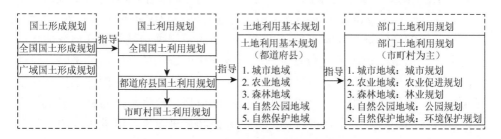

图2-2　日本空间规划体系框架

日本空间规划体系主要内容如表 2-3 所示。其中，国土形成规划在国家层面编制，是涉及国土空间、经济发展的战略方针性规划，体现了国家的宏观调控思路，对其他规划有着很强的指导作用；国土利用规划是对国土形成规划中的国土利用战略的补充深化，是确定国土利用基本方针、用地数量、布局方向和实施措施的纲要性规划，在全国、都道府县、市町村三个层级进行编制，其中都道府县层面还将编制土地利用基本规划；土地利用基本规划是在国土利用规划的指导下编制形成，主要将土地划分为城市、农业、森林、自然公园、自然保护五类地域，并制定五类地域重叠地区的调整方针，用作土地用途管制的依据；部门土地利用规划则是在土地利用基本规划划分的五类地域的基础上，由国土交通部门、农林水产部门和环保部门等，依据相关的法规编制形成，主要是市町村层面编制。

表 2-3　日本空间规划体系主要内容

规划类型	编制层级	主要内容
国土形成规划	全国、广域	1. 涉及国土空间、经济发展的战略方针性规划，体现了国家的宏观调控思路 2. 对其他规划有着很强的指导作用
国土利用规划	全国、都道府县、市町村	1. 对国土形成规划中的国土利用战略的补充深化 2. 确定国土利用基本方针、用地数量、布局方向和实施措施的纲要性规划
土地利用基本规划	都道府县	1. 在国土利用规划的指导下编制形成 2. 将土地划分为城市、农业、森林、自然公园、自然保护五类地域，并制定五类地域重叠地区的调整方针，用作土地用途管制的依据
部门土地利用规划	市町村为主	1. 在土地利用基本规划划分的五类地域的基础上编制 2. 五类地域详细的土地利用规划，实施性规划

2.1.5　欧盟

第二次世界大战结束后，欧洲就开始一体化进程，1993 年欧盟（European Union，EU）的成立标志着欧洲一体化程度进入了一个新的阶段。与主权国家不同，欧盟是一个主权国家为求得利益最大化而达成协议关系的区域一体化组织。与主权国家的空间规划体系不同，在欧洲层面的空间规划是关于欧洲一体化的空间整合，也是欧盟成员国为应对发展形势变化而编制的空间治理策略，目的是促进欧盟地域整合、缩小地区发展差距。因此，欧盟国土空间规划体系的发展与欧洲一体化进程相关。第二次世界大战结束后，欧洲经济与社会萧条，已不再是世界的中心。为了保证各国的共同利益和促进发展，欧洲大陆的一些国家率先走在了一起。一体化进程大致经历了萌芽阶段（第二次世界大战刚结束的 5 年）、尝试阶段（自 1951 年欧洲煤钢共同体成立直到 20 世纪 50 年代中后期）、深入阶段（1957 年签署《罗马条约》，而后欧洲经济共同体、欧洲原子能共同体成立）、相对停滞阶段（1969 年海牙会议后一体化进程缓慢发展）、全面发展阶段（20 世纪 80 年代中期以来）五个阶段（景娟等，2011）。当然，与一体化进程相反的则是去一体化进程，如英国从欧盟脱离等。

欧盟空间规划体系在超国家层面的整合是欧洲一体化进程的高级成果（赵珂等，2020），其发展也是一个不断渐进的过程（表 2-4）。1988 年欧盟立法委员会正式启动欧洲标准区域划分（NUTS）工作，1991 年欧洲空间发展委员会（CSD）成立，这两个事件标志着欧洲空间规划开始正式编制。欧洲空间规划体系大致包括以下几个部分：一是规划的前期研究和规划单元划分依据，二是核心规划文件，三是空间规划及政策的实施效果评价研究文件（刘慧等，2008）。NUTS 是指根据区域自然、人文特征划分的一定面积和人口空间单位，共分为 3 级（NUTS 1、NUTS 2、NUTS 3），是欧盟空间规划的基本单元，下一步的规划和政策多根据其划分而来。《欧洲空间发展愿景》（European Spatial Development Perspective，ESDP）是欧盟超国家层面空间规划的纲领性文件，从大尺度协调和整合欧洲各国的空间发展，并对各国空间发展体系提出调整意见，寻求欧盟地域范围内平衡的和可持续的发展。欧洲空间规划研究计划（study program on European spatial planning，SPESP）是为提高规划政策的科学性，在城乡合作、空间划分标准、空间图像可视化、网络化工作等方面进行研究，为 ESDP 提供科学依据。欧洲空间规划观测网络（European Spatial Planning Observation Network，ESPON）建立的目标在于支持政策发展，构建在地域发展领域的科研团体（ESPON website），主要研究欧盟区域发展的政策基础和实施办法，以及未来相邻国家的空间关系。最新颁布的《地域议程 2030》（Territorial Agenda 2030）则提出欧盟各国目前共同面临的挑战和空间规划的主要议题（表 2-5），并针对此提出可行的政策建议和实施计划，是空间规划的指导和参考性文件（蔡玉梅等，2019）。

表 2-4　欧洲空间规划体系发展主要事件

时间	事件
1988 年	NUTS 项目正式启动
1989 年	对欧洲空间结构进行研究，提出"蓝色香蕉"（指当时的欧洲核心地带）
1991 年	成立 CSD
1993 年	提出 ESDP 设想
1994 年	莱比锡准则通过
1996 年	ESDP 编制委员会成立，开始绘制地图，提出对角线
1998 年	ESDP 官方第一稿完成，SPESP 开始立项
1999 年	ESDP 定稿
2002 年	开始启动 ESPON 最初 9 个项目
2005 年	开始制定《地域议程 2020》
2011 年	发布《地域议程 2020》
2020 年	发布《地域议程 2030》

表 2-5　不同时期地域议程优先权变化

《地域议程 2020》	《地域议程 2030》
促进多中心均衡发展	利用欧洲多样性实现更均衡的国土发展
鼓励城市、农村和特定地区一体化发展	融合地方和区域发展，减少地方之间的不平等

续表

《地域议程 2020》	《地域议程 2030》
跨境和跨国功能区的国土一体化	跨国的生活和工作更加便利
以强劲经济基础确保区域全球竞争力	改善生态生计，建设气候中和与更有韧性的城镇、城市和地区
改善个人、社区和企业的地域连通性	全球化世界中强大和可持续的地方经济
管理和连接区域的生态、景观和文化价值	区域间可持续的数字和物理连接

2.1.6　总结

综合以上国家空间规划体系经验可以看出，空间规划体系建设是在一定的社会经济发展阶段下，政府做出的关于国土空间治理的系列政策导向，其重点在于根据各级政府的规划事权构建空间规划体系，在纵向上明晰各层级规划的规划内容和侧重点，横向上建立与其他专项规划的衔接方向。然而，已经建立空间规划体系的发达国家不论是在自然资源或土地管理制度还是在经济社会发展阶段方面，都与我国有着极大的不同。相较而言，欧盟空间规划关注的人口和国土面积与我国相当，其探讨的很多议题都与国土空间治理能力现代化相关，是中国国土空间规划值得参考的空间规划体系。然而，由于行政体制、自然资源和历史文化等多方面的差异，我国的国土空间规划实践需要建构适应中国特色的空间规划逻辑。

2.2　我国空间规划体系的发展

新中国成立以来，我国空间规划经历了从无到有，从以国民经济计划和城市规划为主导到多部门组织、多类型规划并存，再到"多规合一"的发展和演进过程。

2.2.1　高度集中阶段（1949—1989 年）

新中国成立后，学习苏联计划经济体制，将国民经济各部门联结成一个有机整体，实现社会化大生产。国民经济计划是指令性的，规划目标主要靠行政命令实现，规划内容主要集中在工业产品产量和建立独立完整的工业体系。至1978 年共编制五次经济计划。本阶段国土空间规划特点从学习苏联模式开始，实行高度集中的计划经济体制，规划和计划混为一体，国民经济计划统揽一切，计划指标具有指令性。改革开放初期的城市规划本质上是国民经济计划的延伸和落实，是从属于国民经济计划的技术经济措施。城市规划和土地规划各司其职，国土规划一开始由国家建委提出，因涉及国家整体开发战略和思路，与经济社会发展紧密，很快改由国家计划委员会主导，但定位和方向不明，陷入低潮（顾朝林，2015）。

落实国民经济计划的城市规划：学习苏联模式，以国民经济计划为依据，配合重点工程建设，全面组织城市的生产和生活，编制内容相对简单，具备综合协调、统领城市建设的地位，从重大项目的联合选址到处理工业项目和城市的关系，基础设施建设等发挥综合指导作用。从属于国民经济计划的一个组成部分，是对国民经济发展计划的单向、被动的空间落实。1960年第九次全国计划会议提出"三年不搞城市规划"，规划机构解散和人员精简。城建工作陷入严重困境，城市规划被迫停滞。

以经济建设为中心的城市规划：1978年3月，国务院召开第三次全国城市工作会议，强调"认真抓好城市规划工作"。中国共产党第十一届中央委员会第三次全体会议使城镇规划工作进入新阶段，编制唐山市重建规划，部分省区城市规划被提上日程。1980年国家建委召开全国城市规划工作会议，确定了城市规划在城市建设中的龙头地位，重建中国城市规划设计研究院并拓展高校学科建设，开展经济特区、经济技术开发区的城市总体规划编制等。基于地理学科的宏观尺度、注重研究分析的"经济地理与城乡区域规划"学科介入城市规划领域，城市规划开始朝"科学化"转向；引入西方发达国家的分区和香港法定图则理论与方法，开始了控规编制探索。

为城市总体规划服务的城镇体系规划：为避免"就城市论城市"，学习经济和社会分析，将产业、用地、重大基础设施纳入城市规划，创造了中国特色的城镇体系规划。城镇体系规划基本内容为城镇体系的地域空间结构、等级规模结构、职能类型结构及网络系统组织，解决城市总体规划中的城市性质和功能定位、发展规模、用地方向和空间布局结构等宏观问题。

国土开发与整治规划：改革开放格局确立，开始关注发展战略问题，尤其是水、土地、矿产等资源在国民经济中的作用，推动国土开发与整治工作。1981年，中央提出"搞好国土整治"；成立国土局，隶属国家建委。1982年，京津唐等地试点；同年，国务院决定由国家计划委员会接管国土工作，国土局转移到国家计划委员会，主导全国国土规划工作。1987年，国家计划委员会印发《国土规划编制办法》，国土规划编制工作全面开展。《全国国土总体规划纲要（1985—2020）》在1985—1987年经多次修改后因附录项目库未获全国人大通过。

面向开发的土地利用总体规划：土地、信贷为对外开放、吸引外资的重要调控因素。工业、经济特区快速发展导致人地矛盾日益加剧，优质耕地大量减少，严重威胁国家粮食安全和可持续发展，客观上需要强化管理，使之能有效制约由地方政府主导的城市规划扩张用地。1986 年国家土地管理局成立，《中华人民共和国土地管理法》颁布，其中将编制土地利用总体规划作为各级政府的重要职责。规定"城市规划和土地利用总体规划应当协调，在城市规划区内，土地利用应当符合城市规划"。第一轮土地规划主要面向城市规划区外的农村土地，重点在土地承载潜力研究、耕地开发治理、城镇用地预测研究等。

2.2.2 分化发展阶段（1990—1999 年）

20 世纪 90 年代，国家推进市场经济体制改革，工业化、城镇化快速发展，土地要素在国民经济发展中扮演越来越重要的角色。与此同时，耕地保护和耕地占补平衡是落实国家粮食安全的重要手段，部门职责明晰，土地规划与城乡规划分化发展，并形成各自的规划体系。本阶段的经济社会发展计划以增长拉动为主，由指令性目标向指导性目标转变；城市规划以新区、开发区为核心，规划内容繁多，编制审批时间长，难以适应城市建设和发展需求；土地规划运用土地供给制约和用途管制，在耕地保护、开发规模布局方面发挥了重要作用。土规、城规都涉及城市整体发展，出现规划边界交叉、一个政府、几本规划、多个发展战略的局面。

经济社会发展计划：建立社会主义市场经济体制。为体现市场配置资源的基础性作用，"九五"计划精简了数量指标、专项规划和建设项目规划，并提出计划体制向市场体制转变，粗放型增长方式向集约型增长方式转变，实施科教兴国和可持续发展战略；指令性计划向指导性计划转变。

从建设蓝图到发展蓝图的城市总体规划：1990 年颁布实施《中华人民共和国城市规划法》，明确编制城市规划必须从实际出发、科学预测城市远景发展需要，使城市的发展规模、定额指标等与国家和地方经济技术发展水平相适应。土地市场化改革动摇了以"城市土地利用和空间资源合理配置"为核心环节的城市规划部门。外商投资和土地市场化掀起开发热潮，分税制带来地方政府财政饥渴及土地财政的巨大诱惑，使城市空间和土地成为地方政府关注的重要资产，"工业园""开发区"大量建设，也衍生出科学城、大学城等。逐步形成了"城镇体系规划—城市规划—控制性详细规划—修建性详细规划"的法定规划序列。

供给制约型土地利用规划：土地市场化配置，开发区为竞争资源，低价甚至免费出让，很快开发区土地资源耗尽，又通过扩区来保障供地需求。1998 年，国土资源部成立，土地利用规划从农村管理转向城乡土地利用规划和管理，修编了土地利用规划，纵向建立了五级规划体系，横向形成了基本农田保护、土地开发整理等专项规划体系；《中华人民共和国土地管理法》修订，以法律形式确立了土地利用总体规划的龙头地位，要求自上而下下达控制指标，城市总体规划等规划的建设用地规模不得突破土地利用总体规划确定的建设用地规模。

2.2.3 "多规"共管阶段（2000—2012 年）

随着工业化、城镇化加速发展，资源环境问题日益突出，科学发展观提出和深化，有关部门和地方政府对空间规划工作空前重视，空间管控意识加强。据不完全统计，我国具有法定依据的各类规划有 80 多种。此外，缺乏法定依据、由各部门各地区自行组织编制的规划更是难以计数，这些规划在特定的历史时期都发挥了相应的作用。然而，一方面，各类规划的目标、编制理论、方法和实施途径具有一定的趋同趋势，比如注重可持续发展，注重空间目标、土地公共政策等；另一方面，空间规划事权争夺激烈，"多规并行"也导致规划职能、规划内容、技术标准体系等方面各种矛盾冲突层出不穷，带来诸多难以解决的问题（严金明等，2017）。

面向空间协调的经济社会发展规划：2000 年国家发展和改革委员会提出空间协调与平衡的理念，认识到政府制定规划时，不仅要考虑产业分布，还要考虑空间、人、资源、环境的协调。"十一五"规划坚持以人为本和科学发展观，提出 5 个统筹要求，并试点经济、建设和土地"三位一体"的空间规划，"十一五"规划也提出功能区概念；"十二五"规划转向扩内需、城镇化等方面；"十三五"规划更加注重发展理念和发展战略的引领。

公共政策工具的城市规划：城市总体规划，作为制造"增长的机器"的工具，其"城市建设蓝图"角色逐步被"城市发展蓝图"替代，成为城市发展的"公共政策工具"，城市规划编制不再是为建设城市而是为营销城市的土地。城市规划从引导型发展规划向综合发展规划转变。涉及社会经济、空间布局、土地利用、生态环境等领域的"多规融合"越来越重要。2015 年 12 月召开的中央城市工作会议，强调城镇化要以人为本、提高质量，表明城市规划要从过去主要服务和支撑经济建设，转向主要服务和支撑城市空间治理，提供舒适的人居环境。

基于区域综合的土地利用规划：2004 年全面清理整顿各类开发区，加强土地市场治理整顿，并建立国家土地督察制度。第三轮土地利用总体规划编制，加强对国民经济发展的用地需求分析及对生态环境变化的影响和需求研究，探索刚性与弹性相结合的指标体系，构建集约评价体系等，并引入有条件建设、多划基本农田，区分约束性指标和预期性指标，增强土地规划的弹性和科学性，并建设数据库，实现"图数一致"。

环境保护规划：环境保护规划长期落后且让位于"发展规划"。1996 年广州市政府编制及发布《广州市环境保护规划（1996 年—2010 年）》。2002 年，国家环境保护总局和建设部联合出台《小城镇环境规划编制导则（试行）》，结合小城镇总体规划和其他专项规划，划分不同类型功能区，提出环境保护要求，注重对饮用水源功能区、自然保护区等的保护，尤其严格控制在城镇的上风向和饮用水源地等敏感区的污染。

主体功能区规划：国家"十一五"规划首次明确提出"编制全国主体功能区规划"。2010 年《全国主体功能区规划》获国务院批复并实施，明确规划是我国国土空间开发的战略性、基础性和约束性规划。以此为指导，全国省级主体功能区规划已全部编制完成，部分市也积极开展了本市主体功能区规划的编制工作。

国家新型城镇化规划：《国家新型城镇化规划（2014—2020 年）》按照走中国特色新型城镇化道路、全面提高城镇化质量的新要求，明确未来城镇化的发展路径、主要目标和战略任务，统筹相关领域制度和政策创新，是指导全国城镇化健康发展的宏观性、战略性、基础性规划。

国土规划：2001 年 8 月，国土资源部启动了新一轮国土规划编制试点工作。深圳、天津为全国首批国土规划试点区域，广东、辽宁相继跟进。2010 年，新一轮全国国土规划纲要编制工作开始启动，《全国国土规划纲要（2016—2030 年）》于 2017 年 2 月由国务院印发实施，指出要贯彻区域发展总体战略和主体功能区战略，推动三大战略落实，对涉及国土空间开发、保护、整治的各类活动具有指导和管控作用，对相关国土空间专项规划具有引领和协调作用，是战略性、综合性、基础性规划，成为中国空间规划发展的重要里程碑。

2.2.4　"多规合一"试点阶段（2013—2017 年）

为了解决"多规"并存带来的矛盾冲突，我国"多规合一"改革经历了早期探索、自下而上试点和自上而下试点三个阶段。

早期探索阶段：2003 年，广西钦州首先提出了"三规合一"（林坚等，2019）的规划编制理念，即把国民经济和社会发展规划、土地利用规划和城市总体规划的编制协调、融合起来，在理念上提出了一些创新。该阶段的特点是依靠单个部门的推动，进行了"多规合一"理念方面的探索。

自下而上试点阶段：2004 年，国家发展和改革委员会在 6 地（江苏省苏州市、福建省安溪县、广西壮族自治区钦州市、四川省宜宾市、浙江省宁波市和辽宁省庄河市）试点"三规合一"；2008 年 6 月，国土资源部、住房和城乡建设部在浙江召开了"两规协调"推广会；2008 年，上海、武汉相继对国土和规划部门进行机构合并，开展"两规"或者"三规"整合探索；2010 年，重庆市开展"四规叠合"；2012 年，广州市开展"三规合一"探索工作。本阶段的"多规合一"试点主要集中在一些较为发达的特大城市和地区，是一个"自下而上"向国家部委争取空间管理政策和权限的过程。机制和配套政策面临一些法律和制度上的障碍，这种自发的规划融合探索取得效果存在着一定的局限性。

自上而下试点阶段：为了从源头解决空间规划体系混乱不一的问题，中共中央印发了多个政策文件推进全国空间规划体系的改革。2013 年 11 月，中国共产党第十八届中央委员会第三次全体会议通过的《中共中央关于全面深化改革若干重大问题的决定》指出，要建立空间规划体系，划定生产、生活、生态空间开发管制界限，落实用途管制，这开启了我国空间规划体系深化改革的大门。2013 年 12 月中央城镇化工作会议上，习近平总书记指出要建立统一的空间规划体系、限定城市发展边界、划定城市生态红线。在县市通过探索经济社会发展，城乡、土地利用规划的"三规合一"或"多规合一"，形成一个县市一本规划、一张蓝图，持之以恒加以落实。建立空间规划体系、限定城市发展边界、划定城市生态红线等工作已纳入中央重要的议事日程。2014 年 3 月，中共中央、国务院印发了《国家新型城镇化规划（2014—2020 年）》，提出推动有条件地区的经济社会发展总体规划、城市规划、土地利用规划等"多规合一"。2014 年，四部委共同确定了全国 28 个市县作为"多规合一"试点市县。2015 年 9 月，中共中央、国务院印发的《生态文明体制改革总体方案》提出，构建以空间规划为基础、以用途管制为主要手段的国土空间开发保护制度；构建以空间治理和空间结构优化为主要内容，全国统一、相互衔接、分级管理的空间规划体系，着力解决空间性规划重叠冲突、部门职责交叉重复、地方规划朝令夕改等问题。2016 年，中央全面深化改革委员会办公室部署省级空间规划试点。本阶段的"多规合一"试点是"自上而下"的授权式改革，从市县层面探索推动经济社会发展规划、城乡规划、土地利用总体规划、生态环境保护规划"多规合一"，形成一个市县一本规划、一张蓝图的经验，为国土空间规划体系改革凝聚共识。

尽管"多规合一"的相关举措取得了一定的成效，但本阶段空间规划之间的融合本质上只是一项技术协调工作，在短时间内缓解了规划内部之间的矛盾，并没有从根源上消除各规划在诞生之初就产生的内在差异，空间规划体系混乱带来的根本性矛盾并没有得到解决（董祚继等，2017）。

2.2.5 国土空间规划体系建设阶段（2018 年至今）

2018 年 3 月，党和国家机构改革将国土资源部的职责、国家发展和改革委员会的组织编制主体功能区规划职责、住房和城乡建设部的城乡规划管理职责等进行整合，组建自然资源部，并赋予其"建立国土空间规划体系并监督实施"的重要职责。2018 年 11 月，中共中央、国务院印发了《关于统一规划体系更好发挥国家发展规划战略导向作用的意见》（中发〔2018〕44 号），明确提出各类空间规划的关系，即以国家发展规划为统领，以空间规划为基础，以专项规划、区域规划为支撑，由国家、省、市县各级规划共同组成，建立定位准确、边界清晰、功能互补、统一衔接的国家规划体系。2019 年 5 月，《中共中央 国务院关于建立国土空间规划体系并监督实施的若干意见》明确要求建立国土空间规划体系并监督实施，将主体功能区规划、土地利用规划、城乡规划等空间规划融合为统一的国土空间规划，实现"多规合一"，强化国土空间规划对各专项规划的指导约束作用，是中共中央、国务院做出的重大部署。提出新时代"五级三类四体系"的国土空间规划总体框架，即纵向分国家、省、市、县、乡（镇）五级，横向分总体规划、详细规划和相关专项规划三类，逐步建立健全"多规合一"的规划编制审批、实施监督、法规政策和技术标准四个子体系，构建国土空间规划体系的"四梁八柱"。随后，自然资源部依据中共中央、国务院的决策部署，按照"统一底图、统一标准、统一规划、统一平台"的要求，全面推进落实国土空间规划体系改革和国土空间规划"一张图"建设工作。

除了国家层面的政策要求与指导，学者们也对新时代的国土空间规划理论和实践提出了一些自己的看法和认识，包括国土空间规划的内涵、法制体系建立、成果编制、技术手段等。孙雪东（2019）对国土空间规划所具有的属性进行了阐述，认为新时代的国土空间规划应具有六个属性：以人为本、创新、协调、绿色、开放、共享；郝庆（2018）等认为国土空间规划应该能够适应国土空间开发模式和治理模式的变化，需要建立并完善空间规划编制与实施规则，完善规划编制的工作程序、基础数据、技术方法以及理论体系等，提高规划的科学性；罗彦等（2019）对国土空间规划中的用途管制进行论述，讨论如何统筹和优化"三区三线"的划定，如何实现"一张蓝图"及全域管控。董祚继（2019）论述了国土空间规划的方法论，包括如何划分"三区"与划定"三线"，如何对国土空间规划的编制和管理进行规范化、程序化、制度化，如何发挥政策创新与技术创新在中国空间规划编制和实施中的作用等问题。还有部分学者从实践角度出发对新时代国土空间规划的编制方法和应用进行探索。王静等（2019）在已有研究的基础上，面向自然生态系统保护和人类活动调控，构建了"底线约束-区域协同-多目标优化-空间管制-功能提升"的国土空间规划编制技术架构；周祥胜等（2019）探索了省级城镇开发边界的工作模式、划定方法和管控机制。此外，在新区域主义理论等的指导下，众多学者还针对不同类型空间规划进行深入探索，并在顶层设计、编制方法、规划衔接等规划实践方面开展了卓有成效的研究，如宁波市"空间本底-空间识别-空间诊断-空间重构"规划思路（廖威等，2017），长沙市、鹰潭市"三区五线"划定（尹俊等，2017；谢映等，2018）等。以上学者们的探讨扩充和丰富了我国国土空间规划的理论和实践知识。

2.2.6 总结

从我国国土空间规划发展历程来看，国土空间规划体系建设与各阶段的经济社会发展任务和人口资源环境特征密切相关。当前生态文明建设、数字经济发展和经济高质量发展的背景下，统筹兼顾国土空间保护与发展，将绿色发展理念贯彻国土空间开发保护的全过程，是新时代的改革要求。建立"五级三类四体系"的国土空间规划体系，具有体系的完整性、功能的系统性、治理的有效性。新时代国土空间规划体系的建立，在纵向上明确了各层级规划的规划内容及传导要求，在横向上明确了总体规划与详细规划和相关专项规划的衔接协调机制，并且通过国土空间规划"一张图"建设支撑国土空间规划编制、审批、修改和实施监督全周期数字化管理，助力国土空间治理体系和治理能力现代化。

2.3 智慧国土空间规划的探索

国土空间是一切社会组织活动的基础载体，国土空间的保护、利用、开发、修复是政府管理的一项重要职能，规划的编制、审批、实施与监督是政府解决公共问题和协调公共利益的公共政策。现阶段，我国在大力建设数字政府和服务型政府过程中，对国土空间规划提出了新的要求，急需智慧国土空间规划支撑政府服务转型，提升政府管理和社会治理能力。因此，新时代的中国国土空间规划应该是"可感知、能学习、善治理、自适应"的智慧规划（庄少勤，2019）。大数据、人工智能、实景三维、新测绘、GIS 空间分析、遥感图像处理等新技术是促进传统规划向新时代智慧国土空间规划变革的核心力量。近年来，国内外学者在智慧国土空间规划方面做了大量的研究。

2.3.1 国外智慧国土空间规划探索

在智慧规划应用实践方面，国外首先将智慧城市建设与大数据相结合，通过建立数据整合支撑平台、大数据应用系统等，改革智慧国土空间管理体制，推进国家空间规划智慧化。从 2011 年起，美国、澳大利亚、英国和法国等发达国家相继颁布了具有各国特色的大数据战略规划等相关指导性文件，率先开展了大数据在城市治理活动的探索应用，为其他国家的政策制定所借鉴（张勇进等，2014）。纽约、新加坡和芝加哥等在大数据对城市运行问题监测、情景模拟决策以及多元主体协同共治等方面成绩显著，有较为成熟的经验和模式（陈志成等，2017）。

在智慧规划关键技术方面，国外通过应用大数据、人工智能以及其他相关科学技术支撑智慧国土空间规划。在大数据方面，Al Nuaimi 等（2015）对大数据在智慧城市支持中的应用进行了综合，探讨了融合大数据应用于智慧城市的机遇、挑战和好处，并探索支持智慧城市服务大数据应用实现的需求。Rathore 等（2016）提出了一种基于物联网的智能城市发展与城市规划相结合的大数据分析系统，该系统包括智能家居传感器、车辆网络传感器、天气和水传感器、智能停车传感器等各种类型的传感器部署。Yuan（2015）利用大型人类行为的社交网络数据集与城市挖掘技术，构建了城市生活方式的光谱，根据位置签到数据对城市人口进行统计。此外，还可利用城市大数据预测交通碳排放、商业活力、企业选址、空气质量推断和人口流动性建模等城市规划应用（Zhao et al.，2016）。在人工智能方面，早在 2009 年，*Geocomputation and Urban Planning* 一书就论述了如何结合地理数据与统计分析技术和人工智能技术促进城市规划当中的各级决策过程（Murgante et al.，2009）。近年来，得益于硬件设备的革新，我们能更好地利用人工神经网络、机器学习等复杂的算法进行计算。例如，Zolkafli 等（2017）阐述了人工智能在城市规划、应用中的潜力，提出了将地区文化、城市代谢、城市治理与人工智能整合的理论框架；Wu 等（2010）对当前规划领域的人工智能技术进行了整理，包括人工智能如何处理城市和土地动态建模过程，如元胞自动机（cellular automate，CA）、多智能体等人工模拟技术，遗传算法、模拟退火算法等智能优化算法等。人工智能在城市规划应用方面具有非常大的潜力，结合人工智能算法去模拟和评估城市空间结构（Moosavi，2022；Poghosyan，2018）、城市边界增长（Al-Kheder，2006；Shafizadeh-Moghadam et al.，2017）、土地利用变化（Carrero et al.，2014；Nijhawan et al.，2018）、交通网络（Li et al.，2014；Król，2016）、景观生态（Papadimitriou，2012；Lidberg et al.，2020）等方面的现状与未来的结果，进而得到较为合理的城市规划方案。在其他学科与技术方面，借助WebGIS 信息系统以及可视化方法，管理、分析城市要素。如利用参与式地理信息系统（PGIS）研究公众对土地利用规划的参与度，PGIS 能显著提高公众对场所和土地的利用，提升公众参与规划的能力和规划意识，改善规划者与公众之间的沟通，及时地让公民对规划产生偏好，并最终促进参与式规划方法（Mansourian et al.，2011；Brown et al.，2011）；将数据、模型的表示与 3D 可视化或者增强现实（augmented reality，AR）技术集成于城市规划中，释放可视化工具的潜力，可提高规划效率、提供一个直接明了的交互式平台（Marsal-Llacuna et al.，2013；Herbert et al.，2015）；另外，通过建筑信息模型（BIM）结合 GIS 等（Mignard et al.，2015），可发挥各自优点，应用在项目管理、设施管理、能源管理、应急响应等方面，提供城市基础设施调整的最佳技术和政策解决方案，为城市规划管理和城市规划设计提供辅助决策支持（Ma et al.，2017；Yamamura et al.，2017）。

2.3.2 国内智慧国土空间规划探索

相比于国外智慧国土空间规划，得益于信息化建设方面的后发优势，国内智慧国土空间规划研究和实践并不落后。学者们针对构建出符合我国国情的智慧国土空间规划理论框架也做出了积极探讨。例如，甄峰等（2019）以以人为本为核心，以技术集成应用和制度创新为支撑，提出了从总体框架到技术框架、从智慧化的规划编制再到智慧化的实施等一套较为完整的智慧国土空间规划框架，认为智慧社会下的国土空间规划是统筹考虑自然资源、经济社会、历史人文、信息技术与空间安排的一体化构架，它是一个包括规划、监测和治理的连续过程，是一个不断完善、进步的过程；孔宇等（2019）基于生态文明基础和以人为本的核心理念，在对传统规划编制与当前智能技术应用梳理的基础上，从智能感知与收集、智能分析与处理、智能评估和智能决策四个方面，系统地构建全流程的智能技术辅助国土空间规划编制的框架，以适应当前国土空间规划提出的新要求，辅助编制更合理、科学、智慧的方法；何瑞东（2018）基于空间用途管制的"智慧国土"工程建设框架，利用遥感、地面监测、空间定位、物联网、大数据、云计算等技术，进行国土"大数据"的采集、处理和分析，构建国土资源可持续利用能力评价与动态管理、国土利用空间格局动态模拟与检测、国土空间管制分区仿真模拟、基于"大数据"的风险预警与风险联动管理等应用模块；沈费伟（2019）认为智慧国土空间规划治理框架的搭建，需要有智能高效、"多规合一"、生态优化和协同参与四个治理理念，治理框架体系包括主体层、业务层、技术层、应用层和保障层。

大数据技术为精细化感知国土空间演变过程与格局提供了定量基础。早在2014年，李德仁等（2014）就针对大数据在智慧城市中的应用提出了策略和思路，重点论述了云计算与数据挖掘，并给出了云平台的基础框架，提出建立智慧城市运营中心的建议。秦萧等（2019）利用能够直接反映人类活动时空变化的大数据的特点，重点从国土空间开发适宜性评价、生态空间规划、农业空间规划及城镇空间规划四个环节探讨了大数据应用的方向与具体方法框架，强调"自然空间"+"社会经济活动"相互作用下的国土空间规划编制的科学化路径；袁源等（2019）基于大数据视角开展国土空间规划编制提升弹性、增强效率的理念探索与实践应用研究，认为大数据技术方法在国土空间规划编制落实区域协调发展、乡村振兴、可持续发展等国家重大战略中具有重要作用；姚月等（2019）以珠海市为例，构建了基于传统数据、新兴数据和公众参与数据三大类数据的城市动态检测、规划实施成效定量分析评估框架；徐倩格等（2019）通过乡村旅游大数据平台等策略，进一步推进特色乡村的创新发展研究，为新农村未来发展提供创意思路。除此之外，大数据技术也体现在城市研究的方方面面，如在定量城市研究（龙瀛等，2012；吴志强等，2016；段亚明等，2018）、城市居民时空活动行为研究（李君轶等，2015；刘汇慧，2016；史宜等，2019）、城市交通网络（李伟等，2015；傅毅明等，2016；刘镇源，2018）、城市功能区分布（王海军等，2018；姜佳怡等，2019；肖迪等，2019）、区域联系与城市等级划分（赵映慧等，2017；王海军等，2018；马学广等，2018）、城市生态环境治理与保护（耿涌等，2011；孙中平等，2016；刘素荣等，2017；吴文菁等，2019）、城市开发边界与生态红线边界划定（孙中平等，2016；许泽宁等，2016；龙瀛等，2017）等方面已经取得了广泛的应用。

人工智能技术的介入则促使未来空间规划更科学、更高效、更智慧。吴志强（2018）阐述了人工智能与城市规划两个学科在发展中的关系、互为推动力的切入点、未来价值取向的发展方向等认知要点，预测了下一代人工智能技术突破将为城市研究和城市规划带来巨大变革；张庭伟（2017）思考了复杂性理论及其与人工智能在城市规划中应用的关系，呼吁加强人工智能学习、建立制度智能学；龚强（2018）叙述了将人工智能机器学习方法应用于倾斜摄影测量技术、遥感影像分类等方面，可大幅度提高数据处理的自动化和智能化程度；吴志强院士研究团队构建了博弈模型（CityGo），并将该模型应用到北京城市副中心城市设计中，完成了世界上第一个纯粹人工智能推演的发展方案。此外，人工智能也用于构建城市智能模拟平台（CIM），进行城市形态的智能设计，为城市规划提供数据支撑。例如，在北京副中心设计中，应用 CIM 支持系统，可快速读取出任一区域内的天气、人口成分、人流汇聚规模和速度、建筑高度、建成材料，在生态学和精确理性的支撑下，进行个体化的精准计算，从而高效完成设施的最佳配置量和配置地点等的布局。目前，人工智能技术在规划决策优化（张鸿辉，2011；马妍等，2016；屠李等，2019）、城市土地利用模拟（刘小平等，2006；李少英等，2013；黎夏等，2017）等方面，辅助进行土地资源集约利用、城乡及城市群协调发展、生态环境保护等空间智能决策分析。

三维可视化可以提供城市空间的宏观与微观的表达与管理，解决以往传统可视化的难点。彭英子（2019）从城市交通系统规划、市政工程建设规划、城市环境管理规划、智慧城市建设规划四个方面论述了三维 GIS 在城市规划中的重要性；刘颖等（2018）探讨了三维信息化技术给城市规划管理工作带来了新机遇，提出利用三维信息化技术在城市规划管理过程中落实规划空间管控、实践可视化数字报批及城市设计管理等要求，为规划编制与规划实施提供科学的指导和决策支持，提高城市规划的科学性和管理水平；余真（2019）通过综合应用 BIM、3D-GIS、规划分析和协同审批等技术，开展了传统的城市规划设计和技术审查创新管理，建成了具有高度逼真三维可视化功能的三维城市规划辅助决策系统；孙园园（2019）从建设工程项目基本单元出发，论述了从 BIM 到 CIM 的智慧城市建设新模式，认为 CIM 通过将新一代信息技术手段与城市现代化发展深度融合，为政府提供利于智慧城市建设的决策参考。

2.3.3　总结

从国内外智慧国土空间规划发展来看，充分利用信息地理技术的理论与方法优势，并融合大数据与人工智能的技术优势，是实现国土空间规划的智慧化治理的关键所在（李满春等，2018）。地理信息技术可帮助国土空间规划构建统一的时空信息框架，而大数据则可以给时空信息框架填充数据血液，人工智能可以建立自主学习智慧，在三维可视化以及虚拟现实（virtual reality，VR）等的支持下，助力规划编制、规划管理、规划实施和规划监督等全过程数字化、智慧化和智能化管理。因此，新一代信息技术在国土空间治理能力迈向现代化的道路上将发挥重要作用。

2.4　智慧国土空间规划的地方实践

随着国土空间规划体系改革和国土空间规划"一张图"建设，各级政府和自然资源部门在国土空间规划智慧化道路上做出了一定的探索，为其他地区提供了宝贵且有益的经验。本节总结分享国内省市县三级智慧国土空间规划实践的典型案例。

2.4.1　省级层面

1. 广东省

广东省于 2019 年启动省级国土空间规划"一张图"实施监督信息系统建设，按照"统一谋划、标准先行、数据赋能、以用促建"的总体思路，积极推进省域国土空间治理和智慧规划实施监管，主要做法和经验如下。

一是全省统一谋划，建设通用版系统。广东省高度重视国土空间规划管理数字化工作，印发《广东省国土空间规划"一张图"建设工作方案》，建立相关部门分工协作、省市县上下联动的工作机制，组建强大的技术团队，统筹推进国土空间规划"一张图"实施监督信息系统建设。按照"数字政府"建设和《国土空间规划"一张图"实施监督信息系统技术规范》（GB/T 39972—2021）要求，采用"全省统筹、分类实施、云端部署"的模式，统筹建设了横向联通、纵向贯通的省市县三级通用的规划"一张图"系统，并鼓励各地扩展开发自身管理所需的功能模块。

二是标准先行，推动规划数据治理。结合广东实际，已陆续出台《广东省国土空间规划数据治理指南（试行）》和《广东省县级国土空间总体规划数据库标准（试行）》，提前谋划详细规划和专项规划数据规范，统一底图底数、建库标准和汇交要求。

三是数据赋能，形成国土空间数字化底板。系统依托国土空间基础信息平台，以"三调"成果为基础，接入土地、矿产、海洋、自然保护区，以及遥感影像、三维白模等各类数据服务；加强陆海统筹数据治理与融合，接入海洋业务管理数据，统一陆海分界线，形成覆盖全域、三维立体、权威统一、陆海相连的国土空间数字化底板。

四是以用促建，功能开发立足实用好用。系统以满足国家要求为前提，建设了包含"一张图"应用、规划分析评价、规划审查管理、监测评估预警等功能模块，其中，地块全生命周期查询支持一键式、模块化分析统计，秒知地块"前世"、"今生"和"未来"，在线"多规合一"合规性审查功能实现二三维一体化分析展示，在三维遥感影像基础上进行"即时分析、实时展示"，为规划管理决策提供陆海统筹、直观立体的数据服务。开发建设用地规模台账管理、永久基本农田占补分析等实用功能，在辅助国土空间规划编制、村庄规划成果审核备案、永久基本农田占补、开发区集约利用评价以及资源资产清查价格采集等工作中发挥作用。

2. 湖南省

湖南省将国土空间规划"一张图"系统建设纳入省政府真抓实干督查激励内容和市州年度绩效目标考核，全面推进国土空间规划"一张图"系统建设，并结合湖南省实际，制定了《市县国土空间规划"一张图"系统建设要求》《湖南省国土空间规划数据库建设指南（试行）》《省级国土空间专项规划编制审批通则（试行）》等系列技术指南，统一技术规范要求，主要经验和做法如下。

一是基本建成了覆盖全域全要素的规划"一张图"。涵盖现状、规划、管理、社会经济4大类数据，特别是集成了生态环境部门的污染地块、"三线一单"等数据，林业部门的林地"一张图"、自然保护地等数据，水利部门的河湖划界等数据，全省三维立体场景数据，形成了覆盖全省、动态更新、权威统一、三维立体的国土空间规划"一张图"。

二是基本实现了规划成果审查智能化。基于规划"一张图"系统，构建了总体规划、详细规划和相关专项规划在线审查机制，对"三线"管控符合性、已批用地落实、地质灾害隐患避让、增减挂钩项目符合性、中心城区与市辖区符合性、图数一致性等进行在线自动化审查，实现了在线汇交、在线审查、在线自动更新入库、全过程留痕，有效提高规划审查的科学性与效率。

三是有效服务全省工程建设项目审批改革。为适应工程建设项目审批制度改革需要，基于规划"一张图"系统建设了协同审批模块，全面支撑项目立项前的合规性检测、用地预审，已累计为 3600 余个工程建设项目提供合规性检测，大幅缩短了项目立项时间。

四是全面支撑自然资源全过程管理。规划"一张图"系统与建设用地预审、建设用地审批、耕地保护监管、建设用地批后监管等十余个业务系统进行了对接，有效支撑了调查、规划、用地、实施、执法、登记等自然资源全链条、全过程管理。

3. 福建省

为打造"可感知、能学习、善治理、自适应"的新时代国土空间规划，福建省立足"数字福建"建设，按照"统一底图、统一标准、统一规划、统一平台"的要求，依托国土空间基础信息平台，建设国土空间规划"一张图"实施监督信息系统，形成"数字化、智能化、一体化"的规划"一张图"管理新模式，逐步实现规划共谋、蓝图共绘、底线共守、成果共享，为全方位推进高质量发展超越夯实国土空间基础。

一是标准先行，夯实国土空间治理的"数字底座"。①统一标准规范：按照"全省一盘棋"的思路，统一底图底数，以自然资源部统一的标准为基础，补充出台控制性详细规划建库和汇交要求、村庄规划手册、历史文化数据库建设汇交等多项地方标准、技术规范等，形成规范、统一的编制、审查、汇交等标准体系。②夯实"数字底座"：汇总现状、规划、管理、社会经济等 5 大类 110 小类数据，形成数据规范、上下贯通、图数一致的国土空间规划"一张图"，实现自然资源数据体系的统一管理。

二是全程留痕，实现规划全生命周期数字化管理。以规划全程数字化管理为目标，实现省市县规划"编、审、管、用"全流程数字化管理，满足规划管理行为可回溯、可查询、可监管。①协同编：依托规划"一张图"系统，对已明确具体位置的 1019 个省级以上重点项目和各类专项规划进行空间套合、统筹平衡、协调解决空间矛盾冲突。②智慧审：采用可灵活配置的检查规则和审核流程，适用多层级、多类别规划审查。③全程管：建立编制阶段总体规划进度月报、详细规划（村庄规划）进度按期报的进度在线上报机制，衔接规划成果汇交、质检、审查、归档等模块，实现规划从编到审的全过程管理，并且纳入省"辅助决策"考评体系。④及时用：支撑全省统一规划用途管制，共享其他部门协同开展空间治理，引导产业发展服务重大项目招商。

三是强化应用，实现统一的规划用途管制。按照"全域、全要素、全生命周期"的管理理念，强化规划"一张图"与用地用海用矿等业务审批系统的深度融合，在一张底图上实现统一的用途管制，逐步实现数字化、智能化的全链条全生命周期的国土空间治理模式。贯穿项目"批、供、用、补、查、登"等全生命周期链条，创新形成"1＋N＋1"即一个数据库、N类管控规则、一套智能化审查平台的智能化审查模式。

四是成果共享，提升国土空间治理能力。完善规划"一张图"系统纵向衔接、横向协同，逐步实现"成果共建共享，规划共谋共守"，提升国土空间治理能力。横向协同。与省发改委、交通、水利、住建、文物、气象等部门建立部门协作机制，促进专项规划统筹和数据互联互通。与发改委的重点建设项目对接，引导其科学选址。建立重点建设项目对接机制，利用平台数据和分析功能指导项目科学选址、精准落图，实现规划"一张图"管理。纵向衔接。采用"统分结合"建设模式，提供账号服务、数据回流、标准服务对接等方式，实现系统的互联互通。

4. 新疆维吾尔自治区

新疆维吾尔自治区围绕"统一底图、统一标准、统一规划、统一平台"要求，建设了国土空间规划"一张图"实施监督信息系统，其主要做法与成效体现在以下几个方面。

一是规范引领，夯实了动态更新"一张蓝图"基础，结合国土空间规划编制及数据库建设的需求，在自治区国土空间规划体系建设要求指引下，协同构建了覆盖城镇开发边界划定、地州总规、县市总规、乡镇总规等规划类型，贯穿编制指南、数据库规范、汇交要求和质检细则等全方位的数据规范体系，形成了自治区国土空间规划技术标准体系，为四级国土空间规划"一张蓝图"构建及其动态更新奠定了良好的基础。

二是辅助编制，提升了总体规划编制科学性。在支撑自治区"三区三线"划定的过程中，对纳入系统的200多个自治区"十四五"重大建设项目，协调解决其与"三区三线"的矛盾冲突，促进了国土空间"唯一性"。通过系统进行"三区三线"划定等成果汇报，创新了成果数字化汇报表达形式，提升了成果的直观性和可视化水平。通过系统进行全疆各级国土空间规划编制进度填报管理，并开发城镇开发边界划定工具、基数转换工具，下发地州辅助规划编制等。

三是智能审查，促进了规划审查提质增效。通过开发辅助审查工具，采用工具审查与人工辅助审查相结合的方式，高效开展自治区各地州、县市的城镇开发边界、总体规划成果审查工作，提高了成果审查的效率和质量。

四是精准实施，支撑了过渡期建设项目要素保障。通过对接厅电子政务系统，开展过渡期报件城乡规划符合性审查，将以前的人工审查模式转型为智能图审模式，并以数字化审查倒逼规范报件申请材料，提升了项目报件审查的规范性和效率性，保障了"十四五"时期重大民生和基础设施保障项目、重大产业用地项目，助力经济高质量发展。

五是互联互通，保障了数据实时性和业务协同性。通过横向与自治区国土空间基础信息平台、电子政务系统对接，纵向与各地州国土空间规划"一张图"实施监督信息系统对接，提供规划数据和功能服务，促进了数据互通与业务协同。

5. 天津市

天津市坚持以创新发展理念为引领，运用信息化新技术促进生产空间集约高效，生活空间宜居适度，生态空间山清水秀，优化国土空间开发保护格局，强化国土空间规划全周期管理，推动国土空间治理体制机制深化改革，提升国土空间治理现代化水平。通过实现智汇、智绘、智管、智治，助力规划编制、规划管理、规划监督、规划实施等各种应用场景。主要经验和做法如下。

一是智汇，全域"一张图"。整合现状、规划、管理、社会经济四大类数据，为规划编制、业务审批、国土空间开发利用监测监管等提供统一的空间底图服务，建立了"用数据说话、用数据决策、用数据管理、用数据创新"的管理新机制，从数据服务广度、数据使用深度方面强化信息化服务能力，充分发挥国土空间数据的"底图"和"底线"作用，全面提升自然资源数据的共享应用水平和统一管理能力。

二是智绘，助力规划编制。形成国土空间规划编制工作专题图集，统筹各阶段国土空间规划编制成果及各类专项规划，贯通多维数据，实现多跨协同，为国土空间规划编制提供了重要研判依据。通过规划"一张图"系统将专项规划成果与永久基本农田、生态保护红线、城镇开发边界进行对比分析，直观反馈冲突图斑，切实发挥国土空间规划对各专项规划的指导约束作用，统筹均衡配置各类空间资源。

三是智管，规划全周期管理。全面赋能国土空间规划全生命周期管理，利用信息化技术辅助审查，充分衔接国土空间规划编制、审查与审批各个环节。通过规划"一张图"系统建立全流程化的市区两级规划成果审查统一工作平台，提供规划成果自动化辅助审查，规范规划成果数据质量、提高审查精准性和效率、对规划成果进行全阶段管理，实现规划成果在线汇交、云上质检、全程留痕。

四是智治，落实实施监督。充分利用遥感技术，叠加生态保护红线、永久基本农田等，对管控边界进行周期动态监测分析。落实规划实施监督，为国土空间规划实施提供技术保障。充分发挥国土空间规划对各类开发建设活动的指导约束作用，在落地实施层面，对全市各类建设项目进行统筹谋划、落图监督，保障规划实施。

2.4.2 市级层面

1. 广州市

在自然资源部部署指导下，广州结合市级国土空间规划试点工作，深入落实

《自然资源部办公厅关于开展国土空间规划"一张图"建设和现状评估工作的通知》和《国土空间规划"一张图"实施监督信息系统技术规范》（GB/T 39972—2021）等文件要求，建成广州市国土空间规划"一张图"实施监督信息系统，为建立健全国土空间规划编制、审批管理及动态监测评估预警提供信息化支撑，主要经验和做法如下。

一是"四标四实"，夯实"以人为本"的城市空间智慧治理基础。为探索创新特大城市精细化管理模式，广州市完成以"四标四实"（标准作业图、标准地址库、标准建筑物编码、标准基础网格，实有房屋、实有人口、实有单位、实有设施）为主要内容的专项调查行动，举全市之力摸清城市治理底数，为推进广州国土空间治理能力现代化奠定基础。广州市国土空间规划"一张图"实施监督信息系统在"三调""七普"等调查数据基础上，加载"四标四实"实时数据，并进行数据梳理、质量评估、清洗、空间关联等预处理，选取数据质量较高的区域试点，再依据规划管理需求，构建人口结构统计模型、人口规模预测模型、人口空间分布模型、人口密度与建设强度耦合评价模型、人口结构与社会发展模型、建筑属性统计及空间可视化模型等规划分析与决策模型，实现人口结构统计、人口规模预测、人口空间分布分析，以可视化图表、专题图等呈现。

二是共治共管，强化国土空间规划编制实施的部门协同。为强化国土空间规划引领和刚性管控作用，广州市坚持"开门编规划""开门用规划"，在规划"一张图"系统上构建部门协同新模式。截至 2022 年 8 月，系统用户约 570 家，涵盖市、区、镇（街）三级政府部门以及从事公共服务基础设施建设的企事业单位。在规划协同方面，广州市规划"一张图"系统搭建规委会功能模块，由详细规划申请单位或组织单位在规划编制或审查阶段，通过规划"一张图"系统，线上征询规委会成员部门、所在区政府和相关单位意见，落实各类管控要求和设施布局需要。同时在规划"一张图"系统中加载控制性详细规划全流程子系统，将各单位、各区反馈意见纳入控制性详细规划全生命周期管理，已开展详细规划编制协同会审近 300 项，有效支撑规划编制。在用地协同方面，广州市规划"一张图"系统以重点项目为抓手，通过项目代码实现对项目的审批监管全生命周期管理。在项目立项前期，协同各部门开展线上审查，将国土空间规划和专业部门管控要求传导至项目选址，指导建设单位在选址阶段落实规划要求，提前准备规划用地手续材料，加快项目用地审批效率。已开展建设项目用地协同会审近 1500 宗，有效支撑规划实施。

2. 深圳市

为贯彻落实习近平总书记"统一底图、统一标准、统一规划、统一平台"

重要指示要求和自然资源部决策部署，深圳市以数字化转型驱动国土空间治理方式变革，加快建设国土空间规划"一张图"实施监督信息系统，秉承规划全生命周期管理理念，打造"在线规划"特色板块，开启详细规划在线编制管理新模式，为全面提升全市空间治理体系和治理能力现代化水平夯实基础。主要做法和特色如下。

一是数据在线推送，统一规划底板。数据在线推送功能可根据面审清单，批量向编制人员推送规划范围内的基础数据；标准化编制插件嵌入 CAD 中，可辅助编制人员按标准规范的要求设计规划方案。

二是方案在线审查，强化规划协调。成果质检功能辅助开展完整性、规范性、属性内容、空间拓扑等 30 余项检查，规范成果数据质量；辅助核查功能方便编制人员提前发现规划重叠问题，落实传导管控要求。

三是成果在线汇交，"一张图"动态更新。通过面向详细规划开展成果在线汇交，实现对各阶段关键成果的统一管理，保障过程可追溯和详细规划"一张图"的动态更新。

四是详细规划在线公布，信息公开透明。详细规划"一张图"公众版以电子地图的方式公布详细规划成果，公众通过手机即可便捷查询身边的规划，提升了深圳国土空间规划信息的公开度与透明度。

3. 南京市

按照中共中央、国务院"建立国土空间规划体系并监督实施"的决策部署及自然资源部工作要求，南京市按照"统一底图、统一标准、统一规划、统一平台"的要求，积极开展南京市国土空间规划"一张图"实施监督信息系统建设。系统积极运用新技术、新手段，围绕国土空间规划"编、审、督、服"等方面的实际需求，着力探索"数治规划一屏统览，编审评督全程贯通"的智慧国土空间规划数字化转型实践路径，为国土空间规划编制、审批、修改和实施监督全周期提供信息化技术支撑，以数字化转型驱动国土空间治理方式转变。主要经验和做法如下。

一是聚图，国土空间规划三维立体"一张图"提质增效。南京市按照"融合、统一"原则，多源汇聚了基础现状、规划成果、规划实施和规划监督 4 大类 300 余项空间数据。同时，运用数字孪生、三维渲染等技术，对重点区域国土空间要素进行高仿真三维可视化渲染，让规划成果"立起来"，提供沉浸式的浏览体验以及三维分析支撑能力，从而形成了坐标一致、边界吻合、上下贯通的国土空间规划三维立体"一张图"。

二是智查，"多规合一"技术审查保障规划传导管控。为落实国土空间规划传导管控要求，强化国土空间总体规划与详细规划、专项规划等的衔接，南京市规划和自然资源局常态化运行"多规合一"技术审查制度，并形成了一套制度、一个系统、一支队伍、一批成果。为落实国家关于国土空间规划体系改革的要求，促进全面履行"两统一"职责，南京市规划和自然资源局于 2018 年出台文件，明确要求"上报市规委会审议的各类详细规划、专项规划、不定点选址规划等项目，必须进行'多规合一'技术审查，方可上会"。2019 年，进一步拓展"多规合一"技术审查的范围，面向规划和自然资源多个条线的管理需求，全面核对各类项目与"三线"以及在编国土空间总体规划的衔接情况。具体由规划资源部门内部各处室、分局分工协作，基于国土空间规划"一张图"实施监督信息系统开展技术审查，形成审查结论，并指导项目对"多规合一"要求的落实。目前已完成 800 余项"多规合一"技术审查工作，落实国土空间全域全要素的管控要求，提升了"多规合一"管理水平。

三是综评，规划实施监督聚焦国土空间高质量发展。针对全域全要素全周期国土空间统筹管控的发展需求，结合南京市发展实际需求，聚焦空间资源、聚焦本部门能够实时获取的动态数据，在国土空间规划城市体检评估体系的基础上，聚焦国土空间高质量发展，从底线、传导和质量 3 个维度构建监测预警指标体系。

四是共享，国土空间规划随时随地"触手可及"。为助推规划"开门"服务，满足重大项目保障和基层应用需求，强化国土空间规划成果应用效能，南京市规划和自然资源局通过规划"一张图"移动 APP 实现规划数据共享共用。移动 APP 面向发改、生态、招商，以及园区、街镇等 70 余个部门提供服务，用户达 3000 余人。不仅能随时随地看规划，还能现场实时分析项目合规性。

4. 杭州市

杭州市国土空间规划"一张图"实施监督信息系统于 2019 年开始建设，在完成自然资源部、浙江省要求的规定动作的基础上，着眼需求，开发了实景三维底图、规划编制统筹、规划一点通、驻镇规划师、数据源管理等特色功能。该系统于 2020 年底投入运行，主要包括"一张图"应用、规划分析评价、规划审查管理、规划实施管理、监测评估预警、社会公众服务和后台管理 7 大功能模块。杭州市在规划"一张图"系统建设中，注重治理端、服务端"双向发力"，打造了规划编制统筹、"规划一点通"等空间智治新成果。

一是聚焦治理端，杭州市强化规划编制统筹管理，重塑规划编制流程，建立编制计划管理制度，对全市规划编制项目实现全盘全过程管理。通过技术要点集成、规划编制基础数据提供、规划编制进度管理、规划成果质检把控、规划成果辅助审查、规划成果入库更新、规划成果管理等关键环节，提高规划编制效率和水平，实现规划纵向穿透、横向传导。

二是聚焦服务端，杭州市推出"规划一点通"应用场景，让广大群众触屏可知身边规划、点点手机就能参与规划，共绘共治共享美好城市。"规划一点通"场景包含附近规划、我们的城、交流互动、个人中心等模块，用户可以通过浙里办、微信、支付宝等扫码登录，查看规划、参与规划，发表意见建议。"规划一点通"应用上线以来，已成为收集民情民意、征集金点子、加强规划监督的"重要窗口"，成为指尖的规划展览馆，实现规划零距离。

5. 贵阳市

为贯彻落实"统一底图、统一标准、统一平台、统一规划"的指示精神，按照《自然资源部办公厅关于进一步加强国土空间规划"一张图"系统建设的通知》（自然资办发〔2022〕19 号）、《国土空间规划"一张图"实施监督信息系统功能评定规则》（自然资办函〔2021〕1238 号）等相关要求，贵阳市自然资源和规划局高度重视提升国土空间治理的信息化能力，建立完善了相关工作机制，组建了专业技术团队，已完成贵阳市国土空间基础信息平台和贵阳市国土空间规划"一张图"实施监督信息系统的建设，并已在市县两级投入了使用，为国土空间规划编制、审查、实施、监督提供了全流程的信息化管理能力，主要做法和经验如下。

一是筑牢"数字底座"，夯实数字治理基础。采用"数据与应用分离"的模式，构建国土空间基础信息平台，实现了数据资源的综合管理。通过自然资源和规划数据的整合工作，形成了四大类数据资源体系，实现数据资源和功能组件服务化的统一管理。利用分布式存储与管理技术、异构地理信息服务授权管理技术、基于算子库和模型库的大数据分析技术、地图引擎与大数据可视化技术实现了国土空间基础信息平台的强大的数据管理和应用服务提供的能力。

二是利用大数据手段，辅助规划编制工作。大数据分析应用主要基于定期采集的手机信令、社会感知、互联网数据、兴趣点（point of interest，POI）数据、遥感高分影像等多源大数据融合，采用大数据分析框架与分布式计算技术，实现自然资源和规划大数据分析，支撑自然资源与国土空间规划多方位的业务应用，提供大数据分析决策支持。基于国土空间规划"一张图"数据并结合其社会经济大数据，支持用户根据不同需求对各专题模型定制化分析，包括人口专题、公共服务设施专题、产业专题等专题，用户可指定不同数据源及模型参数进行分析，其分析结果可为城市规划相关工作提供支撑和依据。

三是打通纵向链路，实现数据纵向汇交。实现了省市县三级联通的规划成果管理。目前，系统的规划成果审查与管理模块的规划进度管理、规划成果管理已投入使用，并实现了省市县贯通。市级"一张图"系统已作为联系省厅和区县主管部门的规划成果管理的重要桥梁，为规划三级三类纵向传导提供了举足轻重的交通枢纽。

四是助力行政审批，加强规划实施监督。系统中丰富的"一张图"数据为规划实施的相关业务提供了权威、可靠的数据支撑。系统实现了与政务系统的对接。其"一张图"分析应用模块已经集成至政务系统中并通过相关的权限控制手段作为"政务'一张图'"投入了生产和使用,有效地支撑了"多规合一"审批,使得"一张图"系统成为规划实施强而有力的抓手。

五是实现横向贯通,协同规划业务开展。系统已接入至政务外网,提供给市委办公厅和市交通局、市林业局、市卫健委、市农业农村局等18个市直部门使用,体现了跨部门协作和规划横向传导机制的建设,使系统的使用广度已基本符合数字政务建设的相关要求,系统已基本实现了对横向部门的业务协同。

六是克服技术壁垒,打通主要管理系统。多系统平台之间存在技术架构、数据标准和业务体系的壁垒,为此制定了相应的接口规范、数据规范和业务管理规范,实现了国土空间基础信息平台、国土空间规划"一张图"实施监督信息系统、贵阳市自然资源和规划政务一体化审批平台之间的技术对接和业务衔接。

2.4.3　区县层面

1. 钟山县

围绕《广西建立国土空间规划体系并监督实施的实施方案》,立足数字自然资源治理赋能,钟山县按照"四统一"建设要求,以共建共享共治为目标,采取边建边用、边用边优化的策略,全面推进国土空间规划"一张图"实施监督信息系统建设,目前已建成坐标一致、边界吻合、上下贯通、覆盖全县的国土空间规划"一张图",推动国土空间治理机制重塑,治理方式效能提升,促进国土空间治理体系和治理能力的质量变革、效率变革、动力变革。主要做法和经验如下。

一是构建数据资源体系,夯实数据资源基底。钟山县基于第三次全国国土调查成果,采用国家统一的测绘基准和测绘系统(统一采用2000国家大地坐标系和1985国家高程基准作为空间定位基础),在坐标一致、边界吻合、上下贯通的前提下,依托国土空间基础信息平台,收集并整合十余个部门的数据,按现状、规划、管理、社会经济四大类进行统一编目。

二是利用大数据手段,辅助规划实施监督。通过采集POI数据、手机信令数据,进一步分析出各类人口分布、职住通勤、人口流动等情况,整体提升国土空间大数据集成能力,形成监管智能化、治理能力现代化的自然资源数据平台,服务于规划编制、业务审批、实施统计和监督全过程。

三是创新控规管理模式,引导图则精准维护。围绕智慧规划理念,针对控规单元可追溯、档案及控制指标可管理、信息可即时调阅、图则可联动等业务管理需求,对控规管理业务进行深入梳理,采用图文一体、精准联动的管理模式,实现了县本级控制性详细规划、修建性详细规划的闭环管理。利用信息化手段、以数据为驱动，为"智慧控规"赋能，彻底解决"图纸难查找、指标难获取、数据难追踪"问题，推动实现国土空间智慧化治理。

四是立足地区发展特点，实现矿管全周期管理。矿业权管理是国家对矿产资源所有权、使用权、收益权等的行政管理，是矿产资源管理的核心，是维护矿产资源国家所有权益，保护和合理开发利用矿产资源的重要手段。钟山县聚焦矿权管理全周期，以信息化手段全面深化矿业权管理，围绕采矿权、探矿权相关业务核心需求，打造"矿管一张图"，全面支持矿山、矿权信息历史追踪，实现矿山图属一键更新，让矿权管理"易看""易用""易管"。

2. 廉江市

根据自然资源部和广东省自然资源厅的统一部署，基于"统一底图、统一标准、统一规划、统一平台"的要求，廉江市自然资源局高度重视提升国土空间治理能力现代化水平，组建了专业技术团队，积极开展廉江市国土空间规划"一张图"实施监督信息系统的建设，为国土空间规划编制、审批、实施、监测、评估、预警提供了全流程的信息化管理能力。主要做法和经验如下。

一是夯实数据底座，构建自然资源一张底图。以第三次全国国土调查成果数据为基础，基于相关的标准规范，通过对廉江市全域基础数据收集和整理入库，形成4门类、27大类、100中类共计350余个图层的自然资源数据目录体系，最终形成坐标一致、边界吻合、上下贯通的自然资源一张底图，实现对自然资源全域全要素数据化管理。

二是强化相关应用，辅助规划编制工作。通过系统提供"一张图"应用及规划分析评价等应用，为规划编制提供现状、规划、管理及"双评价"和"双评估"等数据支撑和应用服务，有效支撑国土空间总体规划编制服务。

三是立足审查模型，助力规划成果在线审查。通过对质检规则的自定义配置，确保规划成果的质量；为规划审查过程提供自动化审查及人机交互审查等，做到对审查过程全留痕，确保审查过程全程把控；为规划编制批后成果提供成果管理应用，形成成果管理"一棵树"，实现对规划成果相关过程资料的统一管理。

四是探索精准实施，落实规划实施工作开展，通过构建规划精准实施应用，为规划实施落地提供合规检查、辅助选址、用地预审、用地报批等功能，例如：通过辅助选址，通过设置规划类型、选址用途、选址面积、选址范围、避让因子（生态保护红线、永久基本农田、自然保护地等）、周边设施（商用、教育、医疗、交通出行等）等分析条件，自动生成符合相关条件的用地信息，辅助规划项目落实的智能选址。

　　五是构建指标体系，赋能规划监测评估。通过多维度构建监测评估指标，实现对监测指标、体检评估指标的实时监测、评估和预警，对于预警指标超标项设置标红显示，通过统计方式显示超预警指标数目和所属指标类型，便于用户进行快速定位和查看，辅助用户对规划落实情况的监测评估及预警。

　　六是基于承载能力模型，辅助支撑规划决策。通过构建资源环境承载能力监测预警模型，分别从综合监管、动态评估、决策支持等方面实现对廉江市自然资源承载能力分级监管，提高综合监管能力；同时通过合理控制开发强度来确保各类开发活动不突破资源环境承载能力的界限，最终为自然资源合理开发利用提供决策支撑。

2.4.4　总结

　　从各地国土空间规划实践经验可以看出，不同地区在本轮国土空间规划中都非常注重新技术、新理念、新方法的应用，而这也是实现传统规划向智慧国土空间规划转型的内在要求。总体而言，数字化与信息化是各级国土空间规划实践工作中必不可少的保障支撑，一方面以数字化构建全域国土空间规划"一张图"，既是政策要求、也是摸清区域底图底数的重要依托；另一方面，建设国土空间规划信息系统，是实现国土空间规划全生命周期闭环管理的关键支撑，对于保障空间规划顺利实施有着不可替代的作用。因此，融合数字化、信息化技术，推动国土空间规划智慧化转型，是实现智慧国土空间规划的重要途径。

参 考 文 献

蔡玉梅, 孟超, 张建平, 2019. 欧洲空间规划监测的特点和启示[EB/OL]. (2019-08-20)[2024-02-28]. https://aoc.ouc. edu.cn/2019/0815/c9821a255561/pagem.htm.

陈志成, 王锐, 2017. 大数据提升城市治理能力的国际经验及其启示[J]. 电子政务, (6): 7-15.

陈志敏, 王红扬, 2006. 英国区域规划的现行模式及对中国的启示[J]. 地域研究与开发, (3): 39-45.

邓丽君, 栾立欣, 刘延松, 2020a. 英国规划体系特征分析与经验启示[J]. 国土资源情报, (6): 35-38.

邓丽君, 南明宽, 刘延松, 2020b. 德国空间规划体系特征及其启示[J]. 规划师, 36(S2): 117-122.

董祚继, 2019. 新时代国土空间规划的十大关系[J]. 资源科学, 41(9): 1589-1599.

董祚继, 吴次芳, 叶艳, 等, 2017. "多规合一"的理论与实践[M]. 杭州: 浙江大学出版社.

段亚明, 刘勇, 刘秀华, 等, 2018. 基于POI大数据的重庆主城区多中心识别[J]. 自然资源学报, 33(5): 788-800.

傅毅明, 赵彦云, 2016. 基于公路交通流的城市群关联网络研究: 以京津冀城市群为例[J]. 河北大学学报(哲学社会科学版), 41(4): 91-100.

耿涌, 韩昊男, 任婉侠, 2011. 基于数据包络分析模型的工业固体废物管理效率评价[J]. 生态经济, (4): 29-33.

龚强, 2018. 测绘地理信息科技融合新技术助力空间规划编制[J]. 测绘与空间地理信息, 41(9): 1-3, 7.

顾朝林, 2015. 论中国"多规"分立及其演化与融合问题[J]. 地理研究, 34(4): 601-613.

郝庆, 2018. 对机构改革背景下空间规划体系构建的思考[J]. 地理研究, 37(10): 1938-1946.

何瑞东, 2018. 中国"智慧国土"工程建设现状与发展[J]. 科技导报, 36(18): 10-15.

姜佳怡, 戴菲, 章俊华, 2019. 基于 POI 数据的上海城市功能区识别与绿地空间评价[J]. 中国园林, 35(10): 113-118.

景娟, 钱云, 黄哲姣, 2011. 欧洲一体化的空间规划: 发展历程及其对我国的借鉴[J]. 城市发展研究, 18(6): 1-6.

孔宇, 甄峰, 李兆中, 等, 2019. 智能技术辅助的市(县)国土空间规划编制研究[J]. 自然资源学报, 34(10): 2186-2199.

黎夏, 李丹, 刘小平, 2017. 地理模拟优化系统(GeoSOS)及其在地理国情分析中的应用[J]. 测绘学报, 46(10): 1598-1608.

李德仁, 姚远, 邵振峰, 2014. 智慧城市中的大数据[J]. 武汉大学学报(信息科学版), 39(6): 631-640.

李君轶, 唐佳, 冯娜, 2015. 基于社会感知计算的游客时空行为研究[J]. 地理科学, 35(7): 814-821.

李满春, 夏南, 陈探, 等, 2018. 地理信息 + 空间规划[J]. 现代测绘, 41(1): 1-7.

李少英, 黎夏, 刘小平, 等, 2013. 基于多智能体的就业与居住空间演化多情景模拟: 快速工业化区域研究[J]. 地理学报, 68(10): 1389-1400.

李伟, 周峰, 朱炜, 等, 2015. 轨道交通网络客流大数据可视化研究[J]. 中国铁路, (2): 94-98.

李亚洲, 刘松龄, 2020. 构建事权明晰的空间规划体系: 日本的经验与启示[J]. 国际城市规划, 35(4): 81-88.

廖威, 苗华楠, 毛斐, 等, 2017. "多规融合"的宁波市域国土空间规划编制探索[J]. 规划师, 33(7): 126-131.

林坚, 赵冰, 刘诗毅, 2019. 土地管理制度视角下现代中国城乡土地利用的规划演进[J]. 国际城市规划, 34(4): 23-30.

刘汇慧, 2016. 基于出租车 GPS 轨迹大数据的短时非运营行为建模与时空分布探测[D]. 武汉: 武汉大学.

刘慧, 樊杰, 王传胜, 2008. 欧盟空间规划研究进展及启示[J]. 地理研究, (6): 1381-1389.

刘素荣, 蒋传菊, 2017. 大数据下生态文明建设绩效评价指标体系研究[J]. 科学发展, (3): 40-46.

刘小平, 黎夏, 艾彬, 等, 2006. 基于多智能体的土地利用模拟与规划模型[J]. 地理学报, (10): 1101-1112.

刘颖, 贾秀荣, 2018. 三维信息化技术在城市规划管理中的应用[J]. 规划师, 34(12): 73-78.

刘镇源, 2018. 基于交通运输大数据的网络安全态势感知系统结构研究[J]. 中国新通信, 20(1): 134.

龙瀛, 李派, 2017. 新数据环境下的城市增长边界规划实施评价[J]. 上海城市规划, (5): 106-111.

龙瀛, 张宇, 崔承印, 2012. 利用公交刷卡数据分析北京职住关系和通勤出行[J]. 地理学报, 67(10): 1339-1352.

罗彦, 蒋国翔, 邱凯付, 2019. 机构改革背景下我国空间规划的改革趋势与行业应对[J]. 规划师, 35(1): 11-18.

马学广, 唐承辉, 2018. 中国城市网络化空间联系与格局: 基于高铁客运流的大数据分析[J]. 经济地理, 38(4): 55-64.

马妍, 沈振江, 王珺玥, 2016. 多智能体模拟在规划师知识构建及空间规划决策支持中的应用: 以日本地方城市老年人日护理中心空间战略规划为例[J]. 现代城市研究, (11): 28-38.

牛赓, 翟国方, 朱碧瑶, 2018. 荷兰的空间规划管理体系及其启示[J]. 现代城市研究, (5): 39-44.

彭英子, 2019. 基于三维 GIS 的城市规划信息系统研究[J]. 工程技术研究, 4(20): 29-30.

钱慧, 罗震东, 2011. 欧盟"空间规划"的兴起、理念及启示[J]. 国际城市规划, 26(3): 66-71.

秦萧, 甄峰, 李亚奇, 等, 2019. 国土空间规划大数据应用方法框架探讨[J]. 自然资源学报, 34(10): 2134-2149.

沈费伟, 2019. 大数据时代"智慧国土空间规划"的治理框架、案例检视与提升策略[J]. 改革与战略, 35(10): 100-107.

史宜, 杨俊宴, 2019. 基于手机信令数据的城市人群时空行为密度算法研究[J]. 中国园林, 35(5): 102-106.

孙雪东, 2019. 塑造以人为本的高品质国土空间[J]. 中国土地, (1): 21-25.

孙园园, 2019. 从 BIM 到 CIM: 探索智慧城市建设新模式[J]. 价值工程, 38(35): 30-31.

孙中平, 史园莉, 曹飞, 等, 2016. 遥感大数据环境下对生态红线监管方式创新的思考[J]. 环境与可持续发展, 41(1): 65-68.

屠李, 赵鹏军, 张超荣, 等, 2019. 面向新一代人工智能的城市规划决策系统优化[J]. 城市发展研究, 26(1): 54-59.

王海军, 翟丽君, 刘艳芳, 等, 2018. 基于多维城市要素流的武汉城市圈城市联系与功能分析[J]. 经济地理, 38(7): 50-58.

王静, 李泽慧, 宋子秋, 等, 2019. 走向可持续城市生态系统管理的国土空间规划方法与实践: 以烟台市为例[J]. 中国土地科学, 33(9): 9-18.

吴文菁, 陈佳颖, 叶润宇, 等, 2019. 台风灾害下海岸带城市社会-生态系统脆弱性评估: 大数据视角[J]. 生态学报, 39(19): 7079-7086.

吴志强, 2018. 人工智能辅助城市规划[J]. 时代建筑, (1): 6-11.

吴志强, 叶锺楠, 2016. 基于百度地图热力图的城市空间结构研究: 以上海中心城区为例[J]. 城市规划, 40(4): 33-40.

肖迪, 张小咏, 胡杨, 2019. 基于手机大数据的城市功能区识别方法[J]. 系统仿真学报, 31(11): 2281-2288.

谢映, 段宁, 江叶帆, 等, 2018. 机构改革背景下长沙市级空间规划体系探索[J]. 规划师, 34(10): 38-45.

徐杰, 周洋岑, 姚梓阳, 2016. 英国空间规划体系运行机制及其对中国的启示[C]//中国城市规划学会. 规划 60 年: 成就与挑战——2016 中国城市规划年会论文集. 北京: 中国建筑工业出版社.

徐倩格, 孙大松, 刘亦茹, 等, 2019. 特色乡村的创新发展分析与对策: 以南京市栖霞区太平村为例[J]. 中国市场, (19): 22-24.

许泽宁, 高晓路, 2016. 基于电子地图兴趣点的城市建成区边界识别方法[J]. 地理学报, 71(6): 928-939.

严金明, 陈昊, 夏方舟, 2017. "多规合一"与空间规划: 认知、导向与路径[J]. 中国土地科学, 31(1): 21-27.

姚月, 张洪剑, 2019. 基于多源大数据的空间规划监测与评估研究: 以珠海市为例[C]//中国城市规划学会. 活力城乡 美好人居: 2019 中国城市规划年会论文集. 北京: 中国建筑工业出版社.

尹俊, 安頔, 刘昆轶, 等, 2017. 从"多规合一"到构建空间规划体系: 基于江西省鹰潭市试点工作的思考[J]. 城市规划学刊, (S2): 162-167.

余真, 2019. 基于 BIM 的三维规划辅助决策系统研究与实现[J]. 城市勘测, (3): 23-27.

袁源, 王亚华, 周鑫鑫, 等, 2019. 大数据视角下国土空间规划编制的弹性和效率理念探索及其实践应用[J]. 中国土地科学, 33(1): 9-16, 23.

张鸿辉, 2011. 多智能体城市规划空间决策模型及其应用研究[D]. 长沙: 中南大学.

张书海, 冯长春, 刘长青, 2014. 荷兰空间规划体系及其新动向[J]. 国际城市规划, 29(5): 89-94.

张庭伟, 2017. 复杂性理论及人工智能在规划中的应用[J]. 城市规划学刊, (6): 9-15.

张勇进, 王璟璇, 2014. 主要发达国家大数据政策比较研究[J]. 中国行政管理, (12): 113-117.

赵珂, 李忠蔚, 夏清清, 2020. 真实＋价值: 欧洲空间规划的可视化语境支持[J]. 国际城市规划, 35(1): 96-101.

赵映慧, 谌慧倩, 远芳, 等, 2017. 基于 QQ 群网络的东北地区城市联系特征与层级结构[J]. 经济地理, 37(3): 49-54.

甄峰, 张姗琪, 秦萧, 等, 2019. 从信息化赋能到综合赋能: 智慧国土空间规划思路探索[J]. 自然资源学报, 34(10): 2060-2072.

中国测绘学会, 2022. 行业|广东国土空间规划"一张图"建设: 统一谋划 标准先行 数据赋能 以用促建[EB/OL]. (2022-09-11)[2024-01-15]. https://mp.weixin.qq.com/s/OWs6H4cUsDclfdwlXueIVw.

周姝天, 翟国方, 施益军, 2017. 英国空间规划经验及其对我国的启示[J]. 国际城市规划, 32(4): 82-89.

周祥胜, 汤燕良, 李禅, 等, 2019. 广东省级城镇开发边界的划定思路与方法[J]. 规划师, 35(11): 75-79.

周颖, 濮励杰, 张芳怡, 2006. 德国空间规划研究及其对我国的启示[J]. 长江流域资源与环境, (4): 409-414.

庄少勤, 2019. 新时代的空间规划逻辑[J]. 中国土地, (1): 4-8.

自然资源部, 2022a. 国土空间规划"一张图"建设|杭州市: 治理＋服务, 规划"一点"通[EB/OL]. (2022-08-18)[2024-02-20]. https://mp.weixin.qq.com/s/Wzt5pc5HSgojBIemJBZEyQ.

自然资源部, 2022b. 国土空间规划"一张图"建设深圳: 全流程在线管理 规划信息公开透明[EB/OL]. (2022-08-30)

[2024-02-20]. https://mp.weixin.qq.com/s/SJ7ArZ_7pcO1JILvjqEPeA.

自然资源部, 2022c. 国土空间规划"一张图"建设|广州: 以智慧规划引领国土空间高水平治理[EB/OL]. (2022-08-31) [2024-02-20]. https://mp.weixin.qq.com/s/Vc2BgR7miM_VPBm2_08X8g.

自然资源部, 2022d. 国土空间规划"一张图"建设天津: 数字赋能国土空间规划[EB/OL]. (2022-09-13)[2024-02-20]. https://mp.weixin.qq.com/s/RCrVuOUy1KHP0wJmb-uuqA.

自然资源部, 2022e. 国土空间规划"一张图"建设|福建: 立足"数字福建"规划赋能高质量发展超越[EB/OL]. (2022-09-14)[2024-02-20]. https://mp.weixin.qq.com/s/ jvXy04uUtpc3VJZO3jJLBQ.

自然资源部, 2022f. 国土空间规划"一张图"建设|南京: 智慧规划听"宁"说[EB/OL]. (2022-10-09)[2024-02-20]. https://mp.weixin.qq.com/s/QAnWEGXX7KL_LfNTkBkLZA.

Al Nuaimi E, Al Neyadi H, Mohamed N, et al., 2015. Applications of big data to smart cities [J]. Journal of Internet Services & Applications, 6(1): 1-15.

Al-Kheder S A, 2006. Urban growth modeling with artificial intelligence techniques [D]. West Lafayette, Indiana: Purdue University.

Brown G, Weber D, 2011. Public participation GIS: A new method for national park planning [J]. Landscape and Urban Planning, 102(1): 1-15.

Carrero R, Navas F, Malvárez G, et al., 2014. Artificial intelligence-based models to simulate land-use change around an estuary [J]. Journal of Coastal Research, 70(sp1): 414-419.

European Communities, Directorate-General for Regional and Urban Policy, 1997. The EU Compendium of Spatial Planning Systems and Policies[M]. Publications office of the European Union.

Herbert G, Chen X, 2015. A comparison of usefulness of 2D and 3D representations of urban planning [J]. Cartography and Geographic Information Science, 42(1): 22-32.

Król A, 2016. The Application of the artificial intelligence methods for planning of the development of the transportation network [J]. Transportation Research Procedia, 14: 4532-4541.

Li H, Parikh D, He Q, et al., 2014. Improving rail network velocity: A machine learning approach to predictive maintenance [J]. Transportation Research Part C: Emerging Technologies, 45: 17-26.

Lidberg W, Nilsson M, Ågren A, et al., 2019. Using machine learning to generate high-resolution wet area maps for planning forest management: A study in a boreal forest landscape [J]. Ambio, 49(2): 475-486.

Ma Z, Ren Y, 2017. Integrated application of BIM and GIS: An overview [J]. Procedia Engineering, 196: 1072-1079.

Mansourian A, Taleai M, Fasihi A, 2011. A web-based spatial decision support system to enhance public participation in urban planning processes [J]. Journal of Spatial Science, 56(2): 269-282.

Marsal-Llacuna M L, Boada-Oliveras I, 2013. 3D-VUPID: 3D visual urban planning integrated data[C]//Murgante B, Misra S, Carlini M, et al. Computational Science and Its Applications– ICCSA 2013. Springer: 17-32.

Mignard C, Nicolle C, 2015. Urban Information Modeling Combining BIM and GIS[J]. Encyclopedia of Information Science & Technology Third Edition.

Moosavi V, 2022. Urban morphology meets deep learning: Exploring urban forms in one million cities, towns, and villages across the planet[M]//Carta S. Machine Learning and the City: Applications in Architecture and Urban Design. New Jersey: Wiley-Blackwell: 379-392.

Murgante B, Borruso G, Lapucci A, 2009. Geocomputation and Urban Planning: Geocomputation and urban planning[M]. Berlin, Heidellberg: Springer.

Nijhawan R, Joshi D, Narang N, et al., 2019. A futuristic deep learning framework approach for land use-land cover classification using remote sensing imagery [M]//Mandal J, Bhattacharyya D, Auluck N. Advanced Computing and

Communication Technologies. Singapore: Springer: 87-96.

Papadimitriou F, 2012. Artificial intelligence in modelling the complexity of mediterranean landscape transformations [J]. Computers and Electronics in Agriculture, 81: 87-96.

Poghosyan A, 2018. Quantifying urban growth in 10 post-Soviet cities using Landsat data and machine learning [J]. International Journal of Remote Sensing, 39(23): 8688-8702.

Rathore M M, Ahmad A, Paul A, et al., 2016. Urban planning and building smart cities based on the Internet of Things using Big Data analytics [J]. Computer Networks, 101: 63-80.

Shafizadeh-Moghadam H, Asghari A, Tayyebi A, et al., 2017. Coupling machine learning, tree-based and statistical models with cellular automata to simulate urban growth [J]. Computers, Environment and Urban Systems, 64: 297-308.

Wu N, Silva E A, 2010. Artificial Intelligence Solutions for Urban Land Dynamics: A Review[M]. Los Angeles, CA: SAGE Publications.

Yamamura S, Fan L, Suzuki Y, 2017. Assessment of urban energy performance through integration of BIM and GIS for smart city planning [J]. Procedia Engineering, 180: 1462-1472.

Yuan N J, 2015. Mining social and urban big data[C]//the 24th International Conference. International World Wide Web Conferences Steering Committee.

Zhao K, Tarkoma S, Liu S, et al., 2016. Urban human mobility data mining: An overview[C]//2016 IEEE International Conference on Big Data (Big Data). IEEE: 1911-1920.

Zolkafli A, Brown G, Liu Y, 2017. An evaluation of the capacity-building effects of participatory GIS(PGIS) for public participation in land use planning [J]. Planning, Practice & Research, 32(4): 385-401.

3　智慧国土空间规划的方法框架

工欲善其事，必先利其器。新时代的智慧国土空间规划是一项充满复杂性、综合性、挑战性的工作，不仅要将智慧化的理念与手段融入国土空间规划管理的各个阶段，实现国土空间精细治理，而且要构建科学的理论方法基础以指导国土空间规划实践工作。因此，厘清智慧国土空间规划的内在本质，明确智慧国土空间规划的建设目标，构建智慧国土空间规划的实现路径，从而形成智慧国土空间规划方法框架，对于支撑智慧国土空间规划实践不可或缺。本书在分析与总结现有智慧规划相关研究与实践的基础上，首先对智慧国土空间规划的内涵进行探讨；然后结合新时代国土空间规划的要点与特点，提出智慧国土空间规划的"四化"目标，并从国土空间规划全流程管理以及信息化赋能两方面阐述智慧国土空间规划的实现路径；最后提出以"ABC"技术为核心的智慧国土空间规划技术方法体系。

3.1　智慧国土空间规划内涵

对于智慧国土空间规划，不同的学者对其有不同的理解。黎栋梁等（2019）认为，智慧规划应具有系统性、智能性、共享性及动态性等特征，能对多源、异构、多时相、空间性的信息进行综合处理和分析利用，以实现更透彻的信息感控、更全面的互联互通，以及更深入的面向规划的智能决策；王芙蓉等（2013）认为，所谓智慧规划，就是充分借助物联网、云计算和规划支持系统（planning support system，PSS）等新技术，不断地创新规划管理理念与方法，通过多源知识融合与挖掘，实现城市规划领域更透彻的信息感控，实现规划管理不同时间尺度、空间尺度，以及职能和功能尺度上更全面的互联互通，同时实现城市规划研究、规划编制管理和规划实施管理中更深入的智能决策；甄峰等（2019）认为智慧国土空间规划是通过信息技术在国土空间规划的现状分析、编制方案、管理评估等过程中的综合应用，实现人本化、数字化、智能化的国土空间规划过程；沈费伟（2019）认为，智慧国土空间规划是空间治理需求与大数据时代信息技术相结合的产物，其意在充分运用大数据、云计算、物联网、移动互联网等新兴技术并融合国土空间规划概念，从根本上为政府空间治理实践提供优化的决策支持。

综上所述，众学者皆认为智慧国土空间规划的核心是将信息技术手段融入国土空间规划编制、审批、实施、监管等全过程，通过综合运用各类信息技术辅助进行规划智能决策与管理，促进国土空间合理开发利用，从而提升国土空间治理能力。从本质上来讲，智慧国土空间规划的关键在于实现空间规划的智慧化，这是其与传统规划的根本差异所在。所谓智慧，一般是指高等生物所具有的基于神经器官的一种高级创造思维能力。若赋予智慧，那么类似于生命有机体，国土空间规划就应当具备感知、理解、辨别、分析、计算等多种能力。因此，智慧国土空间规划最核心的四大特征可概括为"可感知、能学习、善治理、自适应"（庄少勤，2019）。可感知是对国土空间规划中各类主体变化情况与态势的感知；能学习是指对空间发展规律、趋势的自我学习；善治理是指能够发现规划问题，明确空间治理方向和重点；自适应是规划全周期的自我管理、自我分析与自我优化。由此可见，要促进智慧国土空间规划的转型，使其具备"可感知、能学习、善治理、自适应"的能力，必然要依托人工智能、大数据、云计算等新型信息技术的支撑，以此来实现国土空间规划的"智慧赋能"。

结合新时代生态文明背景下国土空间规划要求与目标，以及当前智慧规划理念与新兴技术在空间规划领域的应用支撑，本书对智慧国土空间规划做如下定义：在数字规划（digital planning，DP）（吴承照，2001；林立勇等，2015；王浩然等，2016）、生态规划（ecological planning，EP）（何璇等，2013；沈清基等，2019）、智慧规划（intelligent planning，IP）（丁国胜等，2013；王习祥等，2015；王芙蓉等，2015；龙瀛等，2019）三种规划理念（简称"3P"）的支持下，依托人工智能（artificial intelligence，AI）（何清等，2014；谢新水，2020）、大数据（big data）（方巍等，2014）、云计算（cloud computing）（魏巍，2020）（简称"ABC"技术），以及遥感（remote sensing）、全球导航卫星系统（global navigation satellite system）、地理信息系统（geographic information system）（简称"3S"）等测绘信息化技术（李德仁，1997，2020），在自然资源本底要素全域数字化基础上，以目标、问题和治理为导向，以建设覆盖国土空间规划编制、审批、实施、监督全流程的信息系统为先导，推动数据整合、国土空间规划编制与信息系统建设一体化，促进规划编制更智能、规划审查更高效、规划实施更精准、规划监管更实时，实现国土空间规划的"可感知、能学习、善治理、自适应"，进而助力国土空间治理能力现代化（图3-1）。

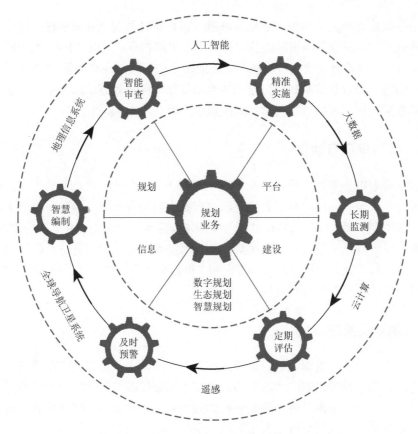

图 3-1 智慧国土空间规划内涵

3.2 智慧国土空间规划目标

面向生态文明时代发展需求的国土空间规划体系是提升国土空间治理能力、促进国家治理体系现代化的重要抓手。当前，国土空间规划正处于由"片面、静态、定性"传统规划向"多维、动态、定量"智慧规划转型的关键时期，既需要规划理念上的突破，又需要技术方法层面的革新。因此，智慧国土空间规划应以实现空间规划全流程智慧化为目标，实现规划编制智能化、规划审查自动化、规划实施精准化和规划监管实时化四大目标（张鸿辉等，2019；甄峰等，2019）。

3.2.1 规划编制智能化

传统的规划编制受限于基础数据样本小、技术方法落后等问题，编制过程以定性分析为主，限制了对人本信息的考虑，往往导致编制成果较难有效落地。智慧国土空间规划需要以多源大数据为基础，融合定性与定量分析手段，辅助国土空间规划编制。在规划编制阶段建议充分结合手机信令、POI、LBS、交通刷卡等多源大数据，并构建大数据分析模型，辅助国土空间规划现状评估、"双评价"和专题评估等，为规划编制提供可量化的参考依据，促进规划编制智能化，保障编制基础数据扎实、编制过程科学、编制成果合理。

3.2.2　规划审查自动化

以往规划审查工作主要依靠业务人员进行人工、手动审查，对业务人员业务熟悉程度要求较高，同时缺乏有效手段对审批内容进行监管，导致审批效率和准确性无法得到保障。新时代的智慧国土空间规划应实现业务电子化、自动化审查，通过制定相应规划成果技术审查规则，构建智能审查分析模型算法，研发规划成果审查系统或工具，促进"人工审查"向"机器审查"与"人机互动"模式转变，提高规划成果审查效率与准确性。

3.2.3　规划实施精准化

传统规划存在"重编轻管、编管分离"的现象，由于对规划实施路径、规划实施过程、规划反馈机制的考虑不够，造成了规划编制与实施之间的脱节，进而削弱了空间规划对城市发展、空间管控的指导意义。智慧国土空间规划在实施阶段，应充分运用大数据分析、人工智能识别等手段，支撑规划用地分析、冲突识别等，辅助规划选址、区域评估、规划调整等工作，推进工程建设项目精准落地，强化国土空间用途管制、底线管控技术手段，促进国土空间规划精准实施。

3.2.4　规划监管实时化

传统的规划实施侧重对既定规划总目标的实现，存在底线约束意识弱、规划传导不到位、要素配置不合理等问题。新时代的国土空间规划尤其注重对规划全过程的动态监管，以国土空间规划监测评估预警为手段，实现空间要素管控。智慧国土空间规划首先要结合对地观测感知数据，基于 AI 等地表变化监测技术，实现国土空间变化信息动态感知与快速识别；其次要结合自然环境、城乡运行等多源大数据，构建耦合人地关系的综合评估模型，支撑规划实施的精准评估；最后充分运用基于深度学习的地理空间模拟技术，揭示国土空间演变格局与趋势，防止预警空间调控方向出现偏差。总体上，规划监管需以云计算为基础算力支撑，以大数据、人工智能为技术手段，建立规划监督动态感知监管技术体系，为国土空间规划智能实时监管、决策快速响应提供支撑。

3.3 智慧国土空间规划建设路径

国土空间规划的智慧化道路不是一蹴而就的，从传统规划向智慧规划的转型需要经历一段转换的过程，亦即智慧国土空间规划的建设路径（图 3-2）。根据智慧国土空间规划的目标，结合当前国土空间规划工作现状，可以将智慧国土空间规划的建设路径分为三个步骤：第一步为问题梳理，着重厘清当前国土空间规划

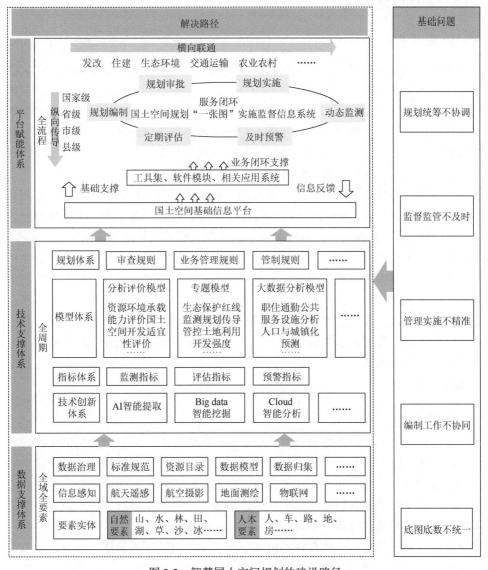

图 3-2　智慧国土空间规划的建设路径

体系建设中面临的数据、业务、技术相关问题；第二步为智慧能力构建，针对具体问题，分别建立数据支撑体系、技术支撑体系、平台赋能体系，为实现智慧国土空间规划提供基础支撑；第三步为智慧应用实践，与各地国土空间规划及实施监督工作相结合，实现国土空间规划全生命周期闭环管理的智慧赋能，以数字化、信息化支持国土空间规划编制、审批、实施、监测、评估、预警全过程，逐步促进国土空间规划的智慧化转变（张鸿辉等，2019）。

3.3.1　基础问题梳理

1. 底图底数不统一

国土空间规划需以第三次全国国土调查数据为基础，统一采用 2000 国家大地坐标系作为空间基准，在坐标一致、边界吻合、上下贯通的前提下，形成以基础地理数据、土地资源、矿产资源、海洋资源和社会经济等现状数据为核心集成的一体化空间资源现状数据库，构建国土空间总体规划一张底图，形成统一的规划管理底板。同时，基于清晰的底数底图，要求规划文本、图件与数据库保持关联一致，杜绝文本、图件与数据库各写各数，各描各线，各画各图。

国土空间规划体系改革前，各类规划分属不同部门与机构管理，这些部门积累了大量的数据资源，但彼此间并未构建数据共享渠道，"数据孤岛"现象比较普遍。机构整合后，新的国土空间规划体系建设就面临数据管理与应用的多重挑战，不同部门数据存在标准不一、数据陈旧、数据分散、应用困难等问题。数据生产采集方面，遥感影像等数据获取、汇聚、处理能力还不够，需进一步提升数据采集的频率和效率。数据治理方面，国土空间规划全周期管理的数据资源还不够全面、不够贯通，存在关联性弱、关键信息缺失等问题，数据整合有待加强。数据共享应用方面，数据共享更新能力有待强化，共享内容、方式及工作流程需进一步明晰，数据深度挖掘应用不足，面向政务部门、社会公众等的信息化服务需进一步提升。

2. 编制工作不协同

传统依赖人工经验判断和有限分析的规划编制方法，对空间要素信息和人本活动信息感知能力不足，缺乏人口、产业、用地等国土空间规划关键要素的空间结构、分布模式、格局动态机理的定量、精准、动态研判。由于缺少系统性的数据分析、挖掘技术为规划编制提供准确、权威、可靠的基础数据分析结果，缺乏用数据深度刻画城市现状、全面科学认知城市问题的能力（周晓然，2021），规划编制、方案制定和实施评估存在不精准、不科学、不动态等问题。同时，国土空间总体规划、详细规划、相关专项规划等各类别规划编制的层级传导技术支撑不足，如规划的用地目标数值等存在冲突，逐层传导过程中下位规划的目标和布局矛盾不断加剧。解决规划编制工作存在的不智慧、不协同等问题，推进规划编制从简单的数学模型应用向机器学习、人工智能深度学习等智能技术应用拓展，以规划编制需求作为逻辑出发点推动规划编制数字化转型是智慧国土空间规划发展的必然趋势。

3. 规划实施不精准

传统规划大多重编轻管，致使规划编制与实施脱节，规划实施效果大打折扣。如城镇建设用地边界无序，缺乏城镇建设空间的布局引导，导致建设用地调整随机性强，城镇边界不断突破，建设用地趋向碎片化。规划刚性内容存在不足，对下位规划不能有效约束，过于追求技术性的弹性传导，缺乏实际可操作、可控的手段，实施属地的弹性管理，也使得建设用地规模监管困难。因此，急需改变传统规划实施模式，通过智慧化手段建设项目合规性审查和协同审批的技术能力，重点审查项目选址是否符合国土空间用途管制的要求，建设内容是否符合生态环境准入清单以及农业管控要求等约束性指标，确保规划项目的许可发放、批后监管合规合理，有效保证规划项目实施符合安全底线和高质量发展的要求。

4. 监督监管不及时

国土空间规划的监督监管，需以信息化手段支撑，构建动态监测、体检评估、及时预警的监测评估预警体系，支撑责任部门监督落实主体责任，辅助管理者决策。目前规划监督监管的技术体系不完善，以目标、问题和可操作为导向的监测预警指标体系、专项评估及预警模型正在建设中，对各类管控边界、约束性指标的监测预警有待加强，重大问题预警、规划实施评估的基础依据有待提升；国土空间规划辅助编制、成果审批和资源环境承载能力监测预警能力有待完善，在保障国土空间规划各类刚性要求实施落地、充分发挥规划对区域空间发展的引导作用方面存在一定挑战。如受限于空间信息感知能力，对管制分区开发强度监测评估的时效性不够，未能及时对超过或接近管制强度的区域启动预警和限制性措施，对自然保护地、永久基本农田、生态保护红线、海岸线、生态敏感脆弱区等特殊区域缺乏及时的重点监测和监管。

5. 阶段管理不协同

当前，部分地方国土空间规划管理各阶段之间存在条块分割、前后衔接不足、标准不统一、系统"烟囱式"建设的情况，无法充分支撑国土空间规划的纵向协同和横向联动。规划编制、审批、实施、监测评估预警等各阶段之间没有建立数据融合共享、业务整体协同、系统集成互联等的智慧化统筹和关联机制，给全周期精准治理带来了很大的难度。缺乏相关分析工具及协同平台等的支撑，如土地资源"批、供、用、补、查、测、登"等全流程的信息不贯通、不统一，使得项目找地难；新增建设用地计划指标、城乡建设用地增减挂钩指标的使用管理缺乏智能化的监管，指标从产生、流转到使用的全生命周期无法准确掌握。

3.3.2　数据支撑体系构建

围绕国土空间规划及实施监督的要求，构建统一的数据资源体系，形成数据支撑体系。以第三次全国国土调查数据为基础，汇集基础地理、自然资源调查监测等现状数据，分析评价、"三区三线"、各类国土空间规划等规划管控数据，确权登记、资产管理、用途管制、开发利用、生态修复、耕地保护、执法督察等管理数据，以及社会经济数据，构建坐标一致、边界吻合、上下贯通的国土空间规划底图，建立多部门协同的数据更新机制，促进"一张图"数据的持续动态更新。围绕国土空间要素信息快速获取、规划管控业务数据实时采集、关键社会经济活动信息准确提取等需求，构建国土空间信息精细感知、快速采集及精准提取成套技术，实现多类型国土空间规划数据的快速提取和归集。

1. 标准体系

按照国家"统一底图、统一标准、统一规划、统一平台"相关要求，开展标准体系的建设，保障智慧国土空间规划高效实施。统一国土空间规划数据成果标准体系、信息系统建设标准体系，推动建立国土空间规划管理信息化标准体系。

围绕国土空间规划数据标准规范体系建设，在国家和行业相关标准规范体系的基础上，结合国土空间规划传导体系的建设要求，从国土空间规划编制技术规范、数据库标准、汇交要求、数据质检等方面建设配套技术规范，为构建国土空间规划"一张图"、规范数据的管理与应用提供技术支持。

依据国家相关平台系统建设技术规范建设国土空间基础信息平台、国土空间规划"一张图"实施监督信息系统等，在此基础上，结合实际情况形成平台系统运行管理规范和机制。

2. 数据资源体系

针对国土空间规划面临的数据采集汇交不及时、融合集成不全面、服务应用不高效的相关问题，需构建与智慧国土空间规划要求相匹配的大数据汇交集成和智能服务技术，建立覆盖全域、权威统一的"一张图"数据资源体系，形成国土空间数字化底板，实现多尺度、多类别、大体量国土空间数据的快速归集、信息集成、广泛应用。

数据采集汇交方面，基于 ETL（extract-transform-load，抽取—转换—加载）等技术提升多源异构国土空间时空大数据采集汇交能力，支持系统接入、数据库连接等方式接入多源多尺度时空数据，汇集海量国土空间规划多源异构大数据，实现数据的在线抽取、分布式计算和业务化连接。

数据融合集成方面，构建国土空间信息和人群活动信息的提取与集成分析能力，支持从遥感图像等数据中快速提取典型地物要素信息，实现重要人本信息和活动信息的精准提取、精细融合。

数据服务应用方面，针对定制化、高精度、高频度的国土空间数据服务需求，系统改善海量空间大数据组织管理和服务调用效率不足的问题，利用 Service GIS 等技术对数据进行服务化管理和操作控制，其他部门或相关系统提供标准化的数据和功能服务，实现跨平台、跨网络、跨客户端的服务调用。

3.3.3 技术支撑体系构建

1. 技术创新体系

围绕智慧国土空间规划对算据、算法、算力的新需求，形成以大数据、人工智能、云计算等为基础的技术体系。

在利用大数据技术挖掘空间信息和人群活动信息方面，利用数据治理工具链和知识图谱的时空大数据集成管理能力，支撑构建国土空间规划的数据资源体系，以及区域协调、交通布局、产业发展、公共服务设施配置的大数据指标模型和基数转换、双评价、城区范围划定等专题模型，实现多角度人本信息的智能挖掘和分析，以量化的方式分析底线管控、结构效率、空间品质等指标目标的落实情况，支撑国土空间规划全流程智慧编制，大幅度提高空间信息和人群活动信息的获取能力，提升规划编制的科学性。

在利用人工智能精准识别地表要素方面，基于深度神经网络的迁移学习算法等技术可解决国土空间规划编制过程中全要素空间信息感知能力匮乏，大范围建筑物、土地等国土空间要素的精准获取与智能监测难，"精细化、实时化"的长时间序列国土空间信息难以获取等问题，为国土空间信息提取提供对象精准识别、智能变化检测等能力。

在利用云计算开展空间数据计算和存储方面，支持实时采集接入多源数据和多尺度空间数据的快速处理，为海量数据的在线抽取、分布式计算提供技术解决方案，提供大规模并行处理数据库和文档数据库支持空间分析大数据存储，提供文件存储和对象存储等多存储管理方式，系统解决数据的集成管理和动态更新问题，支持搭建起全域全要素多时空的"立体"数字国土空间，支撑沉浸式的三维场景体验和可交互的三维数据应用服务，实现从单一物理空间的"二维平面"到物理、数字空间的"立体可视"。

2. 指标体系

指标体系是落实国土空间规划战略目标，实现国土空间规划现状评估、目标传导、空间管控、实施监督的重要手段和形式。面向国土空间规划编制及实施评估需求，基于全覆盖、可量化、可定制的思路，构建国家-省-市-县多级指标体系，形成纵向传导、横向传递、类型多维的指标体系架构。

构建满足可获取、可计算、可分解、可追溯要求的指标。可获取即指标数据应具有可靠、便捷的获取途径，数据采集更新方式明确；可计算即指标计算方法应明晰，以定量指标为主，填报类指标计算方法不宜过于复杂，模型计算类指标方法应科学合理；可分解即指标按计算方法可分解到对应数据项，指标相应数据可分解到不同数据采集渠道；可追溯即数据来源可追溯，责任部门提供原始数据，计算方法可追溯，能够经得起科学推敲，计算结果可追溯，计算过程和结果详细化。

综合运用大数据、机器学习、知识图谱等新技术，为指标数据获取与指标计算提供支撑。如底线管控方面，采集光学遥感、微波遥感等多源高分遥感影像数据，利用机器学习、深度学习等人工智能算法，可高效实现对生态保护红线、永久基本农田等控制线内的土地利用信息识别、变化监测。结构效率方面，通过获取城市管理、环境质量、城市治安、城市交通等的传感器数据，利用人本活动信息挖掘模型，挖掘人群活动规律，对城市生活品质进行评估。生活品质方面，通过实时接入手机信令、社会经济、审批数据等多源异构、海量高频数据，构建人口、区域协调等大数据指标计算模型，以量化的方式评估刚性管控成效、规划指标实施、城乡发展质量等落实情况，为国土空间规划实施监督和国土空间开发利用监管提供决策参考。

3. 模型体系

模型体系是支撑规划指标运算、实现智慧国土空间规划的重要基础。以3S、大数据（规划基础数据、手机信令数据、公交出行数据等）、人工智能（机器学习、深度学习算法）等技术为支撑，结合国土空间规划业务应用需求，构建智慧国土空间规划模型体系，辅助国土空间规划编制、规划现状评估、实施评估、监测预警等规划全生命周期业务应用。

通过构建基础评价模型、规划实施评估预警模型等，支撑重大专题监测评估预警、国土空间规划业务管控传导等应用。如辅助项目选址模型支持利用现状"一张图"和国土空间规划"一张图"，根据重大项目的选址条件，梳理项目选址影响因子，并建立项目选址模型，支持从现状和现行规划中遴选出符合要求的候选位置；"三线"管控模型支持根据生态保护红线、耕地保护与永久基本农田、城镇开发边界、现状土地利用和建设项目等数据，分析空间位置、数量关系、内在联系，识别出空间位置的不一致性和要素内容的差异性。大数据分析模型支持通过采集多源大数据，从土地、人口、交通等专题进行建模，分析城市人口、交通、用地现状与问题。

4. 规则体系

规则体系主要明确智慧国土空间规划实施业务逻辑，是智慧国土空间规划管控的核心。包含规划成果技术审查规则、国土空间用途管制规则、各类规划指标分析规则、规划实施指引规则等。

规划成果技术审查规则主要审查落实上位规划传导要求落实情况，包括约束性指标，如生态保护红线面积、永久基本农田保护面积、耕地保有量等不突破上级下达指标；图数一致性，审查约束性指标，如城镇开发边界图层统计结果不大于规划指标表中城乡建设用地规模指标；目标合理性，如常住人口规模、常住人口城镇化率等指标的合理性，发展战略与定位的合理性等。制定国土空间规划审查要点和定制化模型，建立标准化审查流程，开发规划审查辅助工具，实施国土空间规划数据质检、规划内容审查等工作，助力提升审查质量和审查效能。

国土空间用途管制规则包含分区管制和分类管制规则，分区管制规则是将城镇空间、农业空间、生态空间进一步细分为"生态保护区、生态控制区、农田保护区、城镇发展区、乡村发展区、海洋发展区、矿产能源发展区"7个一级分区，不同分区通过正负面清单、约束指标等对各类开发保护活动实行准入管理，运用审批和监管等手段实现规划意图，进一步落实分区战略。分类管制依据详细规划，对不同的地类或要素进行管制，包括用途转换和强度管制。用途转换是指因开发保护活动实施的用途间的转变，包括现状非建设用地向规划建设用地转换，现状建设用地向非建设用地转换，以及现状非建设用地之间的转换。强度管制，即对土地承载的开发强度进行限制，包括建设用地开发强度和耕地、草地、水域等非建设用地开发强度，如居住用地需确定容积率、绿地率、建筑高度、建筑密度等；草地需确定合理载畜量，防止过度放牧等。

根据业务管理规则，转化为结构化、计算机可识别、可运行计算的规则库，实现规划审查等业务管理的自动化和规范化。

3.3.4 平台赋能体系构建

智慧国土空间规划的核心目标是实现国土空间规划的智慧赋能，若要实现"赋能"，需以智慧规划支撑体系为基础，结合国土空间规划信息平台的建设，融合

"ABC""3S""3P"的科学技术手段，将由自然资源本底现状及监测、传统规划成果和新兴数据构成的感知数据体系，融合深度学习等智能算法和模型搭建的学习算法体系，应用到智慧国土空间规划骨架的各个环节，并借助空间智能模拟等形式，收集社会各界的反馈和市场影响，不断适应社会变化，最终形成一套科学、合理、协同的生态文明空间治理体系（甄峰等，2019；张鸿辉等，2019）。

国土空间规划智慧赋能是在新技术、新数据、新方法的驱动下，实现国土空间规划在"人地互动可感知、精细模拟能学习、人机互动善治理、时空演化自适应"方面的智慧能力。智慧赋能的核心是依托智慧国土空间规划信息平台，以人机结合的形式，辅助规划全流程业务的开展，实现规划编制智能化、规划审查自动化、规划实施精准化以及规划监管实时化。

智慧国土空间规划信息平台是实现智慧国土空间规划的载体，通过对规划数据、指标模型、业务规则等的有机融合，围绕规划编制、审批、实施、监测、评估和预警全过程，实现国土空间规划全流程数字化闭环管理。主要建设国土空间基础信息平台、国土空间规划"一张图"实施监督信息系统、三维城市设计辅助决策系统等，为智慧国土空间规划提供多维信息化支撑。

3.4　智慧国土空间规划技术方法

智慧国土空间规划不仅要在建设成果上体现智慧，而且在建设关键技术上也应符合"可感知、能学习、善治理、自适应"的国土空间治理能力现代化发展需求。当前，智慧方法主要以人工智能、大数据和云计算为主，即以"ABC"技术为支撑构建智慧国土空间规划方法体系。

3.4.1　人工智能方法

1. 机器学习方法

机器学习是通过计算机算法或程序模拟人类思考和学习方式，从而做出判断与决策的过程。当前，机器学习在数据挖掘、计算机视觉、自然语言处理等领域已经得到较好的应用，其在国土空间规划领域也有极强的应用潜力。常见的机器学习方法如支持向量机、决策树、随机森林等算法目前已被广泛应用于地理空间大数据处理，而在国土空间规划监测、评估和预警等阶段，也都可以通过机器学习方法辅助实现。例如，国土空间开发保护现状评估、违法用地行为识别等，可利用图像识别算法快速提取遥感影像中的感兴趣地物，进而发现人工判断难以发掘的规律，为规划决策提供支撑（骆剑承等，2021）。

2. 深度学习方法

深度学习是一种以多层人工神经网络为基本架构，对数据进行表征学习的算法，是机器学习的一个分支，因其具备强大的学习能力而成为人工智能发展的核心技术。深度学习在提取大规模多源异构数据之间存在的各种复杂且非线性的关联特征方面极为有效，且能灵活应对，因而将规划分析、预测模型与深度学习结合，可共同构成国土空间规划的空间分析学习体系。深度学习为地理空间大数据智能提取提供了可行途径，通过深度学习方法建立国土空间信息智能提取技术，可实现国土空间规划的实时监测、即时修正和智能反馈；进一步结合大数据感知体系，可对重大专题规划项目进行分析，进而明确发展战略、制定规划目标、落实管控指标等，提升国土空间智能感知能力（李政霖等，2021）。

3. 智能模拟方法

智能模拟是针对复杂人地关系演变而建立的一种仿真模拟方法，可分析国土空间格局演变趋势，进而为国土空间规划提出针对性的优化调控对策。智能模拟是智慧国土空间规划开展未来发展情景分析的重要技术之一。在方法上，智能模拟主要是将自下而上的自组织过程与自上而下的系统传导过程耦合。例如，耦合系统动力学（system dynamics，SD）与人工神经网络（artificial neural network，ANN）的未来土地利用模拟（future land use simulation，FLUS）模型就是一种空间多情景模拟技术，该技术以 ANN 模型为原型，采用元胞自动机在空间模拟中引入规划政策、社会经济因素、用地适宜性等驱动因子，"自底向上"模拟空间形态（Liu et al.，2017）；采用马尔可夫（Markov）模型和系统动力学模型，可分析历史土地利用变化规律，"自顶向下"模拟空间格局，并可探索气候变化和人类活动对未来土地动态变化的影响（Okwuashi et al.，2021）。智能模拟方法可服务于统筹国土空间总体格局、科学划定"三区三线"、明确区域协调发展格局、统筹海陆和城乡发展格局，实现智慧国土空间规划编制。

3.4.2 大数据方法

1. 大数据分析与挖掘方法

国土空间数据包括现状、规划、管理和社会经济等多种空间与非空间数据类型，数据来源多、体系复杂，采用传统手段从庞杂的数据中找到真正有价值的信息变得越来越困难，纵使具备强大的数据存储与检索能力，也难以对其有效进行客观诊断，"数据海量、信息缺乏"成为当前智慧国土空间规划与管理面临的关键问题。因此，在大数据背景下，如何高效地从国土空间"数据海洋"中获取、分析出有用的、隐含性的重要信息成为智慧规划的关注点，而实现这一目标就需要充分运用大数据分析与挖掘技术（吴赛男等，2021）。

数据挖掘分析是指根据分析目的，用适当的统计分析方法及工具，对收集来的数据进行处理与分析，提取有价值的信息，发挥数据的作用。常用的数据分析方法主要包括统计分析、对比分析、分组分析、交叉分析、回归分析等。数据挖掘是从海量数据中挖掘出隐含的、先前未知的、对决策有潜在价值的关系、模式和趋势，并利用这些知识和规则建立决策支持模型，提供预测性决策支持的方法、工具和过程。常用的数据挖掘方法主要包括决策树、神经网络、关联规则、聚类分析、机器学习、深度学习等（谢远飞等，2010；尹廷钧等，2021）。

数据分析与数据挖掘本质上都是从数据中发现有价值的信息，用以支撑业务与决策。智慧国土空间规划需要充分结合大数据分析与挖掘方法，更深入了解国土空间内部的物质流动、人口流动规律，辅助空间战略制定、空间质量评价、空间规模预测以及用地布局等（邓京虎等，2021；何韶瑶等，2022；李军等，2022）。

2. 大数据与空间分析方法

国土空间规划数据大多具备空间属性特征，因此将多源空间大数据与空间分析方法相结合是必要的。大数据与空间分析方法是利用空间分析来实现大数据分析、辅助国土空间规划编制的各种方法的统称，主要包括密度分析、热点分析、插值分析、空间自相关分析等（聂晶鑫等，2019；田江涛，2019；张鹏程等，2019；姜东凯等，2021）。

①热点分析与 LISA 聚类分析方法：主要用于开展多源国土空间风险分析、国土空间适宜性空间分析、国土空间韧性空间分析等，旨在识别其空间聚集特征与范围。

②大数据分析、密度估算与空间插值：主要用于在国土空间风险、国土空间适宜性、国土空间韧性、国土空间演变机理等分析任务中开展土壤、水文等采样点数据以及 POI 数据、建筑物大数据、交通流量等大数据分析，以统计推断特定尺度上评价单元内离散点数据的密度分布，以及交通流量等趋势面。

③空间自相关分析方法：主要采用全局莫兰指数、局部莫兰指数等开展国土空间风险、国土空间适宜性及其类型区识别、国土空间风险胁迫与国土空间适宜性关联机制、国土空间韧性、国土空间演变等的空间分布特征与规律研究。

④地理探测器分析方法：主要采用风险探测器、因子探测器和交互作用探测器等开展国土空间风险、国土空间适宜性、国土空间韧性、国土空间演变等的机理研究与模式识别，以及构建国土空间规划关键要素竞租动力模型。

⑤地理加权回归模型方法：在考虑空间相关性和空间异质性的基础上，实现

多源空间要素与分析对象之间的统计学关系，从而达到机理探索和空间模式识别目的。

3.4.3　云计算方法

云计算是指能够针对共享的可配置计算资源，按需提供方便的、泛在的网络接入的模型。可以被看作通过计算机通信网络（例如互联网）来提供计算服务的分布式系统，其主要目标是利用分布式资源来解决大规模的计算问题。国土空间规划涉及的数据量大、指标模型繁杂，云计算则提供了高效便捷的网络权限，将复杂的数据模型接入可供调配的资源共享平台，这些数据资源便能够被快速分析与调用，因而以云计算为依托，可为大数据计算、人工智能模型构建运算提供高效的算力支撑（薛晓娟等，2019）。

参 考 文 献

邓京虎, 党迎春, 康雅丽, 2021. 地理信息大数据在国土空间规划中的应用研究[J]. 华北自然资源, (5): 126-127.

丁国胜, 宋彦, 2013. 智慧城市与"智慧规划"：智慧城市视野下城乡规划展开研究的概念框架与关键领域探讨[J]. 城市发展研究, 21(8): 34-39.

方巍, 郑玉, 徐江, 2014. 大数据：概念、技术及应用研究综述[J]. 南京信息工程大学学报（自然科学版）, 6(5): 405-419.

何清, 李宁, 罗文娟, 等, 2014. 大数据下的机器学习算法综述[J]. 模式识别与人工智能, 27(4): 327-336.

何韶瑶, 朱俊霖, 2022. POI 大数据背景下的城市高校集聚区功能识别研究：以长沙岳麓区为例[J]. 城市建筑空间, 29(2): 91-94.

何璇, 毛惠萍, 牛冬杰, 等, 2013. 生态规划及其相关概念演变和关系辨析[J]. 应用生态学报, 24(8): 2360-2368.

姜东凯, 张莹莹, 李三娟, 等, 2021. 基于多源空间大数据的区位优势度分析：以汤阴县双评价为例[J]. 中国资源综合利用, 39(7): 45-47.

黎栋梁, 陈行, 2019. 智慧规划下的协同编制信息资源平台研究[J]. 测绘通报, (1): 149-154.

李德仁, 1997. 论 RS, GPS 与 GIS 集成的定义、理论与关键技术[J]. 遥感学报, (1): 64-68.

李德仁, 2020. 数字孪生城市 智慧城市建设的新高度[J]. 中国勘察设计, (10): 13-14.

李军, 刘举庆, 游林, 等, 2022. 多源大数据支持的土地储备智能决策模型集研究[J]. 地球信息科学学报, 24(2): 299-309.

李政霖, 陈冠舟, 杨孝增, 等, 2021. 基于深度学习技术的城市街道空间品质大规模评估分析：以贵阳市为例[C]//中国城市规划学会. 面向高质量发展的空间治理：2020 中国城市规划年会论文集. 北京：中国建筑工业出版社.

林立勇, 邓仕虎, 朱俊丰, 2015. 数字规划视角下时空信息云平台的建设模式及规划应用：以重庆市两江新区为例[J]. 规划师, 31(1): 42-46.

龙瀛, 张恩嘉, 2019. 数据增强设计框架下的智慧规划研究展望[J]. 城市规划, 43(8): 34-40.

骆剑承, 胡晓东, 吴田军, 等, 2021. 高分遥感驱动的精准土地利用与土地覆盖变化信息智能计算模型与方法研究[J]. 遥感学报, 25(7): 1351-1373.

聂晶鑫, 刘合林, 2019. 国内城乡规划领域大数据方法的应用进展与展望[C]//中国城市规划学会. 活力城乡 美好人居: 2019 中国城市规划年会论文集. 北京: 中国建筑工业出版社.

沈费伟, 2019. 大数据时代"智慧国土空间规划"的治理框架、案例检视与提升策略[J]. 改革与战略, 35(10): 100-107.

沈清基, 彭姗妮, 慈海, 2019. 现代中国城市生态规划演进及展望[J]. 国际城市规划, 34(4): 37-48.

田江涛, 2019. Greenplum + PostGIS 在地理空间大数据分析的应用[J]. 电子技术与软件工程, (4): 174.

王芙蓉, 迟有忠, 2015. 智慧城市背景下的智慧规划思考与实践[J]. 现代城市研究, (1): 13-18.

王芙蓉, 窦炜, 崔蓓, 等, 2013. 智慧规划总体框架及建设探索[J]. 规划师, 29(2): 16-19.

王浩然, 吴运超, 2016. 数字规划技术发展与实践探索总结[J]. 科技资讯, 14(12): 4-6.

王习祥, 胡海, 2015. 基于云数据中心的智慧城乡规划决策支持系统研究[J]. 地理信息世界, 22(4): 39-46.

魏巍, 2020. 基于城市信息模型的新型智慧城市管理平台[J]. 智能城市, 6(7): 116-117.

吴承照, 2001. 从感性规划向数字规划进军[J]. 旅游学刊, (6): 57-60.

吴赛男, 张鸿辉, 洪良, 等, 2021. 自然资源大数据全周期整合及共享应用研究[C]//中国城市规划学会城市规划新
技术应用学术委员会. 创新技术·赋能规划·慧享未来: 2021 年中国城市规划信息化年会论文集. 南宁: 广西
科学技术出版社.

谢新水, 2020. 人工智能发展: 规划赋能、技术自主性叠加与监管复杂性审视[J]. 浙江学刊, (2): 78-87.

谢远飞, 刘洋, 李海军, 2010. 空间数据挖掘方法综述[J]. 全球定位系统, 35(5): 65-68.

薛晓娟, 李英成, 王恩泉, 等, 2019. 大数据时代国土资源"一张图"的构建[J]. 北京测绘, 33(11): 1297-1301.

尹廷钧, 李灵慧, 周蕊, 2021. 大数据挖掘中的数据分类算法综述[J]. 数字技术与应用, 39(1): 102-104.

张鸿辉, 洪良, 罗伟玲, 等, 2019. 面向"可感知、能学习、善治理、自适应"的智慧国土空间规划理论框架构建与
实践探索研究[J]. 城市规划, (6): 18-27.

张鹏程, 杨梅, 何华贵, 2019. 基于 GeoAnalytics Server 的空间大数据分析及应用[J]. 工程勘察, 47(3): 43-46.

甄峰, 张姗琪, 秦萧, 等, 2019. 从信息化赋能到综合赋能: 智慧国土空间规划思路探索[J]. 自然资源学报, 34(10):
2060-2072.

周晓然, 2020. 国土空间规划改革背景下规划编制信息化转型思考[J]. 规划师, 36(18): 65-70.

庄少勤, 2019. 新时代的空间规划逻辑[J]. 中国土地, 396(1): 4-8.

Liu X, Liang X, Li X, et al., 2017. A future land use simulation model(FLUS) for simulating multiple land use scenarios
by coupling human and natural effects[J]. Landscape and Urban Planning, 168: 94-116.

Okwuashi O, Ndehedehe C E, 2021. Integrating machine learning with Markov chain and cellular automata models for
modelling urban land use change [J]. Remote Sensing Applications: Society and Environment, 21: 100461.

4 智慧国土空间规划关键技术

智慧国土空间规划，是通过信息技术在国土空间规划的现状分析评价、编制方案、监测管理与评估等全过程中的综合应用，尤其通过各类新技术的集成应用与创新，实现人本化、数字化、智能化的国土空间规划过程（甄峰等，2019）。新时代国土空间规划强调全面摸清并分析国土空间本底条件，运用智慧化的技术手段划定城镇、农业、生态空间以及生态保护红线、永久基本农田、城镇开发边界，并以此为载体统筹协调各类空间管控手段，整合形成"多规合一"的空间规划。随着智慧城市建设进程的不断加快，新技术对规划编制、实施和监管等起到了积极的推动作用，有助于开展智慧规划研究和制定决策。以智慧国土空间规划为目标、以"智慧国土空间信息感知-智慧国土空间信息融合-智慧国土空间知识发现-智慧国土空间智能决策-智慧国土空间信息集成"为体系的技术流程（图 4-1），是提升新时代国土空间治理能力现代化水平的关键所在，为解决传统规划问题提供了新思路。

4.1 国土空间信息感知技术

对国土空间现状的全面感知是实现智慧国土空间规划的第一步，而数据则是规划的"生态"基础，取之于规划，用之于规划。数据的采集与获取是国土空间规划工作中重要且基础的工作之一，无论是对现状进行评估还是资源监测都要依赖相应的数据支撑（阳建强，2015）。国土空间信息的采集获取主要分为空间信息感知和人类活动感知两大类，其中，空间信息感知主要指通过航空遥感、航天遥感、地面遥感等空天地网监测手段获取土地利用覆盖/分类、地物要素信息等，人类活动感知主要指通过互联网、物联网、手机信令等大数据手段获取社会网络、传感数据、位置数据等。因此，充分结合遥感、通信设备、传感器、地面监测、互联网等多种途径获取数据，是实现对国土空间现状的全面感知的重要手段。智慧国土空间信息感知技术流程如图 4-2 所示，其中以空天地网监测手段为代表的大尺度自然资源数据采集技术主要用于对国土资源现状进行客观监测和评估，而基于手机信令、互联网等大数据手段获得的人类活动感知数据可以从人的活动、感受等维度对国土资源利用现状做出评价。基于"空天地网监测手段＋大数据"的信息感知技术极大地丰富了国土空间规划现状监测的数据来源，为多源时空地理大数据体系构建提供了基础。

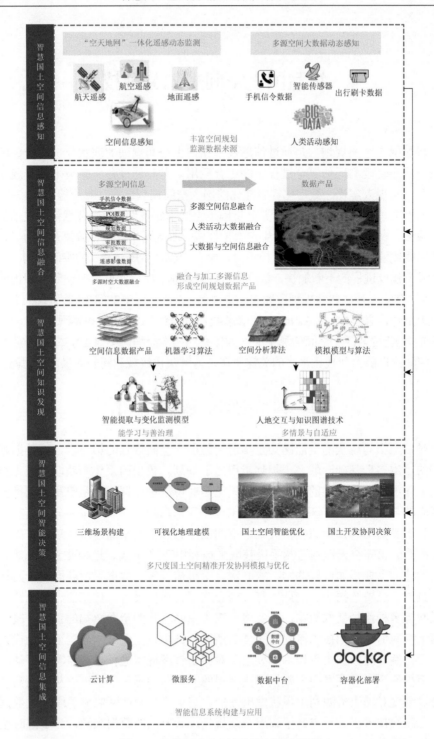

图 4-1　智慧国土空间规划关键技术流程

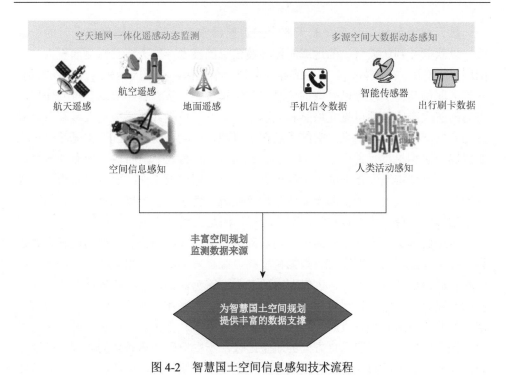

图 4-2　智慧国土空间信息感知技术流程

4.1.1　空间信息感知技术

常见的国土空间信息数据采集方法各有优劣，遥感技术可以弥补传统数据采集监测方式的不足，既能实现全天候大尺度的区域地表监测，同时又可以满足土地、海洋等多要素不同精度信息的动态提取，因此，遥感影像数据被广泛应用于各种尺度的国土空间土地利用和土地覆被的提取和变化分析中（Hansen et al.，2013）。当前，物联网、大数据、云计算、人工智能等飞速发展，空天地网对地观测技术正在发生深刻变革。

按照遥感平台高度不同，分为航天遥感、航空遥感、地面遥感，其中航天遥感是利用搭载在人造地球卫星、探测火箭、宇宙飞船、航天飞机等航天平台上的遥感器对地球和太阳系其他天体进行遥感（张作华，2002），但其地面分辨率通常弱于航空遥感和地面遥感；航空遥感又称机载遥感，是指利用各种飞机、飞艇、气球等作为传感器运载工具在空中进行遥感的技术，具有技术成熟、成像比例尺大、地面分辨率高、适用于大面积地形测绘和小面积详查以及不需要复杂的地面处理设备等优点；地面遥感指以高塔、车、船为平台的遥感技术系统，地物波谱仪或传感器安装在这些地面平台上，可进行各种地物波谱测量（张安定等，2016）。

　　航天遥感是利用装载在航天器上的遥感器收集地物目标辐射或反射的电磁波，以获取并判认大气、陆地或海洋环境信息的技术，航天遥感感测面积大、范围广、速度快、效果好，可定期或连续监视一个地区，不受国界和地理条件限制，并且能取得其他手段难以获取的信息，对于军事、经济、科学等均有重要作用。常见的航天遥感包括可见光遥感和天基激光雷达。可见光遥感能把人眼睛可以看见的景物真实地再现出来，它的优点在于直观、清晰、易于判读。常见的可见光遥感器是照相机，目前卫星上的照相机在 160km 的太空拍照，其地面分辨率达0.3m，可以分辨地面走动的人。但可见光遥感只能白天工作，而且受云雨、雾等气象条件影响很大。天基激光雷达又称星载激光雷达，主要以卫星、航天飞机、太空站等为平台，特点是观测范围比较广，满足大尺度应用。

　　航空遥感是以中低空遥感平台为基础进行摄影（或扫描）成像的遥感方式，具有自主性强、信息维度广、数据精度高、综合效率高、使用灵活方便等优点，能够获取包括陆地、海洋、大气在内的多类型遥感数据，适合比较微观的空间结构的研究分析，服务领域可广泛覆盖农业、林业、海洋、测绘、环境、灾害等。常见的航空遥感分为垂直航空摄影和倾斜航空摄影。垂直航空摄影通过在飞行平台上搭载航摄仪，获取垂直方向的航空影像，不受地理环境条件的限制，获取的影像能够真实地反映地表形态及纹理，广泛用于测绘地图、地质、水文、矿藏和森林资源调查，农业产量评估及大型厂矿和城镇的规划等。倾斜航空摄影实现从不同角度同时进行航空影像数据的采集，支持获取丰富的建筑物顶面及侧面的高分辨率纹理，还可通过先进的定位、融合、建模等技术，生成真实可量测的实景三维模型。倾斜摄影测量技术以其高效率、高精度、高还原度等优势，广泛应用在智慧城市、国土规划、不动产登记、古建筑数字化等方面。

　　地面遥感主要用于近距离测量地物波谱和获取地物细节影像，能够较为真实地反映出地物反射特性，通过计算机直接判读，对大、小区域的图、表实时输出，为航空遥感和航天遥感做校准和辅助工作。常见的地面遥感技术有三维激光扫描技术，能够快速高效地获取高精度的三维数据，并建立三维模型，又被称为"实景复制技术"，该技术可以与 GPS 技术相结合进行测量，也可以直接对目标物进行测量，获取三维数据，实现物体的三维模型重建，可以快速为城市建立三维立体模型，为规划编制提供更加直观立体的现状信息。

　　综上所述，基于遥感的空天地网对地观测技术采集的数据主要是面向自然资源环境现状的监测，遥感影像仅仅能体现地物的光谱、纹理和结构等自然属性信息，然而国土空间规划监测应将人类活动、城乡运行、社会经济等多要素纳入监测的考虑范畴，遥感影像却难以提取城市空间的社会经济属性信息。因此需要构建更完善的数据感知体系，综合传统与新兴数据采集等多种方法，形成面向国土空间规划监测的数据感知技术。

4.1.2　人类活动感知技术

人是国土空间中最主要的因素，人类活动感知是理解国土空间动态变化的重要内容，即从多源时空大数据中识别人的出行和活动等时空行为，反映人群行为特征，揭示其高频行为动态及规律（Louail et al.，2014）。近年来，北斗导航、卫星遥感、传感器、物联网等不断成熟，智慧城市建设正在深入，集成卫星、无人机、移动测量车、环境监测站、智慧灯杆、智能手机、物联网等监测城市物理空间、人类行为和信息流动，获取了多时空分辨率的城市影像、激光点云、社交媒体、公交刷卡数据和手机定位等数据，这些时空大数据记录了从国土空间到人类个体的多维空间信息，为立体化、综合化、多维度国土空间感知提供了新途径（涂伟等，2020）。

人类活动感知数据为国土空间规划带来了三种新的数据类型。首先是时间图像，它可以用来揭示土地用途。其次，可以从人类活动感知数据中提取大量的轨迹。最后，个体或场所之间的相互作用有助于我们构建空间嵌入式网络，从而可以借用网络科学方法对其进行空间分析（Liu et al.，2015）。基于遥感、GIS 的大尺度自然资源数据采集技术主要用于对国土资源现状进行客观监测和评估，相比而言，基于手机信令、互联网等大数据手段获得的人类活动感知数据可以从人的活动、感受等维度对国土资源利用现状和经济社会发展水平做出客观评价。大数据不同于传统的数据环境，其更强调基于大样本数据挖掘的相关关系研究，为国土空间规划提供了强大的数据支撑。目前常用的大数据主要包括：移动终端大数据（手机信令数据、手机 APP 数据、GPS 定位数据等）、互联网大数据（社交网络数据、POI 数据、主题网站数据等）、城镇运行与监测大数据（刷卡数据、智能传感器与监控数据等）等（Sagiroglu et al.，2013）。

移动终端大数据是手机、平板、GPS 等移动信号终端产生的数据，具有数据量大、覆盖面广、穿透力强、更新速度快等特点。最典型的代表是手机信令数据，作为一种时空轨迹大数据，通过大数据的手段对移动终端信号进行统计和分析，提取出用户出行轨迹，通过数据挖掘手段所得到的诸如人口分布、人群流动等信息，在时间分辨率上较为连续，已经被广泛应用于居民出行时空分布和职住比分析、OD 通勤、交通规划、路网检测、城镇体系等级结构和城市空间结构、商圈评估和精准营销以及大客流特征及预警等方面（李长青，2019；钮心毅等，2019）。GPS 定位数据可以提供准确的地理位置、车行速度及精确的时间信息，对基础数据进行统计和分析，能够得到居民出行起讫点、出行方式、不同交通方式流量分担率等详细数据，从而为城市交通系统的规划和发展提供更加科学的指导。

互联网大数据是一段时间以内通过多种网络渠道收集大量的信息，其中包括用户的爱好、购买倾向、出行方式、饮食习惯、消费方式、社交软件使用等，并将这些数据整理成有用的数据，具有数量庞大、类型多样、产生高速的特点。常见的互联网大数据包括社交网络数据、POI 数据、主题网站数据等，社交网络数据是用户基于社交网站产生的海量数据，社交网站可以根据对社交数据的分析结果，进一步回应用户需求。POI 数据是指互联网电子地图中包含名称、地址、坐标、类别属性的一种点类数据，通过高德、百度等地图爬取，进而形成点类地图要素矢量数据集，常用于空间特征分析和规律识别，通过 POI 数据识别城市空间结构、城市功能区和建成区边界，进而结合人口分布数据，分析服务设施配套、街区活力、职住平衡、生态环境等空间规划方面的内容（张兴隆，2022；崔真真等，2016）。

城镇运行与监测大数据是指城镇运转过程中通过物联网、传感器、视频监控产生或获得的数据。常见的类型包括刷卡数据、智能传感器与监控数据。刷卡数据包括卡 ID、刷卡时间、刷卡站点/线路、进站出站等，通过卡 ID，就能区分个体（人或卡片），可以获取到单卡的连续刷卡记录，进而可以做出行方式（地铁/公交）、出行频率、出行起点与终点的分析，运用刷卡时间、刷卡站点/线路，分析、预测客流的时间分布等，进一步剖析城市人群活动规律，辅助国土空间规划编制。智能传感器与监控数据具有自动采集、处理、交换信息的能力，常用于城市环境感知、水务监测、交通管理、重大设备管理等方面。

人类活动感知技术通过传统数据、互联网、物联网等多源数据融合与集成应用，量化支撑规划目标的制定、空间格局分析、开发利用状况分析、监测评估预警和决策分析，推进智慧编制、智能审查、精准实施、长期监测、定期评估、及时预警空间规划全过程的有效衔接，保障规划的实施传导和有效监管。

4.2　国土空间信息融合技术

国土空间信息融合技术是建立在信息感知技术之上，对空间信息数据、人类活动大数据等多源数据进行融合与共享，并为国土空间模拟与决策技术提供关键信息的技术手段。空间信息数据主要指遥感数据，基于光学辐射计以及合成孔径雷达（synthetic aperture radar，SAR）等各类传感器获取，具有时空连续性好、区域覆盖广等优势，并体现了地表的自然物理特性；人类活动大数据主要是由带有地理标签的位置数据构成（比如手机信令数据、浮动车轨迹数据），是以个人为基本单元获取的，可以更好地体现出城市内部的社会经济特征。针对土地利用分类中难以通过遥感影像直接识别住宅区和商业区的问题，人群活动特征识别提供了解决思路；针对土地利用类别中草地和停车场难以通过人群在其内部的活动特征直接识别的问题，遥感影像目视解译提供了解决方案。因此，如何有效地融合遥感数据中的自然物理属性和社交媒体数据中的社会经济属性特征，在精细尺度上提取城市的微观变量和其功能空间结构，如今已经成为在遥感领域和大数据领域的热门研究问题。

传统的多源空间信息融合一般是指遥感影像数据的融合，是提升遥感影像在现实世界应用能力的重要手段，也一直是遥感信息处理与应用领域的研究热点问题。随着对地观测技术的发展，对地遥感已经进入了多平台、多时相、多传感器和多角度的多源发展阶段，高空间分辨率、高时间分辨率和高光谱分辨率的遥感数据获取能力也得到了进一步的提升。空间分辨率、时间分辨率和光谱分辨率作为三大成像指标，分别代表了遥感卫星观测对地球表面的细节表现能力、重访观测能力和地物分辨能力。然而，由于遥感卫星制造的限制，单一的遥感观测系统不能全面地获取这些指标。因此，如何有效地对多源遥感数据进行融合，从而使对地观测信息可突破单一传感器的性能限制，有效发挥多平台互补观测的优势，实现更加精准、全面的陆表监测，一直都是遥感领域非常重要的研究问题之一。

空间数据随着大数据时代的发展不仅限于空间对地观测的遥感数据，还有城市居民活动在空间中产生的社交媒体数据，这就是"社会感知"（social sensing）（Liu et al.，2015）的概念。从某种程度上，不同数据源的空间大数据可以被看作是异源的遥感数据，这两个数据源具备很多的共同特征，例如包含多传感器、多分辨率和多时相信息，只是获取方式不同，空间大数据是以"人"为基本单元进行获取的。

4.2.1 多源空间信息数据融合技术

由于成像原理不同和技术条件的限制，任何单一遥感平台、单一遥感器、单一电磁谱段的遥感数据均具有一定的应用范围和局限性而不能够全面反映地面目标物的特征，应用范围有限，多源遥感图像所提供的信息具有冗余性、互补性和合作性。国土空间多源遥感数据融合技术体系针对国土空间规划"一张图"建设中面临的通过单一的遥感手段获取的图像数据在几何、光谱和空间分辨率等方面存在明显的局限性和差异性，导致的单一信息源在对被感知对象或环境解译中可能存在的不确定性、不完全性和误差，最大限度地利用各种数据所包含的信息做出科学的国土空间规划决策，扩大了各数据的应用范围，提高遥感影像的分析精度、应用效果和实用价值（曹广真，2006）。

多源遥感数据融合是对多遥感平台、多遥感器、多电磁谱段的遥感数据进行融合的一种信息处理技术，基本原理就是充分利用包含同一场景的具有多视角信息的多源异构遥感数据的优势，根据某种规则在更大程度上综合多源遥感数据在空间和光谱上的互补信息，获得比任何单源遥感数据更为准确、稳健和全面的目标对象信息，提高后续遥感数据处理任务的有效性（万震，2019）。一般来说，多源遥感数据融合可以在三个抽象层次上进行，即像素级融合、特征级融合以及决策级融合。像素级融合（也称为数据级融合或图像级融合）属于低层次的融合，是指将包含同一场景目标的不同传感器数据经过配准后合成一幅叠加图像，然后用于后续任务中；特征级融合属于中间层次的融合，是指对不同传感器的原始数据分别进行特征提取（如光谱特征和空间特征等），然后采用一定规则将异构特征进行综合，增大场景目标的特征空间维度，最大限度地获得具有稳健性和强判别性的融合特征；决策级融合属于高层次的融合，是指采用不同模式识别方法单独对不同传感器数据进行处理，得到初步决策结果，最后利用决策融合方法进行综合判别，从而获得最终决策结果。像素级融合数据量大但信息冗余度高；决策级融合灵活性强但数据预处理代价高；特征级融合是两者的折中（Pohl et al.，1998；Wang et al.，2005）。

随着空间技术的发展，遥感数据的获取能力不断增强、数据类型日趋多样化，其中尤以高光谱图像（hyperspectral image，HSI）和激光雷达（LiDAR）在国土空间规划中最为广泛应用。高光谱遥感技术是一种被动遥感技术，通过获取地物反射的电磁波得到连续而丰富的光谱信息，这决定了借助高光谱遥感影像可以很好地区分出不同材质构成的地物。但由于高光谱图像空间分辨率较低，因此对于相似材质的不同类型地物（如乔木和灌木、水泥地面和水泥屋顶）的分辨能力有限。LiDAR 技术是获取精确高程信息的常见手段，它属于主动遥感技术，具有精度高、灵活性好、受天气因素影响小等优势。LiDAR 技术通过主动发射激光束，接收从地面反射回探测器的光波，计算出探测器与目标之间的距离。使用脉冲激光对地面场景进行不断扫描即可得到地面场景的高程信息，还可以通过这种手段建立地面数字高程模型。传统 LiDAR 获取的点云数据主要包含地物三维空间位置和强度信息。但由于传统 LiDAR 采用单波段工作方式，只能获取场景单波段激光脉冲强度图像，并且强度信息受激光脉冲发射角度、地表目标朝向、场景地物空间分布等因素影响，无法准确表征地物类别信息（杜星乾等，2020；王青旺，2020）。

考虑到利用单一遥感数据源进行地物分类存在性能瓶颈，而高光谱数据可提供多样的光谱信息以及空间信息，LiDAR 数据具有精确的空间和高程信息，将两者数据在特征层次上进行深度融合，在保留良好的光谱特性的同时尽量提升图像的空间分辨率（Rasti et al.，2017；王雷，2013），实现多源遥感数据之间的优势互补，消除多传感器信息之间的冗余和矛盾，加以互补，降低其不确定性，减少模糊度，以增强影像中的信息清晰度，改善解译的精度、可靠性以及使用率，形成对目标相对完整一致的信息描述（杨丽坤等，2014），从而突破单一遥感数据的性能瓶颈（如"同物异谱"或"同谱异物"问题），最终达到提高地物分类精度的目的。例如，袁鹏飞等（2018）融合 LiDAR 图像的三维特征和多光谱图像的强度、密度、平坦度等特征，实现城市复杂环境下道路中心线的精确提取；Elshehaby 等（2009）开发基于分类图像、高程数据和光谱信息集成的建筑物检测模块，建筑物的分类总体准确率为 96%；Pedergnana 等（2012）对光学和 LiDAR 图像上计算的 EAPs（扩展属性剖面）提取的特征进行分类，从而融合光谱、空间和高程数据，得到更高分辨率的土地覆盖特征。

4.2.2　人类活动大数据融合技术

大数据、移动互联网与物联网技术的发展，使得人人都是传感器、处处都有传感器，也让我们获取信息的渠道、科学问题分析的手段与方法以及人类的社会、经济、生活方式都发生了巨大的变化。基于各类传感器设备对人类的个体、群体、自然环境和社会环境的泛在感知，成为我们研究人类社群活动规律、分析地理国情和开展国土空间规划的重要战略手段（刘经南等，2014）。

人类活动大数据覆盖的时段、空间或渗透人群存在明显的差异，产生了多视角的感知（裴韬等，2019）。随着越来越多的网络开放数据的出现，融合多种人类活动的大数据也将得到更全面也更为创新的应用。例如，手机定位数据随居民日常活动而产生，通常认为覆盖了各阶层的城市居民；公交智能卡数据记录了用户刷卡进出公交或地铁的时间和位置，主要覆盖出行相对规律的通勤者；出租车 GNSS 轨迹则记录了出租车司机的载客、巡游、加油、休憩等活动过程，主要反映出租车出行者的规律（涂伟等，2020）。但是仅使用单一大数据手段获取到的信息具有局限性。例如手机利用基站定位，其空间精度取决于移动基站的密度，精度相对于 GPS 来说较低，但是可以连续追踪个体的位置变化，尤其是当前手机使用非常普及，手机定位使得采集海量个体移动信息成为可能；GPS 接收机能够更为精确地记录地理坐标，然而采集个体移动信息需要配备大量 GPS 接收机并涉及隐私问题，而且 GPS 在室内环境中容易失灵或产生错误位置信息（刘瑜等，2011）。

为了有效解决单一来源的时空大数据感知城市有可能使得研究结果有所偏颇的问题，可集成多源时空大数据进行集成学习，利用交叉分析量化单一感知数据的代表性（Zhang X et al.，2018）；拓展机器学习方法，融合时空推理，构建多视角学习框架，逐渐逼近全覆盖的城市动态感知，避免单一感知数据在时间、空间和人群等维度上的代表性问题。例如，将 POI 数据与大众点评数据相叠加，可以得到各商圈之间的设施活力、设施质量的具体数据；基于百度热力数据与 POI 设施数据的协调性分析，得到区域设施与人口的配适性等（朱广英，2021）。

4.2.3　多源空间信息和人类活动大数据融合技术

　　单源时空数据能够从某个单一视角描述国土空间，如以遥感影像为代表的城市空间纹理和形态信息，以社交媒体数据为代表的城市居民活动信息；但相应地，单源时空数据也有缺点，如有偏性和不准确性等（Zhang et al.，2019）。遥感影像和人类活动大数据都是为了观测地球表面的环境，但前者在大尺度对地观测中更有优势，后者的优势在于更细粒度的城市人文环境描述。随着信息通信技术的快速发展，记录人类动态的社会传感大数据越来越多，例如车辆 GPS 轨迹、POI 数据、手机定位数据、社交媒体签到数据，我们可以基于地理大数据，实现"由人及地"的反演过程。与遥感影像不同，人类活动大数据是人类日常生活的副产品，它们具有丰富的社会经济属性，在捕捉社会经济特征和个人水平观察方面，具有较高的时间采样频率，被认为是遥感数据的模拟和补充。相比之下，遥感影像数据中反映的土地覆被和土地利用变化较为缓慢，其时间分辨率远低于以手机信令数据、社交媒体数据等为代表的大数据。

　　多源时空数据之间普遍存在不同程度的有偏现象，如数据载体在时间分辨率、空间分辨率、特征属性等方面的差异，会导致对地物的认知偏差（裴韬等，2019）。通过遥感数据与人类活动大数据的融合，从多个维度感知国土空间的结构，弥合了物理空间与人文空间之间的差距，克服单一数据的有偏性和不准确性，故而遥感和大数据的融合也成为一种新的识别国土空间功能的趋势。但是，传统遥感数据和人类活动大数据在来源和方式方面存在着差异。一般来说，遥感图像是基于空间的数据，而人类活动大数据是基于位置点和时间的，因此，如何融合两种多源、多模态数据，缓解它们之间的形态差异和异质性，使它们更好地服务于国土空间规划成为新的难题。

　　但是一些学者也开展了多源空间信息和人类活动大数据融合的探索。例如，Cao 等（2020）基于深度学习的多模态融合方法，从遥感影像和人类活动大数据中自动提取特征，并进一步融合，实现端到端的国土空间功能识别。有效融合卫星图像和人类活动大数据，将这两个数据源分别放入残差 CNN 和提出的一维 CNN/LSTM 网络的模态特定编码器中提取特征，并将其进一步融合，然后馈送到全连接层和 softmax 层中进行最终预测。为了解决遥感和人类活动大数据的异步问题，提出的两种一维神经网络可以从明确考虑时间依赖性的时间特征中提取判别特征，以使训练后的网络对缺失模态更具鲁棒性。Jendryke 等（2017）通过结合遥感数据和社交媒体数据来增强城市空间分析，将来自 SAR 遥感和基于位置的社交媒体信息（social media messages，SMM）的数据汇总并分类为单元格大小的组合层，以显示建筑环境与人类活动的相关性，其中，遥感数据用于识别城市建成区环境，社交媒体信息是一种随时可用且及时的量化和衡量人类活动的手段，特别是从基于位置的社交媒体网络收集的点云是一种可能的数据源，可用于识别小区域内的人类活动。对 SAR 和 SMM 结果进行叠加和分类，通过观察建筑和社交媒体信息密度，可以从每个数据集中识别"高"和"低"建成区以及人类活动模式。吴郁文等（2023）提出了融合遥感与社会感知数据的城市土地利用分类方法。将从推特数据中提取的用户活动时空特征和主题特征相结合，用于城市土地利用分类。通过对比不同特征组合模型的精度，发现时空特征和主题特征均有助于提高城市土地利用分类精度。在纽约市曼哈顿区的土地利用分类应用中，仅考虑光谱特征的分类，混淆程度最高，随机森林法和 BP 神经网络法的总体精度分别为 58.59%和 61.89%。加入人群活动的时空分布特征后，总体精度分别提高至75.32%和 75.56%。再加入用户活动主题特征后，总体精度分别可达 81.55%和82.65%。这表明社交媒体数据中隐含的用户活动时空特征可显著提高住宅用地、商务办公用地、商业服务用地和文化设施用地的分类精度，社交媒体文本中隐含的用户活动主题特征对区分政府机关用地、教育用地、交通运输用地和医疗卫生用地有一定帮助。杨建思等（2021）提出了一种结合遥感和社会感知数据的城市冷热点街区研究方法，使用 SAR 影像，利用时序性强的 Sentinel-1A 数据进行相干值分析，识别建筑群，得到街区内衡量建筑环境稳定程度的相干值指标；在人口活力方面，采用热力图判别人口的聚集性，将工作日与休息日的宜出行人口热力数据作为人口聚集的指标。比较两个指标在不同街区的差异，利用地理加权回归（geographic weighted regression，GWR）、局部自相关分析等方法对街区是否具有活力及冷热点街区特征进行了分析，为改善街区空间活力提供依据。陈栋胜（2021）提出基于高分遥感影像、夜间灯光影像、POI 数据等多源空间数据提取粤港澳大湾区的城中村景观的遥感物理特征、社会感知特征，探索城中村景观与多源空间特征的相关性。通过融合遥感物理特征和社会感知特征、结合大范围邻域信息和小范围地物局部信息，实现空间粒度较精细的城中村空间识别。在深圳市的福田-罗湖中心城区进行案例实验分析，获得了 2m 空间分辨率的城中村精细空间分布，发现该方法的识别精度能达到 98.68%的总体精度和 0.807 的 Kappa 系数，并验证了融合多源空间特征，以及使用层次化识别框架对城中村精细空间识别的增益效果。张亚涛（2020）在高空间分辨率遥感影像、POI 数据和实时腾讯用户密度（real-time Tencent user density，RTUD）数据的基础上，构建了多源时空数据融合和多尺度城市功能识别之间的耦合框架。

4.3　国土空间知识发现技术

近年来，新兴的机器学习技术得到了迅速的发展，并在多源地理空间大数据领域得到了广泛的应用。机器学习从知识点分类的角度主要可以分为传统机器学习和深度学习。传统机器学习与深度学习技术能根据自身算法特点对数据进行抽样压缩，从而提高数据运算效率、减小存储空间，并且可以对数据进行特征选择，剔除与任务无关的属性，增加分析任务的有效性，提高运算精度、减少运算时间。从而，精确地获取地表信息对于更好地理解和研究人类活动的自然环境以及它们之间的相互作用有着重要意义。随着科学技术的进步，利用高分影像或其他数据智能提取地表信息成为可能，并且已发展出了基于多种类型的传统机器学习与深度学习的国土空间信息智能提取技术。比如，高分遥感影像和实时腾讯用户密度数据等社交媒体大数据的融合，利用了支持向量机等机器学习技术进行城市土地利用分类，解决了城市遥感监测中难以提取社会空间信息的关键问题。与此同时，在国土空间信息变化监测方面，通过土地利用动态度、景观格局分析指数等技术方法，支持土地利用的长期动态监测，实现国土空间的目标管控、空间管控和指标管控。通过挖掘微观层面的个体-环境相互作用，揭示人地地域系统复杂演化机理，为国土空间演变过程的模拟与预测提供重要知识支撑。在机器学习领域，众多学者一直致力于减少有监督的机器学习算法中的标记工作，因此需要一种更通用的方法来进一步降低不同领域学习任务的标记成本。知识图谱是以图的形式表现客观世界中的概念和实体及其之间关系的知识库，是语义搜索、智能问答、决策支持等智能服务的基础技术之一。

4.3.1　国土空间信息智能提取技术

精确地获取地表信息对于更好地理解和研究人类活动、自然环境以及它们之间的相互作用有着重要意义，国土空间信息智能提取技术是实现这一目标的关键支撑。当前，随着科学技术的进步，利用高分影像或其他数据智能提取地表信息成为可能，并且已发展出了多种类型的智能提取技术。本书在支持向量机、随机森林等传统机器学习土地利用信息提取模型分析的基础上，提出基于大数据和人工智能的全卷积网络、受限玻耳兹曼机等国土空间信息智能提取模型。

1. 支持向量机

支持向量机（support vector machine，SVM）是 20 世纪 90 年代中期在统计学习理论基础上发展起来的一种新型机器学习方法（Noble，2006）。SVM 在解决小样本、非线性和高维学习问题上具有良好的表现，其是从线性可分情况下的最优分类面发展而来，其基本思想为：通过某种非线性映射，将输入向量 x 映射到一个高维的特征空间，在这个高维的特征空间 Z 中，构造最优分离超平面。SVM 学习的目标是构造一个决策函数，将测试数据尽可能正确地分类。本节针对训练样本集为线性或者非线性两种情况分别讨论（Durgesh et al.，2010）。

（1）线性情况

如果存在以下超平面

$$\boldsymbol{\omega} \cdot \boldsymbol{x} + b = 0 \tag{4-1}$$

使得以下公式

$$y_i(\boldsymbol{\omega} \cdot \boldsymbol{x} + b) \geqslant 1, i = 1, 2, \cdots, l \tag{4-2}$$

成立，则称训练样本集线性可分，其中 $\boldsymbol{\omega} \cdot \boldsymbol{x}$ 表示向量 $\boldsymbol{\omega} \in R^{(N)}$ 与 $\boldsymbol{x} \in R^{(N)}$ 的内积，$y_i = 1$ 或-1。

①决策函数。

如果训练样本集没有被超平面错误分开，并且距超平面最近的样本数据与超平面之间的距离最大，则该超平面为最优超平面，进而得到线性情况下的决策函数：

$$\tilde{f}(\boldsymbol{x}) = \text{sign}(\boldsymbol{\omega} \cdot \boldsymbol{x} + b) \tag{4-3}$$

式中，$\text{sign}(\boldsymbol{x})$ 为符号函数。

②分类超平面的最优化问题。

线性情况下的最优超平面的求解公式如下所示：

$$\min_{\boldsymbol{\omega}, b, \varepsilon_l} \frac{1}{2} \boldsymbol{\omega}^{\text{T}} \boldsymbol{\omega} + C \sum_{i=1}^{l} \varepsilon_i$$

$$\text{s.t.} \quad y_i(\boldsymbol{\omega}^{\text{T}} \cdot \boldsymbol{x}_i + b) \geqslant 1 - \varepsilon_i \quad \varepsilon_i \geqslant 0, i = 1, 2, \cdots, l \tag{4-4}$$

式中，C 为惩罚参数，C 的取值越大则表示对错误分类的惩罚越大。

（2）非线性情况

当训练样本集为非线性时，通过一个非线性函数 $\phi(\boldsymbol{x})$ 将训练样本集数据 $\boldsymbol{x}$ 映射到一个高维线性特征空间，在这个维数可能为无穷大的线性空间中构造最优分类超平面，并得到分类器的决策函数。因此，在非线性情况，类超平面为：

$$\boldsymbol{\omega} \cdot \phi(\boldsymbol{x}) + b = 0 \tag{4-5}$$

①决策函数。

通过得到的最优超平面，进而得到非线性情况的决策函数：

$$\tilde{f}(\boldsymbol{x}) = \text{sign}[\boldsymbol{\omega} \cdot \phi(\boldsymbol{x}) + b] \tag{4-6}$$

②分类超平面的最优化问题。

非线性情况下的最优超平面的求解公式如下所示：

$$\min_{\boldsymbol{\omega}, b, \varepsilon_l} \frac{1}{2} \boldsymbol{\omega}^{\text{T}} \boldsymbol{\omega} + C \sum_{i=1}^{l} \varepsilon_i$$

$$\text{s.t.}\quad y_i(\boldsymbol{\omega}^T \cdot \boldsymbol{\phi}(\boldsymbol{x}) + b) \geqslant 1 - \varepsilon_i \quad \varepsilon_i \geqslant 0, i = 1, 2, \cdots, l \tag{4-7}$$

式中，C 为惩罚参数，C 的取值越大则表示对错误分类的惩罚越大。

由于 SVM 可直接用于高维特征空间，对信息维度大的场景具有较好的适应性，但同随机森林一样，其分类精度严重依赖人工选择的分类特征以及先验知识。随着新技术的发展，SVM 与其他方法相结合的方法（如在 CNN 训练中，使用 SVM 代替 CNN 的全连接层，即 CNN 提取特征后利用 SVM 进行分类）在大数据时代背景下的国土空间信息智能提取中也展现出新的应用前景。

2. 随机森林

随机森林（random forest，RF）是由多个决策树 $\{h(\boldsymbol{x}, \boldsymbol{\theta}_k)\}$ 组成的分类器，其中 $\{\boldsymbol{\theta}_k\}$ 是相互独立且同分布的随机向量，最终由所有决策树综合决定输入向量 $\boldsymbol{x}$ 的最终类标签，它是一种集成学习方法，它使用 bootstrap 抽样技术从原始数据集中抽取训练样本集，并通过训练样本集构建分类决策树（Breiman，2001）。在构建决策树的过程中，同时采取一些规则（如基尼系数最小原则）来计算最佳分割方式并进行内部节点分割，以便减少决策树之间的相关性，减少过拟合现象，该模型的算法流程主要为：

①预设决策树的数量 K，如果训练样本集大小为 N，对于每棵树而言，随机且有放回地从训练中抽取 N 个训练样本，作为该树的训练样本集，重复 K 次，生成 K 组训练样本集；

②如果每个特征的样本维度为 M，指定一个常数 m<<M，随机地从 M 个特征中选取 m 个特征；

③利用 m 个特征让每棵树最大程度地生长，并且没有剪枝过程；

④每棵树使用 m 个特征独立地构建一个决策树分类器，共构建 K 个分类器；

⑤采用投票机制，决定最优分类结果。

其主要核心技术为：

（1）边缘函数

为了构造 K 棵树，首先得产生 K 个随机向量 $\boldsymbol{\theta}_1, \boldsymbol{\theta}_2, \cdots, \boldsymbol{\theta}_k$，这些随机向量 $\boldsymbol{\theta}_i$ 相互独立并且同分布。随机向量 $\boldsymbol{\theta}_i$ 可构造决策分类树 $h(\boldsymbol{x}, \boldsymbol{\theta}_i)$，简化为 $h_i(\boldsymbol{x})$。给定 K 个分类器 $h_1(\boldsymbol{x}), h_2(\boldsymbol{x}), \cdots, h_k(\boldsymbol{x})$ 和随机向量 $\boldsymbol{x}, \boldsymbol{y}$，定义边缘函数：

$$\text{mg}(\boldsymbol{x}, \boldsymbol{y}) = \text{av}_k I(h_k(\boldsymbol{x}) = y) - \max_{j \neq y} \text{av}_k I(h_k(\boldsymbol{x}) = j) \tag{4-8}$$

其中，av_k 代表平均值符号，$I()$ 是示性函数，该边缘函数刻画了对向量 $\boldsymbol{x}$ 正确分类 y 的平均得票数超过其他任何类平均得票数的程度。

（2）示性函数

设分类器 $h_k(\boldsymbol{x})$ 对应的没有抽取的数据集为 $Q_k(\boldsymbol{x})$，其表达式为

$$Q(\pmb{x}, y_j) = \frac{\sum_{k=1}^{K} I\left(h_k(\pmb{x}) = y_j, (\pmb{x}, y) \in Q_k\right)}{\sum_{k=1}^{K} I\left(h_k(\pmb{x}), (\pmb{x}, y) \in Q_k\right)} \qquad (4\text{-}9)$$

其中，$Q(\pmb{x}, y_j)$ 为对输入的随机向量 $\pmb{x}$ 在 $Q_k(\pmb{x})$ 中投票的分类类别为 y_j 的比例，并将其作为 $P(h(\pmb{x}) = y_j)$，同时将 $P(h(\pmb{x}) = y_j)$ 视为 $I()$ 示性函数。

（3）bagging 自助抽样法

给定一个大小为 n 的训练样本集 D，bagging 算法从中均匀、有放回地选出 m 个大小为 n 的子集 Di，作为新的训练样本集。

（4）OOB（out-of-bag）估计

OOB 是用来估计随机森林算法的泛化能力，以每棵决策树为单位，利用 OOB 数据统计该树的 OOB 误分率；将所有决策树的误分率取平均得到随机森林的 OOB 误分率，就可以得到一个 OOB 误差估计。

（5）投票机制

对测试样例 $\pmb{x}$，对于预测类标签 c_p 的最优分类结果，可以通过以下投票机制实现：

$$c_p = \mathrm{argmax}_c\left(\frac{1}{N}\sum_{i=1}^{N} I\left(\frac{n_{h_i,c}}{n_{h_i}}\right)\right) \qquad (4\text{-}10)$$

其中，N 是随机森林中决策树的数目；$I()$ 是示性函数；$n_{h_i,c}$ 是树 h_i 对类 c 的分类结果；n_{h_i} 是树 h_i 的叶子结点数。

随机森林算法基于决策树算法发展而来，在沿袭了决策树优点的同时，具有更好的适应性，然而其分类精度严重依赖人工选择的特征以及先验知识，对分类精度产生一定程度的影响。随着新技术的发展，随机森林与其他方法相结合，比如在土地覆盖分类中，选择 CNN 进行分类特征提取，选择随机森林作为分类器进行分类（Jin et al.，2018），将在大数据时代背景下的国土空间信息智能提取中展现出新的应用前景。

3. 卷积神经网络

卷积神经网络（convolutional neural network，CNN）是基于多层感知机（multilayer perceptron，MLP）和动物视觉模型发展而来的，是一种多层的监督学习神经网络，隐含层的卷积层和池采样层是实现卷积神经网络特征提取功能的核心模块（Ketkar，2017）。该网络模型通过采用梯度下降法最小化损失函数对网络中的权重参数逐层反向调节，通过频繁的迭代训练提高网络的精度（Cong et al.，2019），其网络结构如图 4-3 所示。

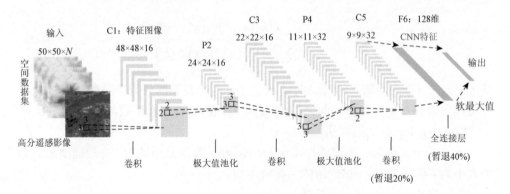

图 4-3　卷积神经网络的网络结构

其核心主要包括以下几个部分。

（1）稀疏连接

卷积神经网络中，层与层之间的神经元节点不再是全连接形式，利用层间局部空间相关性将相邻每一层的神经元节点只与和它相近的上层神经元节点连接，即局部连接。卷积神经网络中，层的神经元节点只与和它相近的三个节点连接，这样大大降低了神经网络架构的参数规模（图 4-4）。

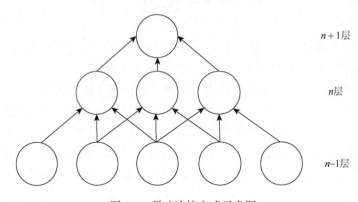

图 4-4　稀疏连接方式示意图

（2）权重共享

在卷积神经网络中，卷积层的每一个卷积滤波器重复地作用于整个感受中，对输入图像进行卷积，卷积结果构成了输入图像的特征图，提取出图像的局部特征。每一个卷积滤波器共享相同的参数，包括相同的权重矩阵和偏置项。

（3）最大池采样

最大池采样是一种非线性降采样方法，其是一个高效地降低数据维度的采样方法。最大池采样的主要价值体现在：

①减小了来自上层隐藏层的计算复杂度；

②池化单元的平移不变性，使得提取到的特征保持不变。

卷积神经网络应用于图像信息智能提取具有以下优点：

①输入图像和训练网络的拓扑结构能很好地吻合，对图像进行识别时具有平移、旋转和缩放不变性；

②特征提取和分类过程统一在一起同时进行，网络能够直接输出分类结果；

③权值共享技术很大程度上减少了网络内部需要训练的参数数量，使网络的计算量大大减少，泛化性能更强；

④局部子采样结构导致卷积神经网络只需用少量的计算即可扫描整幅待分类图像，适用于目标检测的应用。

从目前的研究来看，CNN 是应用于遥感图像信息智能提取最为广泛的深度学习模型。较传统的机器学习模型而言，深度学习模型无需人工选择分类特征，因此 CNN 在大数据时代背景下的国土空间信息智能提取中具有更为宽广的应用前景。

4. 全卷积网络

全卷积网络（fully convolutional network，FCN）是一种基于语义级的分类网络，解决了语义级的分类问题。FCN 与传统 CNN 最大的区别是 FCN 不需要全连接操作，而是将其转化为卷积操作，便于反卷积操作，即传统的 CNN 网络在多层卷积、池化之后，通过全连接操作将特征图转化为固定大小的向量，之后将其送入分类器中，然而 FCN 采用卷积操作替代全连接操作，卷积核的大小为 $1×1$，然后通过反卷积层对其进行上采样操作，恢复到原图大小（Persello et al.，2017）。其核心技术如下。

（1）上采样

经过多次的卷积池化操作之后，特征图的尺寸变小，为了预测图像中每个像素点对应的类别，FCN 使用上采样操作，将特征图恢复到原图大小，从而实现端到端的分类。全卷积网络中的上采样层可以量化为反卷积的过程，具体方法为双线性插值法。

（2）跃级联结构

将逐点相加操作后的特征图进行 2 倍的上采样，获得与第三池化层特征图同样尺寸的特征图，然后与第三池化层的特征图进行逐点相加操作，之后上采样 8 倍，恢复到原图大小。

相比于 CNN 等图像分类模型，FCN 结构更加复杂，训练的时间更长，对样本数量要求更高。但在进行基于遥感图像的目标检测时（如道路提取、建筑物提取），如果同一检测目标内部差异较大，FCN 容易导致预测的像素不连续，因此将 FCN 应用于大数据时代背景下的国土空间信息智能提取应用方面需进一步挖掘和完善。

5. 自编码器

自编码器（autoencoders，AEs）是一种无监督学习算法，其输出能够实现对输入数据的复现，其概念最早由 Rumelhart 等（1986）提出。自编码器通过对输入数据进行压缩，将其映射到低维空间中，从而避免了"维度灾难"；在解码阶段实现对输入数据的还原，从而实现非监督的特征学习，其网络结构如图 4-5 所示。

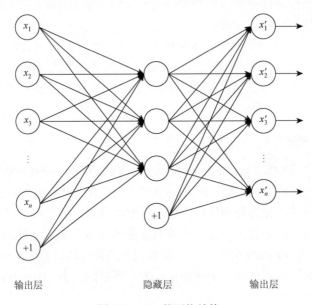

输出层　　　　　　　隐藏层　　　　　　　输出层

图 4-5　AEs 的网络结构

AEs 主要由以下三个部分组成（Yu et al.，2019）。

（1）编码器

对于输入 x，通过以下编码函数进行数据编码：

$$h = f(x) := s_f(Wx + p) \tag{4-11}$$

从而得到编码 h，实现数据压缩。其中 s_f 为编码器的激活函数，通常取为 s 型函数，即

$$s_f(z) = \frac{1}{1 + \mathrm{e}^{-z}} \tag{4-12}$$

（2）解码器

在解码阶段使用以下解码函数进行数据解码：

$$r = g(h) := s_g(W^{\mathrm{T}}h + q) \tag{4-13}$$

进而将编码 h 映射到原始高维空间，从而达到对输入的复现。其中，W^{T} 为隐层和输出层之间的权值矩阵；s_g 为解码器的激活函数，通常也取为 s 型函数或恒等函数，即

$$s_g(z) = \frac{1}{1 + e^{-z}} \tag{4-14}$$

或

$$s_g(z) = z \tag{4-15}$$

（3）损失函数（loss function）

根据解码器激活函数的不同，损失函数通常有以下两种取法。当 s_g 为恒等函数时，取平方误差函数作为损失函数 $L(x, y)$，即

$$L(x, y) = \| x - y \|^2 \tag{4-16}$$

当 s_g 为 s 型函数时，取互熵（cross-entropy）函数作为损失函数 $L(x, y)$，即

$$L(x, y) = -\sum_{i=1}^{n} \left[x_i \log(y_i) + (1 - x_i) \log(1 - y_i) \right] \tag{4-17}$$

从目前的研究来看，AEs 是除 CNN 以外应用最为广泛的遥感图像信息智能提取深度学习模型，因此 AEs 在大数据时代背景下的国土空间信息智能提取中具有十分宽广的应用前景。

6. 受限玻耳兹曼机

受限玻耳兹曼机（restricted Boltzmann machine，RBM）是一种关联二部无向图模型的马尔可夫随机场，是一种可用随机神经网络来解释的概率图模型，其包含两层单元：可见单元（visible units）和隐含单元（hidden units）（Hinton，2012；Zhang N et al.，2018），具备层内无连接、层间全连接的特点。其结构如图 4-6 所示。

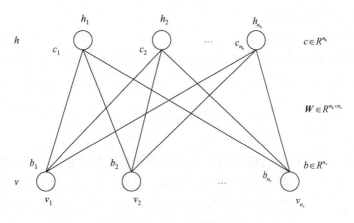

图 4-6　RBM 的网络结构

RBM 核心主要包括以下几个部分。

（1）能量定义

RBM 模型是一个基于能量的模型，对于一组给定可见单元和隐含单元的状态 (v, h)，RBM 的能量可以定义为

$$E(v,h;\theta) = -\sum_{i=1}^{n_v} b_i v_i - \sum_{j=1}^{n_h} c_j h_j - \sum_{i=1}^{n_v}\sum_{j=1}^{n_h} v_i w_{ij} h_j \qquad (4\text{-}18)$$

式中，$\theta = \{w_{ij}, b_i, c_j\}$ 是 RBM 模型的参数；v_i、h_j 分别表示可见单元 i 与隐含单元 j 的状态；w_{ij} 表示可见单元 i 与隐含单元 j 之间的连接权重；b_i 表示可见单元 i 的偏置；c_j 表示隐含单元 j 的偏置。

（2）联合概率分布

基于定义的能量函数，可以定义状态 (v,h) 的联合概率分布，即

$$P(v,h;\theta) = \frac{\mathrm{e}^{-E(v,h;\theta)}}{Z(\theta)} \qquad (4\text{-}19)$$

其中 $Z(\theta)$ 为归一化因子，其定义为

$$Z(\theta) = \sum_{v,h} \mathrm{e}^{-E(v,h;\theta)} \qquad (4\text{-}20)$$

（3）隐含单元 j 的激活概率

当给定可见单元的状态时，各隐含单元的激活条件独立。因此，给定可见单元的状态 v，可以推导出隐含单元 j 的激活概率为

$$P(h_j = 1 \mid v;\theta) = \sigma\left(c_j + \sum_i v_i w_{ij}\right) \qquad (4\text{-}21)$$

其中，σ 为 s 型激活函数。

（4）可见单元 i 的激活概率

鉴于 RBM 的结构是对称的，给定隐含单元的状态 h，可以推导出可见单元 i 的激活概率为

$$P(v_i = 1 \mid h;\theta) = \sigma\left(b_i + \sum_j h_j w_{ij}\right) \qquad (4\text{-}22)$$

根据现有的研究可知，目前在国土空间信息智能提取方面，RBM 主要应用于基于多源异构地理时空大数据的目标检测等方面。目前，将 FCN 应用于大数据时代背景下的国土空间信息智能提取应用的研究较少，其应用场景需进一步挖掘。

4.3.2 国土空间信息变化监测技术

在国土空间信息变化监测中，对地物信息的提取是变化监测的基础，而具体的变化特征、频率、幅度等信息则需要借助合适的技术方法来提取，土地利用动态度、景观格局分析指数、递归神经网络（RNN）等都是监测评估国土空间信息变化的常用方法。

1. 土地利用动态度

土地利用动态度是分析土地利用变化最重要的指标（王宏志等，2002），包括单一土地利用动态度和综合土地利用动态度两类，单一土地利用动态度可表达一定时期内某区域某种土地利用类型数量的变化情况，表达式为

$$K = (U_b - U_a) / U_a \times \frac{1}{T} \times 100\% \tag{4-23}$$

式中，K 为研究期内某一土地利用类型动态度；U_a 和 U_b 分别为研究期初和研究期末该土地利用类型的面积；T 为研究时长。当 T 设定为年时，K 即为研究区某一土地利用类型的年变化率。当 K 为 0 时，只能说明此区域该土地利用类型转入转出保持平衡，并不代表不存在土地利用类型的局部变化。

综合土地利用动态度可描述区域整体土地利用变化的速度，表达式为

$$LC = \sum_{i=1}^{n} \frac{\sum_{i=1}^{n} \Delta LU_{i-j}}{\sum_{i=1}^{n} \Delta LU_i} \times \frac{1}{T} \times 100\% \tag{4-24}$$

式中，LC 为研究期内某区域的综合土地利用动态度；LU_i 为监测起始时间第 i 类土地利用类型面积；LU_{i-j} 为监测时段内第 i 类土地利用类型转为第 j 类土地利用类型面积的绝对值；T 为研究时长。

2. 景观格局分析指数

景观格局一般指景观的空间格局，是大小、形状、属性不一的景观空间单元（斑块）在空间上的分布与组合规律。景观格局分析指数是反映景观格局的重要参数，它高度浓缩景观格局信息，反映其结构组成和空间配置等方面的特征，为科学衡量景观结构提供定量化依据。

自 20 世纪 70 年代以来，不同景观生态学家提出了众多的景观格局分析指数。选取适宜的景观格局分析指数构建指标体系，应用景观格局分析方法，以反映景观结构和景观格局异质性，是目前研究景观格局的重要手段。常用的景观格局分

析指数涉及了景观的 3 个级别：斑块、类型、景观，有景观紧凑性指数、形状指数、聚集度指数、边缘面积比指数、连接度指数等。

以紧凑性指数为例，紧凑性指数可以用来表明用地的紧凑、饱满程度，同时也是衡量用地图斑完整性和聚集性的指标。区域内某一用地紧凑性指数 CI 可表示为

$$CI = \sqrt{\sum_{i=1}^{n} S_i \Big/ \sum_{i=1}^{n} P_i}(i = 1,2,\cdots,n) \tag{4-25}$$

式中，S_i 和 P_i 分别为用地图斑 i 的面积和周长。在相同的面积下，用地的格局越凌乱，其总周长越大。因此，当 CI 越大时，用地的空间格局就越紧凑。

与土地利用动态度变化相似，区域不同时期的紧凑性指数变化可以明显反映其国土空间用地布局的变化，从而为国土空间格局优化提供参考依据。

3. 递归神经网络（RNN）

递归神经网络（recurrent neural network，RNN）是一个在连续时间步骤中使用神经激活之间的循环连接的网络，这种网络通过使用隐藏层或存储单元来学习状态，该状态对随时间推移的顺序数据的输入序列的潜在动态进行建模（Lyu et al.，2016）。RNN 专门用于时间序列分析，可以保留上一时刻的信息，常用于解决涉及序列数据的分析，例如语言建模、机器翻译和语音识别。诸如语言句子的序列信号具有时间可变性，类似于高光谱像素的光谱可变性，所以 RNN 也可以应用于高光谱像素的图像变化监测。RNN 通过将高光谱像元作为序列数据进行分析，利用递归过程来表征光谱相关性和波段间可变性，通过网络推理确定信息类别，提高从时间序列数据中学习和提取数据的能力，实现长时间序列的图像变化监测（Hao et al.，2020）。

虽然 RNN 可以有效地学习时间点较近的历史时刻的信息，然而当需要使用时间点较远的历史信息时，RNN 学习信息的能力会减弱，这就是 RNN 的梯度消失（gradiant vanish）问题（Pascanu et al.，2012），在研究中通常使用 RNN 的变体长短期记忆（long short-term memory，LSTM）网络来提高学习效率和解决梯度消失问题。LSTM 网络是一类特殊的 RNN，对于大多数任务来说 LSTM 网络都比 RNN 有更好的表现，LSTM 网络增加了长短期记忆功能，通过选择移除或者添加某些信息到状态，可以长时间依赖（long-term dependencies）（Colah，2015），让信息不再衰减，这些选择的结构被称为门（gate）。因此，LSTM 网络的出现，让基于 RNN 的长时间序列的图像变化监测更加精准，进一步提高了分类精度，也为更好地理解、建模和处理基于高光谱数据的国土空间信息变化监测提供了一种新的方法。

4.3.3 人地交互分析技术

传统的基于数学方程或自上而下的模型方法难以准确分析土地利用变化过程中的人地关系行为及其复杂演化机理，这些模型方法与关键技术的缺失无法为土地利用演变过程的模拟与预测提供可靠的知识支撑。通过研究人地交互分析技术，揭示人地地域系统复杂演化机理，为城市国土空间演变过程的模拟与预测提供了重要知识支撑。

1. 基于多维关联规则的模式分析

由于人地系统中影响因子众多、内在机理复杂，在涉及多模式研究中做到精确研究每一类模式的机理往往需要投入大量时间精力。因此本分析框架绕开了多模式研究中复杂的内在机理，转而探究模式的外在表征规律，从而为模式规律研究提供了一种新的思路。因为人类活动与生态环境之间存在较大的差异，而大数据分析方法中的关联规则可以作为此类问题的解决手段。关联规则方法可以挖掘出不同模式间的典型规律，这些规则可代表不同模式的时空异质性，可以作为模式表征规律的判断依据。通过识别生态脆弱型人地系统的典型发展模式，挖掘模式内要素相互关系及规律，可为人地关系理论在国土空间规划中的可持续发展研究提供指导作用。

关联规则挖掘是大数据分析方法中的一种重要方法，也是一种不需要先验知识的无指导学习方法。关联规则的基本形式是 $X \rightarrow Y$，其中 X、Y 互斥，即 $X \cap Y = \varnothing$。它表示当事件 X 发生时，事件 Y 也很有可能发生，此处 X 为规则前提，Y 为规则结果（Chen et al.，1996）。关联规则由项、项集、支持度和置信度等概念组成。

（1）项与项集

数据库中不可分割的最小单位信息，称为项目，用符号 i 表示。项的集合称为项集。设集合 $I = \{i_1, i_2, \cdots, i_k\}$ 是项集，I 中项目的个数为 k，集合称为 k-项集。

（2）事务

设 $I = \{i_1, i_2, \cdots, i_k\}$ 是由数据库中所有项目构成的集合，一次处理所含项目的集合用 T 表示，$T = \{t_1, t_2, \cdots, t_n\}$。每一个 t_i 包含的项集都是 I 子集。

（3）项集的频数（支持度计数）

包括项集的事务数称为项集的频数（支持度计数）。

（4）关联规则

关联规则是形如 $X \rightarrow Y$ 的蕴含式，其中 X、Y 分别是 I 的真子集，并且 $X \cap Y = \varnothing$。X 称为规则的前提，Y 称为规则的结果。关联规则反映 X 中的项目出现时，Y 中的项目也跟着出现的规律。

（5）关联规则的支持度（support）

关联规则的支持度指事务数据库中既包含 X 又包含 Y 的事务与数据库中总事务数的比值，记为 support（$X \rightarrow Y$），即

$$\text{support}(X \rightarrow Y) = \text{support}(X \cup Y) = P(XY) \tag{4-26}$$

支持度反映了 X 和 Y 中所含的项在事务集中同时出现的频率。

（6）关联规则的置信度（confidence）

关联规则的置信度指事务数据库中包含 X 的事务同时也包含 Y 的比值，记为 confidence（$X \rightarrow Y$），即

$$\text{confidence}(X \rightarrow Y) = \frac{\text{support}(X \cup Y)}{\text{support}(X)} \tag{4-27}$$

置信度反映了包含 X 的事务中，出现 Y 的条件概率。

（7）最小支持度与最小置信度

通常用户为了达到一定的要求，需要指定规则必须满足的支持度和置信度阈限，当 support（$X \rightarrow Y$）、confidence（$X \rightarrow Y$）分别大于等于各自的阈值时，认为 $X \rightarrow Y$ 是有趣的，此两个值称为最小支持度阈值（min_sup）和最小置信度阈值（min_conf）。其中，min_sup 描述了关联规则的最低重要程度，min_conf 规定了关联规则必须满足的最低可靠性。

（8）频繁项集

设 $U = \{u_1, u_2, \cdots, u_n\}$ 为项目的集合，且 $U \subseteq I$，$U \neq \varnothing$，对于给定的最小支持度 min_sup，如果项集 U 的支持度 support(U)≥min_sup，则称 U 为频繁项集，否则，U 为非频繁项集。

（9）强关联规则

support($X \rightarrow Y$)≥min_sup 且 confidence($X \rightarrow Y$)≥min_conf，称关联规则 $X \rightarrow Y$ 为强关联规则，否则称 $X \rightarrow Y$ 为弱关联规则。

2. 城市功能识别及人地关系分析方法

随着大数据时代的到来，众多学者利用手机信令数据、POI 数据、车辆轨迹数据、遥感影像以及社交媒体数据等多种地理大数据进行城市用地分类、城市内部功能分工等研究，从新视角揭示了城市内部功能多元化的特征。但多数研究仍局限于数据来源单一、识别结果离散化且缺乏人地交互，较少以人地关系理论为依据来划分具有共性特征的城市地块单元。本书将城市 POI 数据、路网数据以及滴滴出行数据作为数据源，使用路网划分研究单元，利用熵权法结合公众认知度和占地参考面积为评价指标对各类 POI 赋权得分并通过核密度聚类分析定量识别各地块的功能性质，并结合居民出行特征进行不同功能的用地供需分析，"动"

"静"结合定量探究城市内部功能布局及人地交互特征，更直观敏锐地感知城市内部动态变化，为城市用地分类及城市功能规划分工方面的研究提供更加科学全面的参考（温振威等，2022）。

（1）熵权法

处于某地块的各个POI所代表实体对象的占地面积及人们对该对象的认知程度都严重影响该地块的功能性质，如医院与诊所相比，其占地面积更大，公众认知度更高，赋予医院的权重应更高，而熵权法是根据评价指标变异性大小来确定权重的客观赋权法，将POI的公众认知度和占地面积作为评价指标并标准化，求各指标信息熵，进而确定各指标权重，根据指标相应权重最终计算得到各类POI的综合得分，将其作为权重值参与地块功能的定量识别，相比于主观赋权更具可信度和精确度。

（2）核密度聚类法

核密度聚类分析基于地理学第一定律，即距离越近，则相关性越大，其能直观反映离散测量值在连续区域内的分布情况，适用于城市设施服务影响等连续性地理现象的密度估计（薛冰等，2019），相比于其他点密度计算方法（如样方密度法等），能够准确表达POI点的分布模式、分布密度等特征。通过采用核密度聚类法量化POI设施服务影响，核密度聚类法中，新(x, y)位置的预测核密度的计算公式如下所示：

$$\text{Density} = \frac{1}{(\text{radius})^2} \sum_{i=1}^{n} \left[\frac{3}{\pi} \cdot \text{pop}_i \left(1 - \left(\frac{\text{dist}_i}{\text{radius}} \right)^2 \right)^2 \right] (\text{dist}_i < \text{radius}) \qquad (4\text{-}28)$$

式中，$i = 1, 2, \cdots, n$ 是输入点，如果它们位于(x, y)位置的半径距离 radius（带宽）内，则仅包括总和中的点；pop_i 为 i 点的 population 字段值，在本书中，pop_i 为通过熵权法对不同类别 POI 赋权得到的综合得分；dist_i 是点 i 和(x, y)之间的距离。

3. 区域 PRED 协调发展模式

不同尺度的区域人地系统是由人口（population）、资源（resource）、环境（environment）和发展（development）四大子系统组成的复杂巨系统（简称为 PRED系统）。人口、资源、环境和发展之间，总是保持着相互联系、互为影响的关系，并处于相互制约、相互适应和相互促进的动态变化之中（毛汉英，1995；申玉铭等，2007）。在经济社会发展的不同阶段，PRED 各要素客观上存在与之相对应的和谐与合理的匹配关系，而人地系统优化是指区域人地系统中各子系统及组成要素在时空过程中的合理组合与匹配关系，它与区域 PRED 协调发展具有十分紧密的动态联系。而区域发展规划研究的出发点是人地关系地域系统和可持续发展战略，实际上，人地系统优化的最终体现就是区域 PRED 协调发展，通过探索 PRED 协调发展的理论模式和定量测度，进而为编制区域发展规划奠定坚实的理论基础。

（1）区域 PRED 协调发展的理论模式

在区域发展的不同阶段，受经济社会发展目标的驱使，区域 PRED 四者始终处于相互制约、相互促进和相互协同的动态变化过程。对一个区域而言，按工业化进程与发展水平，大体可分为以下 4 个阶段（对应于图 4-7 中的 Ⅰ、Ⅱ、Ⅲ、Ⅳ 阶段）：①工业化以前的农业社会，为人口缓慢增长、经济低速增长、资源低消耗、生态环境良好的低水平协调阶段；②工业化初、中期，因追求经济的高速增长，导致人口较快增长、资源快速消耗、环境污染日趋严重、生态系统退化，PRED 处于失调甚至严重失调阶段；③工业化后期，随着科技进步和经济结构调整优化，特别是资源节约集约利用技术、环境污染治理技术的重大突破，资源消耗减缓、环境污染逐步减轻、生态系统服务功能加强，PRED 协调状况得到改善和显著改善，处于低度和中度协调阶段；④后工业化及信息化社会，由于实施创新驱动发展战略，走绿色发展之路，形成资源节约、环境友好、集约高效、绿色低碳的经济体系和绿色生活方式，PRED 实现协调发展。区域 PRED 协调发展的理论模式如图 4-7 所示（申玉铭等，2007；毛汉英，2008），图中 A 点之前为原始型资源环境与人口、经济之间的协调发展阶段；A 到 B 为工业化初、中期单纯追求经济增长所导致的人口、资源、环境与经济发展之间的失调阶段；B 到 C 及 C 之后为工业化后期和后工业社会人口、资源、环境、经济之间协调的可持续发展阶段。

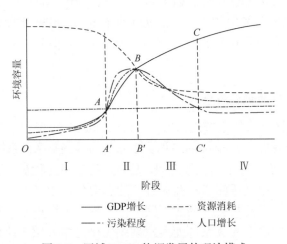

图 4-7　区域 PRED 协调发展的理论模式

（2）区域 PRED 协调发展的定量测度

为定量地测度区域 PRED 的整体协调与优化程度，可采用多目标函数法进行计算，公式如下（毛汉英，1991）：

$$\max[U(x)] = \frac{\prod_{i=1}^{k} f_i(x)}{\prod_{i=k+1}^{n} f_i(x)} \tag{4-29}$$

$$\max[U(x)] = \frac{\prod_{i=1}^{k} [f_i(x)]^{\lambda_i}}{\prod_{i=k+1}^{n} f_i(x)^{\lambda_i}} \tag{4-30}$$

将式（4-30）两端取对数：

$$l_n U_x = \sum_{i=1}^{k} \lambda_i l_n f_i(x) - \sum_{i=k+1}^{n} \lambda_i l_n f_i(x) \tag{4-31}$$

式中，$U(x)$ 为评价目标函数；分子为经济（如 GDP、工农业产值）、环境容量和资源环境承载能力等指标，其数值越大，对 PRED 协调发展越有利；分母为约束条件，如人口自然增长率、万元 GDP 能耗及水耗、"三废"排放总量、水资源缺口等，其数值越大，对 PRED 协调发展越不利；λ_i 为指标权重（$i = 1, 2, \cdots, k$），可采用层次分析法（analytic hierarchy process，AHP）或主成分分析法（principal component analysis，PCA）等求得。

4.3.4 知识图谱构建技术

知识图谱是人工智能领域的分支，主要用于解决智能搜索、智能问答和知识推荐等领域的问题。知识图谱同时也是结构化的语义知识库，用于以符号形式描述物理世界中的概念及其相互关系。其基本组成单位是"实体-关系-实体"三元组，以及实体及其相关属性-值对，实体间通过关系相互联结，构成网状的知识结构。知识图谱本身是一个具有属性的实体通过关系连接而成的网状知识库。从图的角度来看，知识图谱在本质上是一种概念网络，其中的节点表示物理世界的实体（或概念），而实体间的各种语义关系则构成网络中的边。由此，知识图谱是对物理世界的一种符号表达。知识图谱的应用价值在于，它能够改变现有的信息检索方式，一方面通过推理实现概念检索，另一方面以图形化方式向用户展示经过分类整理的结构化知识，从而使人们从人工过滤网页寻找答案的模式中解脱出来（刘峤等，2016）。与国土空间规划相关的知识图谱数据源有非结构化数据、半结构化数据以及结构化数据三种，通过实体关系分析、实体关系收取方法、构建训练语义自动化、知识图谱存储原理等实现相关实体知识图谱的构建（图 4-8）。

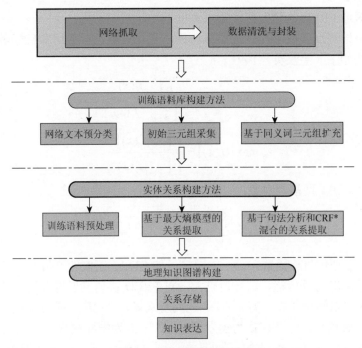

图 4-8　知识图谱构建流程

*条件随机场（conditional random field，CRF）是一种用于建模序列标注问题的概率图模型，是一种无向图模型，能够通过对输入序列中的特征进行联合建模，从而预测输出序列中的标记

1. 信息抽取

信息抽取（information extraction）是知识图谱构建的第一步，其中的关键问题是如何从异构数据源中自动抽取信息得到候选知识单元。信息抽取是一种自动化地从半结构化和无结构数据中抽取实体、关系以及实体属性等结构化信息的技术。涉及的关键技术包括实体抽取、关系抽取和属性抽取。

实体抽取是指从文本数据集中自动识别出命名实体。实体抽取的质量（准确率和召回率）对后续的知识获取效率和质量影响极大，因此是信息抽取中最为基础和关键的部分。文本语料经过实体抽取，得到的是一系列离散的命名实体，为了得到语义信息，还需要从相关语料中提取出实体之间的关联关系，通过关系将实体（概念）联系起来，才能够形成网状的知识结构。研究关系抽取技术的目的，就是解决如何从文本语料中抽取实体间的关系这一基本问题。属性抽取的目标是从不同信息源中采集特定实体的属性信息。

2. 知识融合

通过信息抽取，实现了从非结构化和半结构化数据中获取实体、关系以及实体属性信息的目标，然而，这些结果中可能包含大量的冗余和错误信息，数据之间的关系也是扁平化的，缺乏层次性和逻辑性，因此有必要对其进行清理和整合。

知识融合内容包括实体链接和知识合并。通过知识融合，可以消除概念的歧义，剔除冗余和错误概念，从而确保知识的质量。实体链接是指对于从文本中抽取得到的实体对象，将其链接到知识库中对应的正确实体对象的操作。知识合并则是在构建知识图谱时，可以从第三方知识库产品或已有结构化数据中获取知识输入。

3. 知识加工

通过信息抽取，可以从原始语料中提取出实体、关系与属性等知识要素。再经过知识融合，可以消除实体指称项与实体对象之间的歧义，得到一系列基本的事实表达。然而，事实本身并不等于知识，要想最终获得结构化、网络化的知识体系，还需要经历知识加工的过程。

知识加工主要包括三方面内容：本体构建、知识推理和质量评估。本体可以采用人工编辑的方式手动构建（借助本体编辑软件），也可以采用计算机辅助，以数据驱动的方式自动构建，然后采用算法评估和人工审核相结合的方式加以修正和确认。知识推理是指从知识库中已有的实体关系数据出发，经过计算机推理，建立实体间的新关联，从而拓展和丰富知识网络。引入质量评估的意义则在于可以对知识的可信度进行量化，通过舍弃置信度较低的知识，可以保障知识库的质量。

4.4　国土空间智能决策技术

国土空间智能决策技术是以信息感知、信息融合与知识发现技术为支撑，综合运用多种技术方法，为复杂的空间决策优化提供辅助参考的关键技术。传统的空间规划决策主要依赖于规划师的经验主义，更偏向基于定性分析来开展决策，而智慧国土空间规划是以国土空间智能决策技术为基础，通过对国土空间信息的定量化、立体化分析，从而科学、精准、高效地辅助规划决策。近年来，自然资源部发布的《自然资源部信息化建设总体方案》《2020 年自然资源部网络安全与信息化工作要点》《自然资源三维立体时空数据库建设总体方案》等文件多次强调，要加快构建三维立体自然资源"一张图"、建设三维立体自然资源时空数据库，充分应用人工智能、大数据分析、三维可视化分析等技术辅助自然资源调查监测、国土空间规划监管决策等方面的应用研究。

可以预见的是，随着三维场景构建技术、可视化空间分析模型构建技术以及智能决策模拟模型在国土空间规划、城市管理、土地利用等领域的深入应用，它们将成为智慧国土空间规划中不可或缺的关键技术。

4.4.1　三维场景构建技术

1. 三维渲染技术

三维渲染技术是提升国土空间要素表达真实性、精准性的重要支撑技术，当前常见的三维渲染技术包括面向传统屏幕三维的 WebGL 技术，以及面向沉浸式可视化体验的 VR、AR、混合现实（mix reality，MR）等技术。WebGL 通过提供硬件三维加速渲染能力，实现利用显卡在浏览器里展示 3D 场景和模型，支持空间地理数据的可视化表达，可轻松应对复杂 3D 数据的渲染。VR 技术使用户沉浸其中，模拟环境与现实世界难辨真假，具有较强的人机交互能力。AR 技术将虚拟信息与真实世界相互叠加补充，从而实现对真实世界的"增强"。MR 技术通过全息图，将现实环境与虚拟环境相互混合，即在新的可视化环境里物理和数字对象共存，并实时互动。

总体上各类三维渲染技术都具备其独特的使用场景与应用优势，结合国土空间多要素、多尺度的表达需要，可综合不同技术的优势，打造高度逼真的国土空间三维场景，提升对空间的可感知性与易理解度，让国土空间规划管理更直观、实施更精准。

2. 可视化交互数据挖掘技术

可视化交互数据挖掘是一种融合可视化技术与数据挖掘技术的交互式数据挖掘方法，近年来，随着可视化技术的发展，基于可视化的数据分析方法在诸多领域得到推广应用，尤其在数据挖掘领域，可视化逐渐成为数据挖掘过程中对信息理解、检测与验证的重要辅助手段，对于增强数据挖掘可理解性、可交互性起到很好的支撑作用。通过融合 3D-GIS、BIM、VR 等技术和手段，在地理空间基础上展现综合和专项国土空间规划结果，实现可视化表达的高仿真、动态化、可交互。同时通过物联网手段实现国土空间信息的动态协同，支撑智慧国土空间规划的应用需求。

按照可视化技术与数据挖掘技术的参与程度，可视化交互数据挖掘方法一般分为两类，第一类是以数据挖掘为主的知识发现与提取方法，可视化作为数据挖掘的辅助方法；第二类是以可视化为主，数据挖掘方法主要帮助完成可视化过程中的数据处理、可视化映射等部分。在国土空间规划管理中一般会结合两种方法，辅助规划分析、评估、展示等。

3. 城市仿真模拟技术

城市仿真模拟技术是指当其与 GIS 平台结合,在城市多维数据的支撑下,可构建一个城市 VR 系统。在 VR 技术和人工智能技术的辅助下它创新性地使用评价成果来模拟城市形态,与城市管理者形成高效的人机交互,为城市决策者提供了城市人流、交通流、物流等城市流动元素的预测和调控模拟,同时对城市运行状态进行预判和可视化展示,由此依据模拟结果以及评价决策进行及时调整和有效反馈。

4.4.2　业务逻辑导向的可视化空间分析模型构建技术

国土空间规划管理工作中,常常需要构建相应的地理模型来辅助规划过程中的要素评价分析、成果质量审查、实施监测预警等,而其中不可或缺的技术之一便是业务逻辑导向的可视化空间分析模型构建技术。

该技术面向自然资源、国土空间规划等应用需求,以业务逻辑为导向,基于成熟稳定的空间数据计算框架,提供可视化的建模界面,可实现零代码构建业务分析模型,为业务系统提供高效、智能的空间模型构建能力;支持与各业务应用系统对接,可通过自适应参数化配置、动态化规则库更新、自动化前后端同步,实现数据模型实时多人共享使用,支撑业务系统对复杂模型的实时计算和更新。并且提供了一站式可视化模型构建和快速调用功能,面向不同业务场景可快速搭建分析模型,实现跨平台数据分析建模需求,支持在线管理模型、自动发布服务,用户操作更便捷。可广泛应用于城市体检评估、资源环境承载能力评估、国土空间规划监测评估预警等工作。

4.4.3　智能决策模拟模型

人地关系表达了地球表层空间内人与自然的相互影响和反馈作用,而国土空间规划是一门研究人地关系的学科,要进行科学的国土空间规划,就必须要理解国土空间的演变机理,并实现预测。土地资源是国土空间最重要的基础载体,因此智能模拟土地利用演变的过程,实现对复杂人地关系演变的模拟呈现,是顺应规划体系改革以及智慧国土空间规划体系构建的策略。

在耦合系统动力学和人工神经网络的基础上,基于多源地理时空大数据,构造"多情景、自适应"的国土空间信息智能模拟模型体系,其主要应用场景有历史土地利用变化规律分析、模拟国土空间形态等方面,主要模型有系统动力学模型、CA 模型、FLUS 模型、FLUS-UGB 模型、Multi-Model 模型等。

1. 系统动力学模型

系统动力学模型是麻省理工学院教授杰伊·W. 福里斯特（Jay W. Forrester）建立在控制论、系统论和信息论基础上研究反馈系统结构、功能和动态行为的一类模型，其能够反映复杂系统结构、功能与动态行为之间的相互作用关系，并可以通过不同模块和变量之间的交流与回馈模拟复杂系统，从而考察复杂系统在不同情景下的变化行为和趋势（图 4-9）。系统动力学模型具有"自顶向下"的特点，能够科学地预测出不同规划政策与发展条件下的未来城市用地变化，相关研究表明系统动力学模型能够从宏观上反映土地系统的复杂行为，是进行土地系统情景模拟的良好工具（Forrester，1993）。

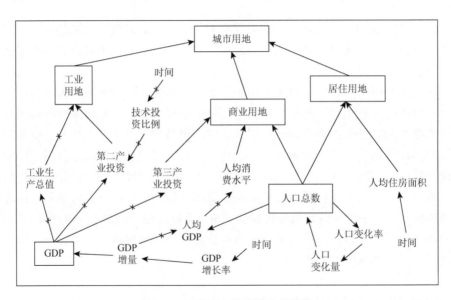

图 4-9　系统动力学模型内部结构

在土地系统情景模拟方面，系统动力学模型在综合考虑人口、经济、社会等多方面历史统计数据的基础上，建立城市发展的各个要素（人口、产业投资、人均消费等）与城市发展规模之间的联动、反馈关系，进而科学测算不同规划政策、不同发展状况下的未来土地需求规模。透过数学模型的建立与操弄的过程而获得的、发掘产生变化形态的因果关系，已被广泛应用于决策分析当中，在该模型中可用于预测城镇建设用地规模。同时，系统动力学模型作为一种"自顶向下"的宏观数量模型，其在反映土地利用空间格局特征方面还存在明显不足，还需要与局域尺度"自底向上"的 CA 模型进行跨尺度相互耦合，模拟多类土地利用在空间上的相互变化。

2. 元胞自动机

元胞自动机（CA）也称细胞自动机或单元自动机，是 20 世纪 50 年代初由著名的数学家斯塔尼斯拉夫·乌拉姆（Stanislaw Ulam）和"现代计算机之父"冯·诺依曼提出的概念。CA 模型是时间、空间、状态都离散，空间的相互作用及时间上因果关系皆局部的网格动力学模型。CA 模型不同于一般的动力学模型，没有明确的方程形式，而是包含了一系列模型构造的规则，凡是满足这些规则的模型都可以算作是 CA 模型（Wolfram，1984）。因此，确切地说，CA 是一类模型的总体，或者说是一个方法框架。CA 用形式语言的方式来描述，可以表示为一个四元组，即

$$CA = (L_d, S, N, f) \tag{4-32}$$

式中，L_d 代表一个规则划分的网格空间，每个网格空间就是一个元胞，d 为 L 的维数；S 代表一个离散的有限集合，用来表示各个元胞的状态；N 代表元胞的邻居集合，表示为一个所有邻域内元胞的组合，即包含多个不同元胞状态的一个空间矢量；f 表示一个映射函数，即根据 t 时刻某个元胞的所有邻居的状态组合来确定 $t+1$ 时刻该元胞的状态值。

CA 模型中所有元胞之间的相互作用是离散的，构成一个元胞空间，每一个元胞拥有多个状态变量，且每个变量的状态在某一时刻只有一种状态（Kari，2005；White et al.，1997）。因此 CA 模型最基本的组成包括五个部分，其基本结构如图 4-10 所示。

（1）元胞（cell）

元胞又称为单元，是 CA 模型中最基本的单位，网格空间上采用正方形单元格来表示，具有离散和有限的特性。

（2）元胞空间（cell-lattice）

元胞空间是指元胞所分布的空间网格的集合，元胞空间的维度根据具体的实际应用场景，可以分为一维空间、二维空间、三维空间或任意维空间。目前最为常见是二维元胞空间，二维元胞空间可根据三角形、四边形或六边形进行空间网格排列。

（3）元胞邻域（cell-neighbor）

元胞邻域是指按照一定局部规则定义其中心元胞周围一定形状的所有元胞的集合，一般为 $m \times n$ 的网络单元格。通常在 CA 系统中一个元胞的 $t+1$ 时刻的状态取决于它 t 时刻状态与它邻域内其他元胞的状态。在一维元胞自动机中，通常以半径来确定邻域，距离一个元胞半径范围内的所有元胞都被认为是该元胞的邻域。二维元胞自动机的邻域主要有冯·诺依曼型、摩尔型以及扩展的摩尔型（图 4-11）。

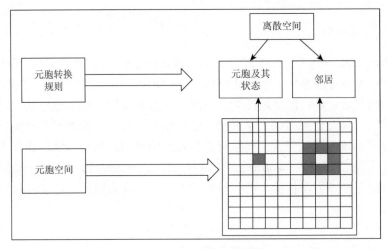

图 4-10　CA 模型的基本结构

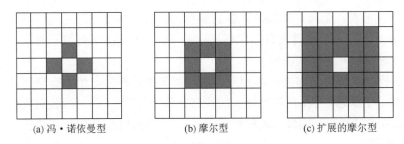

(a) 冯·诺依曼型　　　　　(b) 摩尔型　　　　　(c) 扩展的摩尔型

图 4-11　CA 元胞邻域的基本结构

（4）元胞状态（cell-states）

元胞状态是指元胞在 t 时刻用一个变量来表示它在元胞空间里所处的状态，一般以 $\{0,1\}$ 形式的二进制表示，或是 $\{s_0, s_1, s_2, \cdots, s_n\}$ 整数形式的离散结合。

（5）元胞转换规则（cell-transition）

元胞转换规则是指元胞状态的演化的法则，以当前中心元胞和邻居元胞所处的状态来决定下一个时刻该中心元胞状态的动力学函数，即规则是一个状态转移函数。简单地讲，它就是一个状态转移矩阵。

CA 模型与统计学方法和人工智能方法结合，可以使土地利用变化模拟更加精确、智能。近年来 CA 模型利用"自顶向下"的模拟方式提供时空动态模拟运算框架，实现了结合宏观地理条件和土地利用局部变化的土地利用变化模拟。本书运用的土地利用模拟模型皆是以 CA 模型为技术基础进行开发构建。

3. 空间优化模型

空间优化是指建立人地冲突诊断方法和多目标动态智能优化技术方法，解决国土空间资源优化配置难题。空间优化模型构建利用蚁群算法、粒子群、人工免疫系统等群智能算法与 GIS 结合的模型，克服复杂空间资源配置难题。城市土地的空间规划问题是一个非线性、高维的规模大的优化问题，对信息搜索和处理要求较高，但是目前常规的方法主观、手动成分多，往往只注重数量的优化而忽略了土地利用空间布局优化，从而限制了土地利用的效率和土地产出率的提高，影响了城市土地生态系统的平衡和土地资源的可持续利用。通过蚁群算法、粒子群、人工免疫系统等群智能算法与 GIS 结合的方法，可以构建空间智能优化模型。群智能作为一种启发式的智能方法，不仅能够智能搜索、全局优化，而且具有强鲁棒性、正反馈机制等特点。与传统的优化算法相比，基于群智能算法的空间智能优化模型不仅显著地提高其空间搜索能力，实现土地利用数量结构和空间结构的有效统一，而且能克服复杂空间资源配置难题，满足土地资源的高效利用和合理配置。

大区域情境下多要素的空间配置模型可以通过把约束性条件和多目标函数引进空间优化过程中进行构建，以获得最大的环境经济效益。土地资源时空布局属于多目标规划问题，常常涉及多个彼此冲突的目标，比如用地适宜性、用地紧凑性等。不同目标之间的竞争性和复杂性使得对其优化变得非常困难。针对这个问题，可以通过多目标的帕累托（Pareto）和多主体的博弈分析，系统地构建多要素的空间配置模型，解决大面积区域的多目标土地空间格局的自动规划，为资源配置、基础设施布局等提供技术支持。

为了解决永久基本农田、生态保护红线划定等复杂空间优化问题，可以耦合城市 CA 模型与空间智能优化模型。为了协调快速城市化地区的人地关系，缓和未来城市发展与资源环境保护之间的矛盾，需要融合城市固有的演化规律与现实的要素禀赋条件，实现以人地协调为目标的资源优化配置。将城市 CA 模型与空间智能优化模型相结合，在趋势模拟与空间优化之间建立信息传递机制，可以构建动态空间优化框架。利用 CA 模型预测城市发展的长期趋势并输入空间优化模型中，获得的结果具备更好的前瞻性，不仅体现了决策者的规划目标，同时兼顾城市发展的内在规律，从而满足时空动态情景下的资源配置需求，系统地解决了城镇开发边界、永久基本农田、生态保护红线划定等复杂空间优化问题，为国土空间规划、"三区三线"划定等提供了技术方法。

4. GeoSOS 模型

地理模拟与优化系统（geographical simulation and optimization system，GeoSOS），是在地理元胞自动机、多智能体建模和空间优化的基础上提出的地理模拟模型（Li et al.，2009）。该系统提供了一般 GIS 所不能提供的高级空间分析功能，能较好地满足对复杂资源环境及演变的模拟和优化需求。截至 2021 年，

GeoSOS 理论及软件已被全球 40 余个国家和地区的用户用于超过 100 个地理研究实例中，其中我国用户遍及近 30 个省、自治区和直辖市。

GeoSOS 由三个重要模块组成：地理元胞自动机、多智能体系统、生物智能。其中的地理元胞自动机模块包含了常用的 CA 模型（多准则判断 CA、逻辑回归 CA、主成分分析 CA、神经网络 CA 以及决策树 CA 等），为用户提供了一种选择最佳模拟模型的方便途径。神经网络 CA 为模拟多种土地利用变化提供了一种十分方便的工具。这些模型可以有效地进行地理模拟。系统的另一特色是具备了将模拟和优化耦合的能力，由此能大大改善模拟优化的结果，为复杂的资源环境模拟和优化提供强有力的过程分析工具。

GeoSOS 可以解决 GIS 在对过程进行模拟和优化方面存在严重功能不足的问题。GeoSOS 作为模拟优化平台，是 GIS 的重要补充工具，提供一整套理论、方法和工具用于模拟、预测和优化复杂地理格局和过程。可以用于全球土地利用变化、城市扩张模拟、公共设施选址选线、生态保护红线和城市增长边界划定等地理模拟和空间优化工作，能够帮助学术界、规划业界和政府部门针对以上问题进行更科学、更智能的研究和决策。

GeoSOS 平台主要用来进行基于 GeoSOS 理论的计算机模拟与分析。平台的逻辑设计立足于软件工程的技术角度，通过合理的逻辑和层次划分来完成。图 4-12 是 GeoSOS 平台的逻辑结构图。GeoSOS 平台的逻辑设计分为 3 个层次：表示层、逻辑层和数据层。最底层的是数据层，负责获取系统所需的数据，将系统使用的遥感数据、GIS 数据或其他数据读入系统中，作为系统分析需要的数据源。逻辑层是系统最重要的层次，完成系统的各种分析和计算功能。其主要包括 3 个部分：CA 模拟、多智能体模拟和地理优化。CA 模拟主要是利用 CA 根据不同的转换规则进行地理现象模拟、预测等工作（Li et al.，2011）；多智能体模拟主要是利用多智能体系统及结合 CA 等进行地理现象模拟和预测；地理优化部分主要使用生物智能解决各类复杂的空间优化问题。逻辑层还有模拟结果精度校验、模拟数据分析等功能。不同的部分将作为不同的组件库进行设计和构建。各组件可以调用系统模型库中的模型进行分析计算，也可以使用共同的数据传输通道进行组件间的信息交互。表示层是系统与用户直接交互的部分，主要完成数据显示、参数配置和数据输出等功能。数据显示功能将系统读入的数据和分析中产生的过程数据、结果数据显示出来；参数配置则由用户控制需要配置的参数；数据输出将分析数据输出供用户使用。这 3 个层次之间进行数据交换和传输，共同构成 GeoSOS 平台这一有机整体。

全球已有 40 余个国家和地区的用户将 GeoSOS 用于超过 100 个地理研究实例中。例如，GeoSOS 通过空间优化能力非常适用于生态控制区、基本农田的划定问题，同时与约束性元胞自动机耦合也适用于确定城市增长边界。

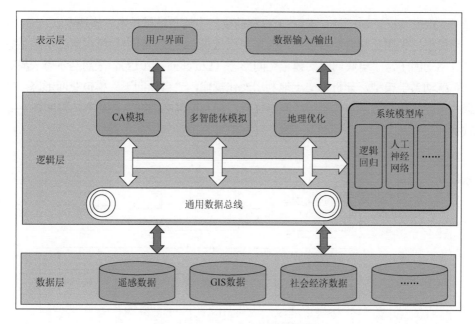

图 4-12　GeoSOS 平台的逻辑结构

GeoSOS 技术平台所包含的 CA 模型、多智能体模型、群智能算法集三个核心部分，其通用映射关系如下所示：

$$\left(S_i^{(t+1)}, L_i^{(t+1)}, E^{(t+1)}\right) = F\left(S_i^{(t)}, L_i^{(t)}, E^{(t)}\right) \tag{4-33}$$

其中，$S_i^{(t)}$ 和 $L_i^{(t)}$ 分别表征实体 i（如元胞、智能体等）的状态和位置；t 为时间变量；$E^{(t)}$ 为环境状态，如地理景观等；F 为一系列交互规则（融合规则、协同规则、竞争规则）。这一系列的交互规则往往用来反映实体与环境之间的关系，包括对实体状态、位置和系统环境的变化。

$$F \sim \left(F_{\mathrm{CA}}, F_{\mathrm{ABMs}}, F_{\mathrm{SIMs}}\right) \tag{4-34}$$

在本节中耦合 GeoSOS 作为"三规合一"的一个重要解决方案之一。应用 GeoSOS 技术平台的空间优化与国土空间精准模拟过程交互决策技术可以整合城市发展惯性、生态保护、基本农田的保护、城市发展的潜力、与地方规划的协调性等多重目标的空间优化布局方案，比单纯基于地理模拟进行规划布局更符合生态型城市建设需求，该技术可为实现国土空间规划一体化应用服务提供可靠的定量决策支撑。

5. FLUS 模型

FLUS 模型是一种基于耦合系统动力学、人工神经网络（ANN）以及轮盘赌选择（roulette wheel selection，RWS）机制的空间多情景模拟技术。该技术以 ANN 模型为原型，采用元胞自动机在空间模拟中引入规划政策、社会经济因素、用地适宜性等驱动因子，"自底向上"模拟空间形态（Liu et al.，2017）。采用马尔可夫模型和系统动力学模型，分析历史土地利用变化规律，"自顶向下"模拟空间形态。并综合耦合系统动力学与人工神经网络优势，提高模拟准确性。其基本结构如图 4-13 所示。

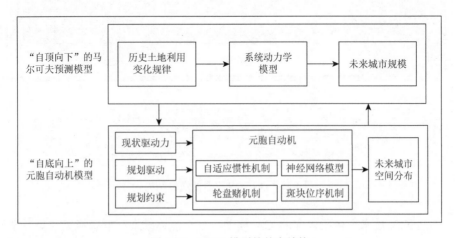

图 4-13　FLUS 模型的基本结构

FLUS 模型主要包含以下两个模块。

1）基于神经网络的适宜性概率计算模块

FLUS 模型对传统 CA 模型进行了改进，引入了 ANN 模型用以反映元胞转换为城市用地的可能性，同时利用惯性系数与竞争机制以表达动态模拟过程中城市与非城市用地的互动与竞争机制，这种改进的 CA 模型更能够适应城市空间的真实增长并反映出城市的长期发展态势。

在模拟过程中，首先利用神经网络模型通过自学习型的方式拟合出大量社会、经济、交通和自然等空间变量与城市土地利用的复杂对应关系，最终通过输出层计算出单元转换为城市用地的潜在可能性。ANN 模型通过模仿人类大脑学习进行智能计算，尤其适用于复杂非线性问题的求解，从而有效解决了多类空间变量复杂的权重分配问题。在 FLUS 模型中采用三层 BP 神经网络模型，并根据研究所选取的空间变量设置神经网络中各层的神经元个数，而后通过选取的空间驱动因子与城市用地的历史分布的随机采样样本对 ANN 进行训练，通过 ANN 的计算从而得到元胞的发展概率。FLUS 模型中的 BP-ANN 结构包括一个输入层、一个或多个隐藏层和一个输出层，其中输入层的神经元和输入的土地利用变化的驱动因子（自然效应与人类活动）相对应，输出层的每个神经元对应每种土地利用类型。隐藏层根据区域特点、土地利用类型、驱动因子个数以及专家经验确定。以此从单期土地利用数据的分布上采样，训练和评估每个栅格土地利用类型发生的概率。其结构如图 4-14 所示。

BP-ANN 的主要原理以及实现过程如下所示。

（1）输入层神经元

FLUS 模型中 ANN 的输入层神经元为

$$X = \left[x_1, x_2, x_3, \cdots, x_n\right]^{\mathrm{T}} \left(x_i, i = 1, 2, \cdots, n\right) \tag{4-35}$$

式中，x_i 表示第 i 个输入层神经元，表示社会经济与人类活动因素变量；X 是因素变量的集合；T 表示因素变量集合的矩阵转置。

（2）隐藏层神经元

FLUS 模型中 ANN 的隐藏层神经元为

$$\mathrm{net}_j(p, t) = \sum w_{i,j} \times x_i(p, t) \tag{4-36}$$

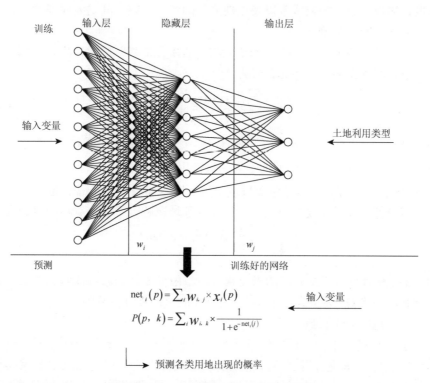

图 4-14 FLUS 模型中的 ANN 基本结构

式中，$\mathrm{net}_j(p, t)$、$x_i(p, t)$ 分别表示在第 j 个隐藏层与第 i 个输入层神经元在像元 p、

训练时间 t 上所接收到的信号；$w_{i,j}$ 表示输入层与隐藏层间的信号。

（3）激励函数

FLUS 模型中 ANN 隐藏层到输出层的激励函数为 sigmoid（）：

$$\text{sigmoid}\left(\text{net}_j(p,t)\right) = \frac{1}{1+e^{-\text{net}_j(p,t)}} \tag{4-37}$$

FLUS 模型中 ANN 的适宜性概率计算公式为

$$P(p,k,t) = \sum_j w_{j,k} \times \text{sigmoid}\left(\text{net}_j(p,t)\right) \tag{4-38}$$

式中，$P(p,k,t)$ 表示栅格 p 在 t 时刻出现 k 土地类型的概率；$w_{j,k}$ 是隐藏层和输出层之间的自适应权重。ANN 输出的各类用地的适宜性概率并不是孤立的，而是相互联系、此消彼长的，因此采用 ANN 进行适宜性估算能更好地体现土地类型间的相互作用与竞争关系。

2）基于自适应惯性机制的元胞自动机模块

FLUS 模型中，最终的转化概率不仅取决于 ANN 输出的分布概率，还受到邻域密度、惯性系数、转换成本以及土地之间的竞争影响。其主要原理如下。

（1）邻域密度影响

邻域密度影响反映了城市周围单元与中心单元的相互影响，表示邻域范围内各用地单元间的作用，其计算公式为

$$\Omega_{p,k}^t = \frac{\sum_{N\times N}\text{con}\left(c_p^{t-1}=k\right)}{N\times N-1} \times w_k \tag{4-39}$$

式中，$\sum_{N\times N}\text{con}\left(c_p^{t-1}=k\right)$ 表示 $N\times N$ 的窗口上，$t-1$ 迭代结束后第 k 类用地的像元总个数；w_k 是不同用地类型的不同邻域作用强度的权重。

FLUS 模型的邻域采用摩尔邻域或扩展的摩尔邻域作为邻域范围，以 3×3 的摩尔邻域模型进行城市模拟为例，可将元胞邻域影响因子的计算模型表达为

$$\Omega_{i,j}^t = \frac{\sum_{3\times3}\text{con}\left(s_{ij}^t=\text{urban}\right)}{3\times3-1} \tag{4-40}$$

式中，s_{ij}^t 为 t 时刻位于 ij 元胞的当前状态，将根据条件判断统计其 3×3 邻域内的城市元胞，即将 $\Omega_{i,j}^t$ 表达为位于 ij 元胞的在 t 时刻的邻域影响因子。

（2）自适应惯性系数

在 FLUS 模型中，自适应惯性系数用于调整当前土地利用的数量，使模拟用地参照实际需求进行发展。自适应惯性系数将判断当特定的土地利用类型的发展趋势与实际需求存在较大差距时，即在下一次迭代中调整该土地利用的发展趋势，从而实现动态增加该土地利用类型的数量，因而自适应惯性系数被定义为

$$I_k^t = \begin{cases} I_k^{t-1}, \; \left| D_k^{t-1} \right| \leqslant \left| D_k^{t-2} \right| \\ I_k^{t-1} \times \dfrac{D_k^{t-2}}{D_k^{t-1}}, \; D_k^{t-1} < D_k^{t-2} < 0 \\ I_k^{t-1} \times \dfrac{D_k^{t-1}}{D_k^{t-2}}, \; 0 < D_k^{t-2} < D_k^{t-1} \end{cases} \tag{4-41}$$

式中，I_k^t 表示土地利用类型 k 在迭代时刻 t 的自适应惯性系数；其中 D_k^{t-1} 表示时间 $t-1$ 土地使用真实需求和其所分配面积之间的差异。自适应惯性系数被默认设置为占用当前单元的土地利用类型，即如果发展的土地利用类型 k 与当前土地利用类型 s 不相同，则土地利用类型 k 的自适应惯性系数将被定义为 l，即对当前单元土地利用类型的总体发展概率没有影响。

（3）土地利用总体转换概率

综合上述神经网络输出的适宜性概率、邻域影响因子和自适应惯性系数，可以确定各个元胞的土地利用总体转换概率式为

$$\mathrm{TP}_{ij,k}^t = \mathrm{PG}_{ij,k} \times \varOmega_{i,j}^t \times I_k^t \tag{4-42}$$

式中，$\mathrm{TP}_{ij,k}^t$ 是指元胞单元 ij 在迭代时刻 t 从原始土地利用类型转换为目标土地利用类型 k；$\mathrm{PG}_{ij,k}$ 为由神经网络算法计算所得的元胞单元 ij 转换为用地类型 k 的城市发展概率；$\varOmega_{i,j}^t$ 和 I_k^t 为上述介绍的邻域影响因子与自适应惯性系数。

（4）轮盘赌选择机制

在得到元胞的总体转换概率后，FLUS 模型中采用了轮盘赌选择机制以确定城市单元是否发生土地利用类型的转换。轮盘赌选择机制由轮盘所占面积代表分配概率，反映了具有较高总体概率则有更大的可能被分配为某单元的用地类型，而有较低概率的用地类型仍有机会被分配，该机制的随机特征性使模型能够更好地反映用地模拟的动态性与不确定性。因而元胞单元将通过轮盘赌选择机制分配到相应的用地类型，得到各个模拟时刻的城市发展形态。

FLUS 模型的特点是消除传统的规划方法和主观经验影响，采用大数据和人工智能技术，考虑人类活动与自然效应的共同作用对土地利用变化的影响，具备预测多种土地利用变化的能力，同时该模型结合 IPCC 的气候变化情景，将气温、降水以及社会经济数据耦合到系统动力学模型与 ANN 模型中，挖掘城市的历史发展规律，并融合规划、政策等未来发展因素，提出土地利用"自适应惯性竞争机制"，用于处理局部不同土地利用之间复杂的竞争关系。

本书第 6 章采用 FLUS 模型对城市未来城镇建设用地扩张进行模拟，经验证，多情景模拟技术能在空间形态演变模拟中取得较高的精度，并模拟出与真实分布

相似的城市格局，能探索气候变化和人类活动对未来土地动态变化的影响，具有广泛的应用前景。

6. FLUS-UGB 模型

FLUS-UGB 模型是多情景模拟技术下的一个具体应用，用于对城镇发展空间的模拟。FLUS-UGB 在城市模拟中结合了空间发展概率、邻域影响效应、规划政策导向、城市发展的历史惯性，并在边界划定中引入了形态学的膨胀、腐蚀算法，使得模型能够更真实地反映城市历史发展的规律以及城市的长期发展趋势，划定出的增长边界也更贴合城市发展的特点。该模型的框架包括三个部分：

①根据宏观的社会经济、人口发展与社会政策等条件，利用系统动力学进行建模，用以预测未来城市用地的开发规模。

②结合 CA 模型，考虑相关交通、规划与自然条件等一系列影响城市发展的因素，将元胞向城市用地转换的可能性、元胞间的相互作用和城市总体发展趋向三者进行结合，共同参与元胞总体转换概率的计算。最终利用轮盘赌选择机制以确定元胞是否发生用地类型的转换，从而实现城市用地发展的动态模拟。

③在实现边界提取的城市增长边界（urban growth boundary，UGB）模型中则通过形态学中的膨胀与腐蚀操作，二者构成开运算与闭运算，利用定义的结构元素对 FLUS 模拟得到的城市用地模拟结果进行遍历，从而进行 UGB 的划定，未来用地模拟 FLUS 的总体模型结构如图 4-15 所示（吴欣昕等，2018）。

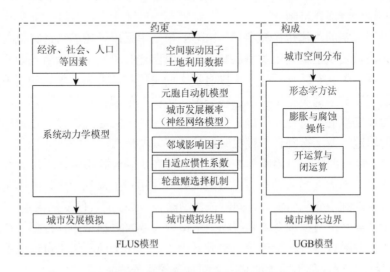

图 4-15　FLUS-UGB 模型的基本结构

FLUS-UGB 模型的核心算法如下。

（1）膨胀腐蚀方法

膨胀腐蚀是一种针对集合的处理过程，通常用到的还包括由膨胀腐蚀构成的开运算与闭运算，其能够有效地解决图像噪声、特征提取、边缘检测、纹理分析、形状识别等问题。膨胀操作的结果是从结构元素确定的邻域块中选取图像值与结构元素值的和的最大值，即代表着结构元素的移动将其中的非城市单元转化为城市单元。设 B 为结构元素确定的邻域块，设工作空间中的任意一点 X，则膨胀运算被定义为

$$X \oplus B = X + b = \{X + b : (x \in X)(b \in B)\} \tag{4-43}$$

腐蚀操作的结果则与膨胀相反，是从结构元素确定的邻域块中选取图像值与结构元素值的差的最小值，即利用结构元素中心单元对城市土地利用图像进行遍历，若当前城市单元邻域块与结构元素不完全一致，则去除该城市单元（即转变为非城市单元）。同样设 B 代表结构元素确定的邻域块，设工作空间中任意一点 X，腐蚀操作可定义为

$$X \ominus B = X - b = \{z : (B + z) \subseteq X\} \tag{4-44}$$

（2）膨胀腐蚀开、闭运算

FLUS-UGB 模型参照未来城市发展的多重情景，将开、闭运算作用在城市未来用地发展模拟结果中。其中，开运算的实质为首先进行一次腐蚀操作后进行膨胀操作，根据上述膨胀腐蚀的定义，其可被表达为

$$X \circ B = (X \ominus B) \oplus B \tag{4-45}$$

而闭运算则首先进行膨胀操作，而后进行腐蚀操作，其可被表达为

$$X \cdot B = (X \oplus B) \ominus B \tag{4-46}$$

开、闭运算是膨胀与腐蚀常用的操作集合，图像处理中常常利用形态学开闭运算的方法对区域进行边缘平滑和内部填充等。当其运用在城市增长边界的划定中的，开运算能够切断细长的城市单元而实现分离，并起到平滑城市单元块的作用；闭运算能够填充城市单元的缺口与空洞，从而连通城市单元块。因此，通过开、闭运算得到未来城市模拟结果，以此划定城市增长边界，并确保最终得到的城市增长边界在保持城市总体的发展形态下进行划定，不会偏离规划总体目标。

（3）基于形态学膨胀腐蚀 UGB 划定

FLUS-UGB 模型采用了大小为 $n \times n(n \geq 3)$ 并去除 4 个边角的结构元素，其能够有效地保留边界特征而存在较少的冗余信息。利用该结构元素首先进行一次闭运算以连接需要调整的城市区块，而后进行一次开运算以删除一些不适用于城市增长边界划分的孤立的城市单元，如图 4-16 所示。

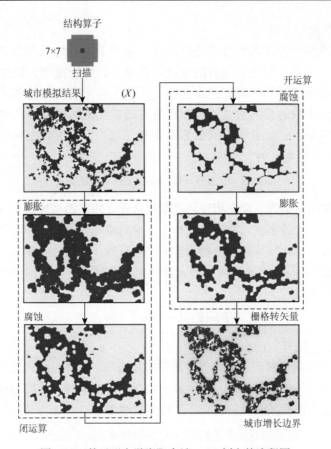

图 4-16　基于形态学膨胀腐蚀 UGB 划定的流程图

　　该方法能有效去除不适合划入城市增长边界的破碎的小斑块，并且整合有潜力划入城市增长边界的城市块簇，从而生成合适、可用的城市增长边界。

　　基于以上方法构建的 FLUS-UGB 模型的主要优势有：

　　①耦合"自顶向下"的城市规模预测模型以及"自底向上"的 CA 模型能更好地提升模型的模拟精度。采用"自顶向下"的系统动力学模型，可以建立城市发展的各个要素与城市发展规模之间的关系，进而基于历史的社会经济数据，科学测算不同规划、政策、发展状况下的未来土地利用变化趋势和规模。采用"自底向上"的 CA 模型，可以考虑驱动因子在局部区域的相互作用，进而模拟出微观格局演化过程。

　　②城市未来发展模拟中，客观与定量地考虑了政府的政策、规划的驱动及调控以及各种约束条件。考虑了城市未来发展的多种可能性，既可以划定永久不可开发的战略性保护的"刚性"底线，又可以划定需要应对难以预期的城市周边发展的弹性"动态"边界。

③该模型引入的轮盘赌选择机制，以及自适应惯性机制，能充分考虑到土地利用变化的不确定性，并赋予模型模拟更加复杂的土地利用变化的能力。

④引入形态学开、闭运算处理方法，去除城市模拟结果中不适合划入城市增长边界的破碎斑块，同时整合有潜力的城市块，最终生成易于城市管理的连片的、边界平滑的城市增长边界。

本书在第6章中利用FLUS-UGB模型模拟分析城市增长边界，分析未来国土空间形态演变规律，为国土空间规划城市增长边界划定提供参考。

7. Multi-Model 模型

Multi-Model 模型也是多情景模拟技术下的一个具体应用，用于确定生态保护红线。Multi-Model 采用了与 FLUS-UGB 基本相同的技术和框架体系，模型方法中的元胞自动机及神经网络设计基本一致，但采用了耦合蚁群优化算法，基于信息正反馈原理，分析最优路径上邻近地块的互相作用，以模拟土地利用格局的演变。该模型依据碳氧平衡理论、景观生态学理论、生态城市理论，综合考虑人口、经济发展带来的城市化扩张与生态安全之间的矛盾，协调生态发展适宜性和空间格局紧凑性指标两者的关系。再运用耦合蚁群优化算法、元胞自动机和人工神经网络，构建 Multi-Model 模型，对土地利用格局进行转换规则挖掘，划定生态保护红线，同时对未来城市格局进行模拟，并与生态保护红线进行叠加分析，获取可能被占用的生态保护红线用地，从而提出冲突预警，其技术框架体系如图4-17所示。

本书第9章中基于 Multi-Model 模型，模拟未来城市格局，与生态保护红线进行叠加分析，获取可能被占用的生态保护红线用地，提出预警分析系统。

8. 时间连续的结构自适应模型

近年来，环境污染成为国家越来越重视的问题。基于大范围和长时间序列的遥感监测数据，研究者们开发了一系列统计模型模拟污染物的变化趋势，主要包括线性回归模型、多元线性回归模型（如土地利用回归模型、地理加权回归）、非线性模型（如广义加性模型）、ANN 模型和混合效应模型。一些模型已经在构建污染物关系时考虑了可能导致污染物浓度变化的因素，例如污染物排放和分散条件、土地使用信息、交通数据、人口、地形和气象条件。

此外，为了准确模拟短期污染物浓度，研究人员开始关注遥感监测参数和污染物浓度的日常关系。尽管在这些日常建模过程中可以更改模型预测变量的贡献，但研究期内每天的所有模型都具有固定的结构。这违背了一个理论，即驱动污染物日常变化的因素是时间依赖性的（例如，在严重污染时期，下雨初期"降水"可能是降低污染物浓度的最重要因素，但是两天大雨过后，"降水"不再产生任何

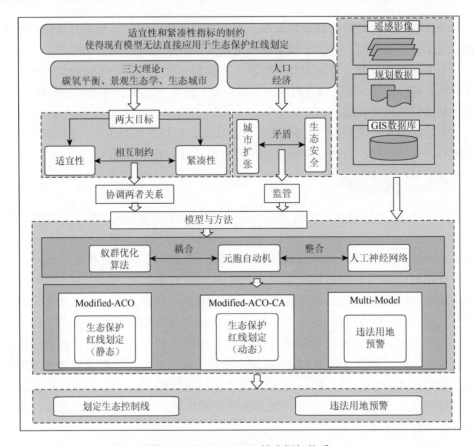

图 4-17　Multi-Model 技术框架体系

贡献）。这会导致以下事实被忽略：模型的预测变量及其贡献强度都可能随时间变化，这一点已被先前的空气污染扩散研究证明。

　　因此，通过同时考虑建模预测变量和预测变量的大小，一种用于估计污染物浓度的基于卫星的时间连续的结构自适应建模方法是可行的。时间连续的结构自适应模型（timely structure adaptive modeling，TSAM）是一种基于地理加权回归算法在空气污染建模中随时间变化动态调整变量和变量幅度的方法（Fang et al.，2016）。该方法在模拟预测过程中，将基于卫星获取的参数结合污染物浓度地面测量值、分散条件（包括降水的地形数据和气象数据、相对湿度、温度和压力）以及一年内中国的污染物排放指标（包括土地使用、人口和道路信息）来构建和测试一系列 TSAM。

　　以备受关注的污染物 $PM_{2.5}$ 为例，TSAM 不仅可以表示建立 $AOD-PM_{2.5}$ 关系的模型预测变量贡献强度的日常变化，而且还可以反映整个研究期间贡献预测变量的空间异质性。通常，可以将 TSAM 模型的结构简单定义为

$$PM_{2.5} \sim AOD + 排放量 + 扩散量 \qquad (4\text{-}47)$$

式中包含因变量（$PM_{2.5}$ 浓度）和三种类型的解释因素（基于卫星的 AOD、污染物排放和扩散条件）。其中，$PM_{2.5}$ 表示 $PM_{2.5}$ 浓度的因变量；AOD 是间接表示 $PM_{2.5}$ 浓度的卫星测量值；排放是与工业烟尘、车辆尾气和地表灰尘相关的因素，例如土地使用类型（建筑、森林、草、水等）、道路高度等；扩散因素主要包括影响 $PM_{2.5}$ 扩散的气象和地形条件，例如风速、相对湿度、海拔等。

9. InVEST 模型

生态系统服务和交易的综合评估（integrated valuation of ecosystem services and trade offs，InVEST）模型是通过模拟不同土地覆被情景下生态服务系统物质量和价值量的变化，为决策者权衡人类活动的效益和影响提供科学依据，用于生态系统服务功能评估的模型系统。由美国斯坦福大学、大自然保护协会和世界自然基金会合作联合开发，初衷是在地图上标出自然景观的价值，使自然资本更为容易地纳入决策体系，将经济因素与环境保护有机结合。

InVEST 模型实现了生态系统服务功能价值定量评估的空间化，该模型较以往生态系统服务功能评估方法的最大优点是评估结果的可视化表达，解决了以往生态系统服务功能评估用文字抽象表述而不够直观的问题。它直接对某一区域上特定时间段的碳储量进行评估，并计算不同时段上因土地利用导致的碳储量变化，从而根据碳储量变化评估土地利用变化剧烈程度。

InVEST 模型在生态安全格局构建、生态功能分区，以及情景模拟方面都有一定应用，InVEST 模型软件是运行于 GIS 平台下的脚本软件，操作便捷，工作时只需要导入初始空间数据，再通过模块运行，便能输出大量的目标数据。比如要计算某流域的营养物沉积量，先设定相关情境，再导入目标区域相关土地利用图、降水量图、土层厚度图、流域矢量图、DEM 图等地理数据，经过模块运行之后便能输出每个子流域营养物输出量、截留量，流域营养物输出量、截留量分布图以及该功能的服务价值。

10. CASA 模型

CASA（Carnegie-Ames-Stanford approach）模型是一个充分考虑环境条件和植被本身特征的光能利用率模型。由 Potter 等（1993）提出，该模型通过植被吸收的光合有效辐射比率（FAPAR）和光能利用率（ε）来计算植被的 NPP（净初级生产力）；CASA 模型将环境变量和遥感数据、植被生理参量联系起来，实现了植被 NPP 的时空动态模拟，NPP 不仅直接反映了生态系统的生产能力和质量状况，而且也是判定生态系统碳汇的主要因子，因此是重要的生态环境质量评价指标。

模型中 NPP 是植被吸收的光合有效辐射比率（FAPAR）、最大光能利用率（ε_{max}）、温度胁迫系数（T_{ε_1}、T_{ε_2}）和水分胁迫系数（W_ε）的函数：

$$NPP(x,t) = FAPAR(x,t) \times \varepsilon_{max}(x,t) \times T_{\varepsilon_1}(x,t) \times T_{\varepsilon_2}(x,t) \times W_\varepsilon(x,t) \qquad (4\text{-}48)$$

CASA 模型在生态风险评估、生物多样性评估中都有一定的应用，尤其是在国土空间规划生态保护评估中具有极高应用价值，如在对于生态保护红线的监测评估中，NPP 过低则表明生态环境已经有所退化，需提高重视。

4.5　国土空间信息集成技术

信息集成技术是智慧国土空间规划平台工程的重要基础技术，信息集成技术通过结构化的计算机网络技术和存储融合手段，将各个分离的功能和信息等集成到相互关联的、统一的和协调的系统之中，可较好解决前智慧国土空间规划数据和信息建设规划不合理和安全保密等关键问题，同时减少数据冗余，更有效地实现信息共享和集中、高效、便利的管理。大数据存储及管理技术、微服务架构、中台技术和 Docker 容器技术是当前智慧国土空间信息集成的重要支撑技术，为智慧国土空间规划平台建设提供高效可靠的数据、功能、信息、服务架构。

4.5.1　大数据存储及管理技术

国土空间规划数据主要包括现状数据、规划数据、管理数据和社会经济数据等，具有多源异构、多行业、多部门交叉融合等特性。其数据类型按照表现特征可以分为图像、图形、文字、音频视频等，按数据结构可以分为矢量、切片、栅格、信息模型、文本、结构化数据等。数据类型多样、来源广泛等原因导致传统的数据存储和管理模式早已无法满足大数据的处理需求。同时，空间数据非结构化和半结构化的数据类型对数据存储与管理提出了新的要求，即需要可扩展且灵活的数据库技术来管理和访问。

面向智慧国土空间规划平台须容纳城市空间中各要素及其时空信息资源，数据存储及数据吞吐量将极其庞大。Hadoop 分布式存储是为平台提供海量数据存储、数据高效计算处理的重要支撑。Hadoop 是一个能够对大量数据进行分布式处理的软件框架，在支持根据关键字搜索进行内容分类的基础上，也可极大程度解决系统伸缩性问题，通过采用并行执行机制极大提高平台运行效率。通过 Hadoop 分布式存储，将有效考虑到平台的数据存储及运行需求，提高平台的数据承载力，实现高效高质的数据运行展示应用效果。NoSQL 具有存储超大规模地理空间数据的能力，且适应各种数据类型。作为 NoSQL 数据库之一，HBase 是一个既支持结构化也支持非结构化数据存储的分布式数据库,采用 Spark 计算框架和列/行型矩阵存储,拥有实时读写数据、高效准确存储和管理数据以及高度节约存储空间的优势。

4.5.2　微服务架构

微服务架构是一种将一个单一应用程序开发为一组小型服务的方法,每个服务运行在自己的进程中,服务间通信采用"轻量级通信机制"。这些服务围绕业务能力进行构建并且可通过自动部署机制独立部署,这些服务共用一个小型的集中式管理,可用不同的语言开发,使用不同的数据存储技术,从而能够很好地解决单体式架构出现的问题。目前该技术在各个领域应用广泛。

考虑围绕着智慧国土空间规划相关需求来创建系统平台的应用,这些应用可独立地进行开发、管理和加速。在分散的组件中使用微服务云架构和平台,能够使部署、管理和服务功能交付变得更加简单。微服务架构技术提供了在分布式系统(配置管理,服务发现,熔断,路由,微代理控制总线,分布式会话,集群状态)中快速构建的工具,使用微服务架构技术可以快速启动国土空间基础信息平台中的服务,同时能够快速和云平台资源进行对接。

被应用于智慧国土空间规划的微服务架构优点如下:

①更加彻底地组件化,系统平台内部各个组件之间解耦得比较干脆,单个系统的规模小很多。

②可以组建每个服务独立的维护团队,利于各自团队独立的开发和维护。

③每个微服务独立部署,只要服务间的接口稳定,各系统可以互不干扰地独立发展。

④微服务架构使得每个服务本身可以独立地扩展,若某个服务性能出现瓶颈,优化或增加这个服务的配置即可。

4.5.3　中台技术

中台技术是支持多个前台业务且具备业务属性的共性能力组织,可以实现数据抽取、采集、清洗、标准化和数据治理。中台与前台、后台上下层相对应,属于系统中被共用的中间件的集合,同样具有松耦合、高内聚特性,应用中台技术可更好地挖掘后台、服务前台。在数据信息化的时代以云计算、大数据、人工智能技术为基础,搭建全域、实时、智能的业务中台、数据中台和技术中台,可实现智慧国土空间规划的共享性和便捷性。

由中台技术孕育而生的业务、数据和技术三个中台有如下特点。

业务中台：通过分布式应用中间件、共性业务支撑服务、以数据能力提供为主的微服务模块组件，以及以业务规则处理为主的组件，还包括各种能力组合组装的能力组件，来提供高可靠性、可用性，用于支撑服务间交互响应能力，实现服务的弹性伸缩，应对各类突发流量和并发访问需求，同时提供对服务的全生命周期管理和全链路监控能力。提供统一的服务发布注册机制，在此基础上沉淀通用的业务服务形成共性能力组织能力，并面向智慧国土空间规划应用抽象的一系列可支撑应用的共性业务服务复用。

数据中台：通过提取将不同数据源的异构业务数据通过清洗、识别、分类、融合、分析、挖掘、计算等技术和方法逐步加工处理，并提供相应的大数据开发工具支持，包括数据资产、数据集成、数据开发、数据服务、数据展示、数据探索等服务，最终保存为按照业务场景和业务目标抽象和建模的结构化数据，并为应用提供统一的数据服务支持。同时为这些模型、数据和服务提供全生命周期的数据资产管理平台支撑，支持对数据和服务的质量、使用状况、性能状况、健康状况、业务效果等信息进行综合评判。

技术中台：通过遥感监测技术、空间大数据感知技术、多源数据融合技术、三维可视化技术、可视化地理建模技术等智能服务，提供通用的算法开发机器学习训练环境，并面向业务计算机应用信息技术与信息化的智能算法提供支撑服务。通过技术中台支撑智慧国土空间规划的自动化运维、智能化监管、辅助决策等能力。

4.5.4　Docker 容器技术

Docker 是一个开源的应用容器引擎，其主要功能为将应用实现虚拟化，达到"一次封装，到处运行"的效果。用户只需将应用、其依赖包以及对应的环境移植到一个镜像中，然后发布到支持 Docker 的机器上即可。Docker 是一个用于开发、交付和运行应用程序的开放平台，其将应用程序与基础架构分开，从而可以快速交付、测试和部署软件，大大减少编写软件和在生产环境中部署应用之间的周期。同时，使用 Docker 可以采用与管理应用程序相同的方式来管理基础架构。

Docker 容器具有以下优点。

①快速、一致地交付应用软件。使用开发人员提供的一致性应用程序或服务的 Docker 镜像文件，通过本地 Docker 服务便可加载 Docker 镜像文件，运行 Docker 容器，创建与开发环境完全一致的应用系统环境，从而简化开发的生命周期。

②响应式部署和扩展。Docker 是基于容器的平台，允许高度可移植的工作负载。Docker 容器可以运行在开发人员的本机上、数据中心的物理或虚拟机上、云服务上或混合环境中。

③在同一硬件上运行更多工作负载。Docker 是基于虚拟机管理的虚拟技术的完美替代方案，可以利用更多的计算能力来实现业务目标。

基于 Docker 容器技术的智慧国土空间规划应用的搭建，能够实现应用软件运行的实际环境与基础系统环境的分离，解耦应用软件的运行对基础系统环境的依赖，从而切断了应用软件对基础系统环境的影响途径，从根本上解决了应用软件运行时对设备系统环境的影响，提高了设备的可扩展性、可维护性，节省不必要的人力、物力与时间的消耗。

参 考 文 献

曹广真, 2006. 多源遥感数据融合方法与应用研究[D]. 上海: 复旦大学.

陈栋胜, 2021. 融合遥感和社会感知的粤港澳大湾区城中村景观识别与空间分异[D]. 武汉: 武汉大学.

陈逸敏, 黎夏, 刘小平, 等, 2010. 基于耦合地理模拟优化系统 GeoSOS 的农田保护区预警[J]. 地理学报, 65(9): 1137-1145.

崔真真, 黄晓春, 何莲娜, 等, 2016. 基于 POI 数据的城市生活便利度指数研究[J]. 地理信息世界, 23(3): 27-33.

杜星乾, 侯艳杰, 唐轶, 2020. 高光谱遥感影像与高程数据融合方法综述[J]. 云南民族大学学报(自然科学版), 29(1): 47-58.

姜来想, 2020. 高分遥感图像海岸带变化监测技术研究[J]. 四川水泥, 285(5): 164.

李长青, 2019. 基于手机信令大数据的城市规划建模研究与应用[D]. 成都: 电子科技大学.

刘峤, 李杨, 段宏, 等, 2016. 知识图谱构建技术综述[J]. 计算机研究与发展, 53(3): 582.

刘经南, 方媛, 郭迟, 等, 2014. 位置大数据的分析处理研究进展[J]. 武汉大学学报(信息科学版), 39(4): 379-385.

刘瑜, 肖昱, 高松, 等, 2011. 基于位置感知设备的人类移动研究综述[J]. 地理与地理信息科学, 27(4): 2, 8-13, 31.

毛汉英, 1991. 县域经济和社会同人口、资源、环境协调发展研究[J]. 地理学报, 46(4): 385-395.

毛汉英, 1995. 人地系统与区域持续发展研究[M]. 北京: 中国科学技术出版社: 48-60.

毛汉英, 2008. 区域发展与区域规划: 理论·方法·实践[M]. 北京: 商务印书馆: 13-60.

钮心毅, 康宁, 王垚, 等, 2019. 手机信令数据支持城镇体系规划的技术框架[J]. 地理信息世界, 26(1): 18-24.

裴韬, 刘亚溪, 郭思慧, 等, 2019. 地理大数据挖掘的本质[J]. 地理学报, 74(3): 586-598.

申玉铭, 方创琳, 毛汉英, 2007. 区域可持续发展的理论与实践[M]. 北京: 中国环境科学出版社.

涂伟, 曹劲舟, 高琦丽, 等, 2020. 融合多源时空大数据感知城市动态[J]. 武汉大学学报(信息科学版), 45(12): 1875-1883.

万震, 2019. 基于深度学习的多源遥感数据融合分类方法研究[D]. 重庆: 重庆大学.

王宏志, 李仁东, 毋河海, 2002. 土地利用动态度双向模型及其在武汉郊县的应用[J]. 国土资源遥感, 14(2): 20-22.

王雷, 2013. 多模态医学图像配准与融合关键算法研究[D]. 广州: 华南理工大学.

王青旺, 2020. 多/高光谱图像和 LiDAR 数据联合分类方法研究[D]. 哈尔滨: 哈尔滨工业大学.

温振威, 彭定永, 2022. 基于多源大数据的城市功能识别与人地交互分析[J]. 测绘与空间地理信息, 45(12): 164-168.

吴欣昕, 刘小平, 梁迅, 等, 2018. FLUS-UGB 多情景模拟的珠江三角洲城市增长边界划定[J]. 地球信息科学学报, 20(4), 532-542.

吴郁文, 林杰, 2023. 融合遥感与社会感知数据的城市土地利用分类方法[J]. 浙江大学学报(理学版), 50(1): 83-95, 107.

薛冰, 李京忠, 肖骁, 等, 2019. 基于兴趣点(POI)大数据的人地关系研究综述: 理论、方法与应用[J]. 地理与地理信息科学, 35(6): 51-60.

阳建强, 2015. 城市规划与设计[M]. 南京: 东南大学出版社: 268.

杨建思, 柳帅, 王艳东, 等, 2021. 利用遥感和社会感知数据的城市冷热点街区分类研究[J]. 测绘地理信息, 46(5): 66-70.

杨丽坤, 付翔宇, 2014. 多源遥感影像数据融合理论与技术[J]. 北京测绘, (3): 101-104.

袁鹏飞, 黄荣刚, 胡平波, 等, 2018. 基于多光谱 LiDAR 数据的道路中心线提取[J]. 地球信息科学学报, 20(4): 452-461.

张安定, 吴孟泉, 孔祥生, 等, 2016. GIS 专业实践教学体系及教学模式的探讨[J]. 地理空间信息, 14(12): 9, 98-100.

张兴隆, 2022. 基于 POI 数据的睢宁县村镇公共服务设施评价指标体系研究[D]. 徐州: 中国矿业大学.

张亚涛, 2020. 基于多源时空数据融合的多尺度城市功能识别[D]. 武汉: 武汉大学.

张作华, 2002. 中巴地球资源卫星红外多光谱扫描仪主体[J]. 航天器工程, (Z1): 41-49.

甄峰, 张姗琪, 秦萧, 等, 2019. 从信息化赋能到综合赋能: 智慧国土空间规划思路探索[J]. 自然资源学报, 34(10): 2060-2072.

朱广英, 2021. 基于 POI 数据的城市生活服务设施分布与人口协调性研究[D]. 长春: 东北师范大学.

Breiman L, 2001. Random forests[J]. Machine Learning, 45(1): 5-32.

Cao R, Tu W, Yang C, et al., 2020. Deep learning-based remote and social sensing data fusion for urban region function recognition[J]. ISPRS Journal of Photogrammetry and Remote Sensing, 163: 82-97.

Chen M S, Han J, Yu P S, 1996. Data mining: An overview from a database perspective[J]. IEEE Transactions on Knowledge and Data Engineering, 8(6): 866-883.

Colah, 2015. Understanding LSTM Networks [EB/OL]. (2015-08-27)[2023-11-06]. http://colah.github.io/posts/2015-08-Understanding-LSTMs/.

Cong I, Choi S, Lukin M D, 2019. Quantum convolutional neural networks[J]. Nature Physics, 15(12): 1273-1278.

Durgesh K S, Lekha B, 2010. Data classification using support vector machine[J]. Journal of Theoretical and Applied Information Technology, 12(1): 1-7.

Elshehaby A R, Taha E D, 2009. A new expert system module for building detection in urban areas using spectral information and LiDAR data[J]. Applied Geomatics, 1(4): 97-110.

Fang X, Zou B, Liu X, et al., 2016. Satellite-based ground $PM_{2.5}$ estimation using timely structure adaptive modeling[J]. Remote Sensing of Environment, 186: 152-163.

Forrester J W, 1993. System dynamics and the lessons of 35 years[M]//De Greene K B. A Systems-based Approach to Policymaking. Boston, MA: Springer: 199-240.

Hansen M C, Potapov P V, Moore R, et al., 2013. High-resolution global maps of 21st-century forest cover change[J]. science, 342(6160): 850-853.

Hao S, Wang W, Salzmann M, 2020. Geometry-aware deep recurrent neural networks for hyperspectral image classification[J]. IEEE Transactions on Geoscience and Remote Sensing, 59(3): 2448-2460.

Hinton G E, 2012. A practical guide to training restricted Boltzmann machines[M]//Montavon G, Orr G B, Müller K. Neural Networks: Tricks of the Trade: Second Edition. Berlin, Heidelberg: Springer: 599-619.

Jendryke M, Balz T, McClure S C, et al., 2017. Putting people in the picture: Combining big location-based social media data and remote sensing imagery for enhanced contextual urban information in Shanghai[J]. Computers Environment & Urban Systems, 62: 99-112.

Jin Y, Liu X, Chen Y, et al., 2018. Land-cover mapping using random forest classification and incorporating NDVI time-series and texture: A case study of central Shandong[J]. International Journal of Remote Sensing, 39(23):

8703-8723.

Kari J, 2005. Theory of cellular automata: A survey[J]. Theoretical Computer Science, 334(1-3): 3-33.

Ketkar N, 2017. Convolutional neural networks[J]. Deep Learning with Python: A Hands-on Introduction: 63-78.

Li X, Li D, Liu X, et al., 2009. Geographical simulation and optimization system(GeoSOS) and its cutting-edge researches[J]. Advances in Earth Science, 24(8): 899-907.

Li X, Shi X, He J, et al., 2011. Coupling simulation and optimization to solve planning problems in a fast-developing area[J]. Annals of the Association of American Geographers, 101(5): 1032-1048.

Liu X, Liang X, Li X, et al., 2017. A future land use simulation model(FLUS) for simulating multiple land use scenarios by coupling human and natural effects[J]. Landscape and Urban Planning, 168: 94-116.

Liu Y, Liu X, Gao S, et al., 2015. Social sensing: A new approach to understanding our socioeconomic environments[J]. Annals of the American Association of Geographers, 105(3): 1-19.

Louail T, Lenormand M, Cantu Ros O G, et al., 2014. From mobile phone data to the spatial structure of cities[J]. Scientific Reports, 4(1): 5276.

Lyu H, Lu H, Mou L, 2016. Learning a transferable change rule from a recurrent neural network for land cover change detection[J]. Remote Sensing, 8(6): 506.

Noble W S, 2006. What is a support vector machine? [J]. Nature biotechnology, 24(12): 1565-1567.

Pascanu R, Mikolov T, Bengio Y, 2012. On the difficulty of training recurrent neural networks[J]. Machine Learning, 28: 1310-1318.

Pedergnana M, Marpu P R, Mura M D, et al., 2012. Classification of remote sensing optical and LiDAR data using extended attribute profiles[J]. IEEE Journal of Selected Topics in Signal Processing, 6(7): 856-865.

Persello C, Stein A, 2017. Deep fully convolutional networks for the detection of informal settlements in VHR images[J]. IEEE Geoscience and Remote Sensing Letters, 14(12): 2325-2329.

Pohl C, Van Genderen J L, 1998. Review article multisensor image fusion in remote sensing: Concepts, methods and applications[J]. International Journal of Remote Sensing, 19(5): 823-854.

Potter C S, Randerson J T, Field C B, et al., 1993. Terrestrial ecosystem production: A process model based on global satellite and surface data[J]. Global Biogeochemical Cycles, 7(4): 811-841.

Rasti B, Ghamisi P, Gloaguen R, 2017. Hyperspectral and LiDAR fusion using extinction profiles and total variation component analysis[J]. IEEE Transactions on Geoscience and Remote Sensing, 55(7): 3997-4007.

Rumelhart D E, Hinton G E, Williams R J, 1986. Learning representations by back-propagating errors[J]. Nature, 323(6088): 533-536.

Sagiroglu S, Sinanc D, 2013. Big data: A review[C]//2013 International Conference on Collaboration Technologies and Systems (CTS). San Diego, CA: IEEE: 42-47.

Wang Z, Ziou D, Armenakis C, et al., 2005. A comparative analysis of image fusion methods[J]. IEEE Transactions on Geoscience and Remote Sensing, 43(6): 1391-1402.

White R, Engelen G, 1997. Cellular automata as the basis of integrated dynamic regional modelling[J]. Environment and Planning B: Planning and Design, 24(2): 235-246.

Wolfram S, 1984. Cellular automata as models of complexity[J]. Nature, 311(5985): 419-424.

Yu S, Príncipe J C, 2019. Understanding autoencoders with information theoretic concepts[J]. Neural Networks, 117: 104-123.

Zhang N, Ding S, Zhang J, et al., 2018. An overview on restricted Boltzmann machines[J]. Neurocomputing, 275: 1186-1199.

Zhang X, Xu Y, Tu W, et al., 2018. Do different datasets tell the same story about urban mobility: A comparative study of public transit and taxi usage[J]. Journal of Transport Geography, 70: 78-90.

Zhang Y, Li Q, Tu W, et al., 2019. Functional urban land use recognition integrating multi-source geospatial data and cross-correlations[J]. Computers, Environment and Urban Systems, 78: 101374.

5 国土空间规划"一张图"数据治理

2019年7月，自然资源部办公厅印发《关于开展国土空间规划"一张图"建设和现状评估工作的通知》，提出要以第三次全国国土调查成果为基础，整合国土空间规划编制所需的各类空间关联数据，形成坐标一致、边界吻合、上下贯通的一张底图，作为国土空间规划编制的工作基础，整合叠加各级各类国土空间规划成果，实现各类空间管控要素精准落地，形成覆盖全国、动态更新、权威统一的国土空间规划"一张图"，为统一国土空间用途管制、强化规划实施监督提供法定依据。

国土空间规划"一张图"是新时代国土空间规划体系的重要组成部分。随着国土空间规划体系改革的深入推进，如何整合原有各部门的相关空间数据成果，并在此基础上构建适用于新时代国土空间规划全过程管理的数据底图，是当前实现国土空间数字化治理面临的关键问题，也是国土空间规划智慧化转型的迫切诉求。

国土空间规划"一张图"建设涉及大量土地、矿产、海洋、森林、草原、湿地等不同部门、不同类型、不同格式的自然资源数据整合重构。在数据整合建设过程中往往面临以下几大挑战。

①家底不清，数据不明：原国土、住建、林业、海洋等部门建设了大量与自然资源和空间规划相关的信息系统，积累了海量多源异构数据，但存在家底不清、数据不明的问题。

②标准不一、质量不齐：原各部门建设的数据存在空间基准不统一、数据标准不统一等标准问题，以及命名不统一、结构错乱、内容缺失、拓扑错误等数据质量问题，需要通过专项治理后才能使用。

③数据不准、逻辑混乱：同一类型数据可能来源于不同的部门，数据存在空间冲突、逻辑矛盾、数据冗余等问题。

④数据分散、应用困难：数据管理碎片化，没有形成统一的管理机制，各类数据缺少关联融合，无法支撑数据挖掘和智能应用。

因此，为适应新时代自然资源管理与国土空间规划业务需求，开展国土空间规划"一张图"数据治理是必要且迫切的，通过厘清自然资源数据脉络，构建统一数据标准规范，实现多源数据的汇聚、加工、融合、建库，形成坐标一致、边界吻合、上下贯通的国土空间规划"一张图"。

本章系统地介绍国土空间规划"一张图"数据治理体系,包括数据治理框架搭建、数据标准规范制定、数据资源体系建设、数据治理整合技术方法以及具体的案例实践。

5.1　国土空间规划"一张图"数据治理框架

结合国土空间规划"一张图"数据治理需要解决的主要问题与治理目标,本章构建了如图 5-1 所示的数据治理框架,主要包括标准规范制定、数据资源体系建设、数据整合入库以及数据共享与应用。

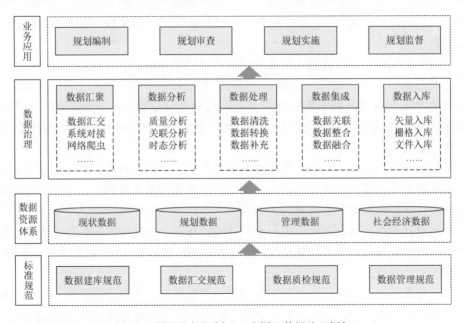

图 5-1　国土空间规划"一张图"数据治理框架

标准规范制定:数据治理,规范先行。国土空间规划"一张图"建设是一项系统性数据治理工程,统一国土空间规划数据标准是智慧国土空间规划的基本要求,因此需要构建涵盖数据建库、数据汇交、数据质检等全生命周期的标准规范体系。

数据资源体系建设:通过梳理国土空间规划的相关业务,明确国土空间规划"一张图"建设及应用的数据需求,对相关数据资源类型、内容、质量等进行全面摸底,建立囊括现状数据、规划数据、管理数据以及社会经济数据在内的数据资源体系。

数据整合入库：以第三次全国国土调查成果为基础，归集各类空间关联数据，并通过数据分析明确数据质量情况，通过数据清洗、格式转换、坐标转换等手段实现数据标准化处理，以业务为纽带，明确数据之间的关联关系，完成数据融合集成，最终实现数据标准化入库，形成国土空间规划"一张图"。

数据共享与应用：开展基于"一张图"的国土空间规划应用服务，以"一张图"数据为基础支撑国土空间规划编制审查、实施监督等规划业务，形成以数据赋能业务、以业务串联数据的反馈机制，以此提升国土空间数据治理能力。

5.2 标准规范制定

5.2.1 数据建库规范

数据建库规范是指导国土空间规划"一张图"数据库建设的重要依据，通过建立分层、分类、分级明确的数据库结构，指导形成统一协调的国土空间规划一体化数据库。规范一般包括数据库内容、要素分类代码、数学基础、要素属性表结构、属性值代码等内容。

5.2.2 数据汇交规范

建立数据汇交相关规范，对国土空间规划"一张图"的数据成果汇交周期、汇交方式、汇交内容、汇交流程、质量要求进行定义和描述，包括在线汇交和离线汇交两种方式。并根据在线汇交要求，制定汇交接口，对数据服务技术路线、基本要求、安全要求、调用方式、功能服务内容、数据服务内容进行定义和描述。

5.2.3 数据质检规范

数据质检规范制定的目的是规范数据成果内容、保障数据成果质量，应明确各类国土空间规划数据质检的基本要求、质检流程、质检规则和质量评定要求等，为统一规范成果数据质量提供指导。

5.2.4 数据管理规范

建立数据更新机制，明确数据更新责任主体、方式、频率、时限、版本管理等要求，保障数据更新能够满足有关数据管理和应用要求。

5.3　数据资源体系建设

国土空间规划"一张图"数据资源体系包含现状、规划、管理以及社会经济四大类数据资源。数据资源体系建立要求全面梳理自然资源管理业务，构建包含现状数据、规划数据、管理数据、社会经济数据的自然资源数据目录，形成综合全面的自然资源数据体系，全面摸清自然资源部门的数据家底和数据脉络。

5.3.1　现状数据

现状数据资源包括基础地理、地质数据、地理国情普查、土地资源、水资源、海洋资源、森林资源、湿地资源、草地/草原资源、矿产资源、气候、能源资源、生物资源、三维模型等，其分类体系如表 5-1 所示。

表 5-1　现状数据分类体系

一级类	二级类	三级类
现状数据	基础地理	定位基础
		遥感影像
		地形
		高程
		水系
		居民地及设施
		交通
		管线
		境界与政区
		地势
		地貌
		植被与土质
	地质数据	地层与岩体（带）
		地质构造
		区域地质调查
		水文地质
		工程地质
		地球化学
		地球物理

续表

一级类	二级类	三级类
现状数据	地质数据	矿产地质
		海洋地质
		环境地质
		生态地质
	地理国情普查	地表形态
		地表覆盖
		地理国情要素
	土地资源	第二次全国土地调查
		第三次全国国土调查
		土地变更调查
		耕地资源
		专项调查
	水资源	水资源分布
		水资源区划
		水资源利用要素
		水利工程与相关配套工程设施
		水资源管理与统计要素
		水资源保护及整治工程与配套设施
		地下水资源分布
	海洋资源	海岸线
		海域
		海岛
		海水
		海洋观测系统要素
		海洋管理与统计要素
		海洋生物资源及其开发利用要素
		海洋油气开发要素
		海港与航运资源及其开发利用
	森林资源	森林资源分布要素
		森林资源调查和监测要素
		森林培育要素
		森林保护要素
		森林资源利用要素

续表

一级类	二级类	三级类
现状数据	森林资源	森林资源管理和统计要素
		森林资源规划和区划
		重点工程和设施
	湿地资源	湿地资源类型要素
		湿地资源区划
		湿地资源调查和监测要素
		湿地资源保护与修复要素
		湿地资源利用要素
		湿地自然保护区
		湿地资源管理和统计要素
		湿地资源规划和区划
		湿地资源评价要素
		湿地保护工程和设施
	草地/草原资源	草地/草原资源类型要素
		草地/草原资源区划
		草地/草原资源调查要素
		草地/草原资源利用要素
		草地/草原资源评价与管理要素
	矿产资源	矿产资源要素
		矿产勘查区
		探矿工程要素
		矿产资源勘查与评价要素
		矿产资源/储量分布、统计与管理要素
		采矿工程及配套设施
		地下水资源勘查与开发要素
		国外资源及资源进出口要素
		全国地质勘查程度要素
	气候	日照
		降水量
		气温
		太阳辐射量
		气候资源区划
		气象观测台、站、点及其配套设施

续表

一级类	二级类	三级类
现状数据	气候	气象动态监测评价与天气预报
		气象资源开发及工程设施
	能源资源	能源资源分布要素
		能源资源区划
		能源资源调查及工程设施
		能源资源开发及相关工程设施
		能源资源管理与统计要素
		国外能源资源及资源进出口
	生物资源	动物资源区划
		植物资源分布
	三维模型	白模
		精细三维模型
		倾斜摄影三维模型
		激光扫描点云
		建筑信息模型
		基础地理实体
		部件三维模型
		其他实体模型

5.3.2 规划数据

规划数据资源包括分析评价、三条控制线、国土空间规划、原有国土空间相关规划等,其分类体系如表 5-2 所示。

表 5-2 规划数据分类体系

一级类	二级类	三级类	四级类	五级类
规划数据	分析评价	资源环境承载能力评价		
		国土空间开发适宜性评价		
	三条控制线	生态保护红线		
		永久基本农田		
		城镇开发边界		

一级类	二级类	三级类	四级类	五级类
规划数据	国土空间规划	总体规划	国家级总体规划	全国国土空间规划纲要
			省级国土空间总体规划	
			市级国土空间总体规划	
			县级国土空间总体规划	
			乡镇级国土空间总体规划	
		相关专项规划	特定区域（流域）专项规划	流域国土空间规划
				都市圈（城市群）国土空间规划
			特定领域专项规划	综合立体交通规划
				国土空间生态修复规划
				矿产资源规划
				地质环境与灾害规划
				自然保护地规划
				林地保护利用规划
				环境保护规划
				海岸带保护与利用规划
				历史文化保护规划
				"三旧"改造专项规划
				交通专项规划
				水资源规划
				产业规划
				城市安全专项规划
				地下空间专项规划
				其他专项规划
		详细规划	控制性详细规划	
			实用性乡村规划	
	原有国土空间相关规划	主体功能区规划	优化开发区	
			重点开发区	
			重点生态功能区	
			农产品主产区	
			禁止开发区	
		土地利用总体规划	土地利用现状	
			土地用途分区	
			建设用地管制分区	
			期末规划地类	

一级类	二级类	三级类	四级类	五级类
规划数据	原有国土空间相关规划	城乡规划	城镇体系规划	
			城市规划	
			镇规划	
			乡规划	
			村庄规划	
			专项规划	用地规划
				公共服务设施
				交通运输设施
				城市交通
				政策引导分区

5.3.3 管理数据

管理数据产生于规划和自然资源审批、行政许可等业务,主要包括确权登记、资产管理、空间规划、用途管制、开发利用、国土整治与生态修复、耕地保护、地质环境与灾害、矿产管理、海洋管理、测绘管理、执法督查等。其分类体系如表 5-3 所示。

表 5-3 管理数据分类体系

一级类	二级类	三级类
管理数据	确权登记	不动产登记
		自然资源确权登记
	资产管理	自然资源资产清查
	空间规划	规划条件
	用途管制	规划选址与用地预审
		成片开发方案
		农用地转用
		土地征收
		土地储备
		建设用地规划许可
		建设工程规划许可
		乡村建设许可
		土地核验与规划核实

续表

一级类	二级类	三级类
管理数据	开发利用	建设用地管理
		土地供应管理
	国土整治与生态修复	城乡建设用地增减挂钩
		全域土地整治
		矿山生态修复
		海洋生态修复
		海域海岸带和海岛修复
	耕地保护	补充耕地
		垦造水田
		高标准农田
		永久基本农田储备区
		耕地后备资源
		设施农用地
		永久基本农田占用、补划
	地质环境与灾害	地质灾害危险性评估
	矿产管理	矿产资源储量
		探矿权
		采矿权
		建设项目压覆矿产资源
	海洋管理	海域管理
		海岛管理
		海洋工程
		围填海管理
	测绘管理	测绘单位
		测绘人员
		测绘项目
		测绘成果
		测绘标志
	执法督查	土地执法督察
		矿产执法督察

5.3.4　社会经济数据

社会经济数据主要有两大来源，包括各地方统计部门的统计信息，以及采用大数据等新技术获取的有关数据。其分类体系如表 5-4，数据内容主要包含社会数据、经济数据、人口数据、社会大数据等，可以支持与时事、舆情等信息相结合进行综合分析与决策。

表 5-4　社会经济数据分类体系

一级类	二级类	三级类	备注
社会经济数据	社会数据	就业	就业人员及其结构、就业率等
		社会舆情	社会的规划诉求或意见
		社会网络	社会关系及交互
		宏观经济	GDP 等宏观经济发展情况
	经济数据	消费价格指数（CPI）	
		生产价格指数（PPI）	
		经济普查数据	
		农业普查数据	
		工业普查数据	
		三产普查数据	
	人口数据	人口普查数据	人口数量、结构
		户籍人口数据	户籍所在地人口
		常住人口数据	
		流动人口数据	城市的正常流动及非正常流动人口
		人口迁移	人口的流入流出状况
		手机信令数据	城市之间的人口流动，城市内的人口热点、时空变化、空间流动
		位置大数据	位置服务数据
		社交网络数据	网络虚拟环境的人群交互及模式
	社会大数据	夜间灯光遥感影像	DMSP/OLS（美国）、国内珞珈一号卫星数据
		街景	街景图片数据
		POI 数据	POI 设施点类型及空间分布
		浮动车轨迹数据	浮动车的路径、起讫点、时速
		公交卡数据	公交刷卡的时间、地点、次数等
		交通指数	交通的拥堵路段、时长等

5.4 数据治理整合

5.4.1 数据汇聚

数据汇聚是国土空间规划"一张图"数据治理的基础,其主要目标是实现国土空间多源数据的归集,为后续数据处理分析等工作提供支撑。由于国土空间规划数据类型多、体量大,其数据采集方式也多种多样,但根据数据存储、格式等特征,一般可分为以下几种汇聚方式:成果数据汇交、采集系统汇交、数据共享交换、数据库同步汇聚、物联感知数据采集、互联网数据采集等。

①成果数据汇交。采用文件网络传输、离线文件拷贝两种方式汇交成果数据,非涉密、非敏感类数据可基于 Web 上传、FTP、电子邮件等方式进行文件网络传输汇交数据,涉密、敏感类数据应采用移动硬盘、优盘、光盘等专用介质存储离线成果数据,现场接收、拷贝离线成果数据包。

②采集系统汇交。基于统一的"一张图"数据框架,建立国土空间多源大数据采集汇交系统,实现不同数据的远程汇交、聚合。

③数据共享交换。通过建立数据共享与交换服务平台,基于标准的数据交换文件、交换中间库等形式获取数据,实现数据汇聚。

④数据库同步汇聚。采用数据库级的数据同步策略、第三方 ETL 数据同步软件等方式,实现业务数据库到"一张图"数据库的数据汇聚。

⑤物联感知数据采集。通过传感器实现数据的采集,包括天、空、地、网等各类自然资源监测数据、视频监控数据。

⑥互联网数据采集。通过网络爬虫、网站公开 API、网络下载等方式进行互联网数据采集。

5.4.2 数据分析

数据分析是了解数据质量、摸清数据现状的必要前提。对于收集到的各类数据资源,按照统一标准的数据分析流程进行多维度交叉分析,如数据内容、数量、格式、来源、时效性等,有助于了解数据治理的总体方向和重点内容。具体而言,数据分析一般包括以下五个方面:内容完整性分析、格式统一性分析、数据时效性分析、业务关联性分析以及语义一致性分析。

1. 内容完整性分析

不同时期数据采集范围和标准要求不统一,往往导致部分数据内容不完整,主要表现为三种情况：一是类别覆盖不完整，二是空间覆盖不完整，三是内容信息不完整。

类别覆盖不完整指现有数据无法覆盖所有管理职责对应的数据目录，存在缺少部分甚至全部数据的情况。

空间覆盖不完整通常是缺少管理所需的基础数据或空间范围变化、管理职责变更、与其他职能部门的管理区域交叉重叠，导致所管理对象在空间上出现空洞、空白等现象。如国土规划与城市规划、乡村规划之间的区域空白。

内容信息不完整指的是对应原部门数据采集的标准、要求，现有数据信息不全、缺少必要的字段信息。通常是因为历史时期不同阶段对数据采集的标准、精度、信息化水平不同导致所采集的数据内容不一致。

2. 格式统一性分析

数据来源、类型以及数据标准不一往往会导致数据格式不一，如调查类的矢量数据多为 SHP/GDB/MDB/VCT 等格式的库体数据，一般为结构化表达，测绘类及规划类数据大多为 CAD 制图数据，可能存在冗余图层，且不利于开展空间查询和分析。此外，不同业务系统或平台采用的数据库管理系统也不同，如达梦数据库、人大金仓数据库、PostgreSQL 数据库等。总体上针对多样的数据格式，需要分析不同格式数据所占的比例以及数据转换方法等，设计统一的格式转换技术路径。

3. 数据时效性分析

数据时效性本质上是体现数据现势性，即该数据是否为反映国土空间要素最新信息的数据。不同来源的数据，尤其是空间数据，由于数据动态更新维护机制不健全，造成数据建库后没有及时更新或不更新，已失效数据不清理，无法为业务部门提供权威、最新的数据成果。这往往是数据生产部门、使用部门、管理部门脱节，如管理部门在完成数据建库后，提供给业务部门使用，业务部门在使用后没有及时更新汇总，导致管理部门的数据时效性差。

4. 业务关联性分析

由于不同时期信息化水平的差异以及业务办理规范化程度的不同，导致同一部门不同时期或不同阶段办理的业务数据可能无法有效关联。例如，在不动产登记发证过程中，同一土地或房屋需要办理土地审批、交易挂牌、不动产登记、抵押等业务，但由于这些业务归属于不同的业务部门，每个业务部门的档案都是独立的，因此各类业务数据之间不能很好地关联。即使进行编码逻辑的关联，仍然没有业务逻辑的关联，这会给后续的数据利用和整合带来较大的麻烦。因此，需要充分评估数据关联问题，厘清数据逻辑关系。

5. 语义一致性分析

自然资源机构改革前，土地、海洋、地矿、测绘地理信息、森林、草原等分属不同行政部门管理，各部门在具体工作中形成了各自的分类体系和语义表述。由于分属不同的管理部门，分类依据不统一，因此存在部分类别名称、分类基准、分类精细程度等方面相似相近、不易区分等情况，造成多源数据的融合困难。针对分类语义不一致的问题，需从顶层设计上实现多源异构数据的语义融合与互操作，保持数据语义一致。

5.4.3 数据处理

数据处理是数据治理工作的核心环节，一般包括数据清洗、格式转换、坐标转换以及属性完善等工序。

1. 数据清洗

数据清洗是指在数据处理过程中，通过识别、处理、纠正、删除或转换错误、不完整、重复、不规范、不一致等无效数据，使得数据变得规整、准确、完整、一致且易于分析的过程。数据清洗相当于对国土空间规划原始数据的初筛，能有效提高数据质量。

2. 格式转换

国土空间规划数据资源体系中所包含的数据种类众多，格式也各不相同，为保证数据可比较性以及应用一致性，需要对数据格式进行转换。一般数据主要分为空间数据与非空间数据两种，常见的数据格式如 DWG、SHP、TIFF（栅格影像）、XLSX 等，主要的转换操作通常为非空间数据空间化、空间数据矢栅互转等。

3. 坐标转换

坐标转换主要针对地理空间数据，这也是国土空间规划最主要的数据种类之一。坐标转换的目的是将不同坐标系下的地理信息数据进行转换，以便于不同地理信息系统之间的数据共享和集成使用，以解决因各种地理坐标系统之间的差异而导致的数据不能相互对接的问题，从而实现对地理信息数据进行更加全面、系统的管理和分析。例如，UTM（通用横墨卡托投影）转换为 2000 国家大地坐标系，保持坐标系一致，有助于提高数据对比分析效能。

4. 属性完善

数据属性是决定数据可用性的主要参考因素，由于原始数据规范性缺失，通常许多数据会存在属性缺失或不全等问题，这直接降低了数据的使用价值，因此数据处理时往往需要完善数据属性。数据属性一般包括数据的名称、定义、分类、标识符、单位、格式、版本等信息，对于属性信息表达不规范、信息缺失、信息错误等问题，需按照统一的数据规范来进行整合完善。

5.4.4 数据集成

国土空间规划 "一张图" 数据资源体系庞大，针对国土空间规划与自然资源各类业务的管理应用需要，以业务应用为导向，梳理数据关系脉络，实现数据在空间、时序、精度、属性结构等多维度下的数据集成处理，构建国土空间规划"数据图谱"，是做好数据挖掘应用的前提。数据集成一般包括数据关联、数据整合与数据融合。

1. 数据关联

数据关联包含数据业务逻辑关联和空间逻辑关联。

业务逻辑关联以业务管理单元为主线，建立关联业务间的逻辑对应关系，如串联国土空间规划、用途管制、开发利用、生态修复等自然资源管理各阶段数据信息，实现基于业务的数据全生命周期管理与追溯。

在构建业务逻辑关联的过程中，难免会涉及对同一业务事项下空间图形、属性数据、档案数据等不同数据的整合。空间逻辑关联是实现"图、属、档"一体化的基础，以业务主题空间要素数据为基础，建立图形数据与属性数据的关联关系、图形数据与文档图件等非结构化数据关联关系等，实现空间数据、非空间数据与业务文本数据在业务上的关联。

2. 数据整合

数据整合是在数据关联的基础上，对数据进行进一步的归纳。一是按照"一数一源"的原则，对属于同一类数据，但又从多渠道汇聚来的数据，通过梳理、整合处理保留唯一一份数据纳入"一张图"数据库管理；二是面向主题应用需要，实现数据的再生产，根据特定的空间范围、属性特征等信息提取数据，形成新的业务主题数据。

3. 数据融合

数据融合分为空间融合与时间融合。空间融合是对不同要素数据间为满足监测监管、督察执法、决策支持等实际需要，利用两个或两个以上要素数据进行空间套合比对获取的专业分析成果数据。时间融合是对同一要素数据不同时间段内的数据进行比对，获取变化部分的数据。

5.4.5　数据入库

经过前期的数据清洗、预处理、集成融合等步骤，经质检后汇入国土空间规划"一张图"数据库。不同类型的成果数据，可以选择不同的入库方式。

1. 空间数据入库

空间数据包括矢量数据和栅格数据，常见的空间数据格式包括 Shapefile、GeoJSON 等，一般可采用 PostGIS、KGIS 等空间数据库存储，在入库时，应充分结合国土空间规划业务逻辑，考虑数据库结构以及数据空间索引方式设计，以满足后续统计查询与应用需要。

2. 非空间数据入库

非空间数据主要是指数据成果中的文本、图片等附件以及部分辅助 DWG 图形等说明信息，由于非空间数据种类繁多，对于结构化的表格数据一般可选用人大金仓、达梦、GaussDB 等关系型数据库存储，对于文档、图形等形式数据一般可选用 MongoDB、Redis、Cassandra 等非关系型数据库存储。

5.5　A 市国土空间规划数据治理项目实践

5.5.1　治理目标与思路

1. 治理目标

面向自然资源机构改革后规划业务融合与数据融合的需要，A 市在第三次全国国土调查数据的基础上，全面收集和整合市内现状数据、规划数据、管理数据、社会经济数据等多源异构数据，并开展现状"一张图"、规划"一张图"、管理"一张图"、社会经济"一张图"和发展诉求"一张图"的整合处理工作，以期形成坐标一致、边界吻合、上下贯通、多业务覆盖的自然资源核心数据"一底图"，用于支撑国土空间规划编制、国土空间基础信息平台以及国土空间规划"一张图"实施监督信息系统建设等，助力提升国土空间规划数字化、数智化水平（图 5-2）。

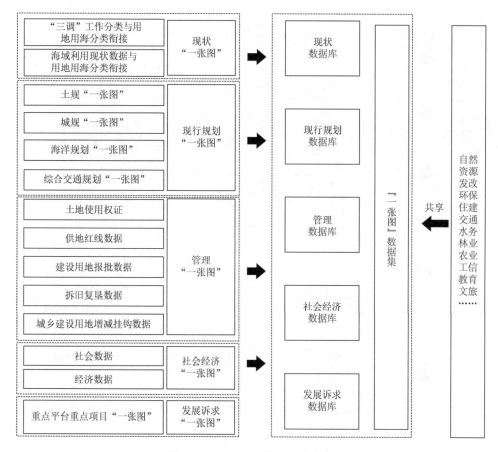

图 5-2　A 市"一张图"工作内容

2. 治理思路

根据国土空间规划数据治理目标与需求，A 市构建了"六步走"数据治理工作路线：梳理数据诉求、整理数据资源目录、开展数据收集和检查、统一数据标准规范、数据治理与建库、成果数据校核（图 5-3）。

①梳理数据诉求：通过对自然资源与规划局各科室及相关业务部门进行走访调研和座谈，了解数据现状问题，厘清数据诉求，确定本项目治理目标并制定治理方案。

②整理数据资源目录：通过对各行业的数据资源梳理，分析各类数据间的层次、类别和关系，对国土空间基础信息的数据资源进行统一规划，制定统一的数据资源编码与分类体系，形成"一张图"数据资源目录清单。

③开展数据收集和检查：依照数据资源目录对各类别数据进行收集和检查，主要包括数据质量的评估、数据问题的明确和数据处理措施的制定。

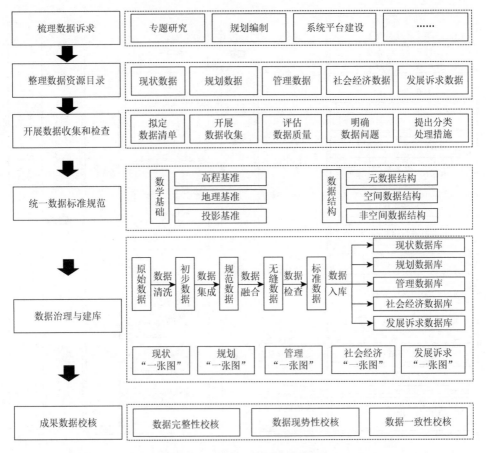

图 5-3　A 市"一张图"建设思路

④统一数据标准规范：为保障数据治理和入库的规范和可靠性，制定统一的数据标准体系，具体包括数学基础标准和数据结构标准。

⑤数据治理与建库：具体包括数据清洗、数据集成、数据融合、数据检查和数据入库多个阶段，最终形成现状"一张图"、规划"一张图"、管理"一张图"、社会经济"一张图"和发展诉求"一张图"，并构建"一张图"对应的数据库成果。

⑥成果数据校核：为保障"一张图"和对应数据库成果能切实服务自然资源与规划业务，开展数据成果的校核，具体包括数据完整性校核、数据现势性校核和数据一致性校核。

5.5.2　数据治理工具研发

为更高效实现多源异构数据的整合分析，A 市结合国土空间规划"一张图"

数据整合建库的要求，研发了自动化、易用的数据治理工具，支持自然资源数据的标准化整合全流程工作与定制化数据质检方案，实现自然资源数据的质量评价与成果质检。

数据治理工具包括数据标准化处理工具、数据质量检查工具、数据建模工具，功能构成如图5-4所示。

图5-4 数据治理工具功能构成

1. 数据标准化处理工具

围绕国土空间规划"一张图"数据的构建，分析形成具备统一空间参考和质量标准的数据，为了便于在数据库中进行统一的存储以及后期的处理和管理，需要对数据进行标准化处理，开发具有数据导入导出、格式转换、投影转换、结构转换、拓扑处理、批量赋值、自然资源实体编码等各类功能的数据标准化处理工具，通过数据处理工具，将数据转换为标准化的数据。

在国土空间规划"一张图"数据治理工作中，涉及大量的多源异构数据，针对数据来源不一，结构多样，数据内容重复、缺失、错误等问题，研发了数据规范化处理、格式转化等工具，对相关问题进行处理与修正，使数据符合相关使用标准和规范。同时基于一定的编码规则结合实体编码技术，对空间数据进行编码的方式，使数据具有空间位置信息和语义信息，确保每一个数据拥有全库唯一的编码。通过数据标准化处理工具处理多样化数据来源和格式、数据质量问题以及数据标准化要求等问题，提高数据的质量和规范化程度，为国土空间规划提供了可靠的数据支撑（图5-5）。

2. 数据质量检查工具

数据质量检查工具支持以自动化的方式对数据进行质检，基于预设的质检方案开展数据质检工作，发现数据中存在的问题和错误，以及定位问题的具体位置，提高数据质量，保障数据的可靠性和准确性，为决策和规划提供高质量的数据支持。同时，通过质量评价和结果输出功能，也能帮助管理人员更好地监控数据治理进度和质量，实现任务的有效管理。

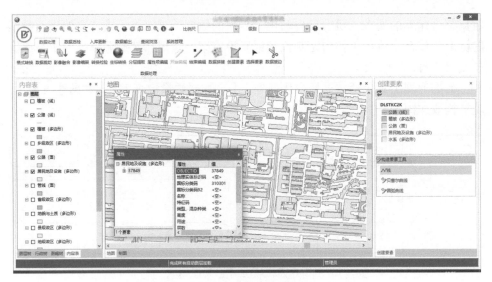

图 5-5　数据属性编辑

在国土空间规划"一张图"数据治理工作中，数据质检工作是一个重要的环节。通过制定质检方案，明确检查规则与流程，利用数据质量检查工具进行自动检查，识别数据中存在的问题和错误。对于自动检查无法发现的问题，需要通过人工交互方式进行检查和处理。在审核评价阶段，需要对数据进行综合评估，检查数据质量是否达到规定的标准和要求，以及检查结果的可靠性和准确性。最后，需要输出结果并进行数据修复，及时修复检测出的问题并记录质检结果，为后续的数据使用和管理提供支持。通过这样的流程，可以有效提高数据质量，确保数据的可靠性和准确性，为决策和规划提供高质量的数据支持（图 5-6）。

3. 数据建模工具

数据建模工具主要用于辅助数据建模和数据处理工作，它能够快速地将不同来源、格式和类型的数据进行整合和转化，从而使数据处理过程更加高效和便捷，提高数据分析和决策的准确性和效率。

国土空间数据治理过程中，数据建模工具主要从数据建模、ETL 抽取、数据清洗和任务管理四个方面发挥作用。首先，根据后续的数据使用要求，通过可视化界面对数据进行建模和设计，实现处理流程的预先设定。接着，使用 ETL 抽取工具将不同的数据源连接起来，实现数据的抽取和转化。在抽取的过程中，针对可能会出现的数据质量问题，基于数据清洗工具对数据进行清洗和质量检查，以确保数据的准确性和完整性。最后，依托于任务管理工具来管理和调度数据处理任务，以确保数据处理的稳定性和高效性。整个数据治理流程需要不断地迭代和优化，以适应不断变化的数据需求和业务场景（图 5-7）。

图 5-6 矢量数据检查

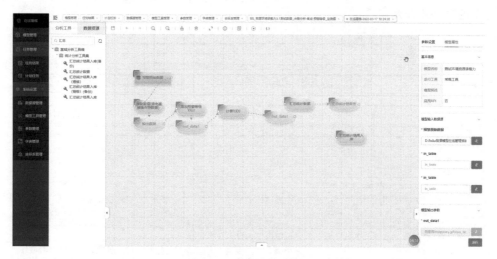

图 5-7 数据在线建模

5.5.3 "一张图"整合建库

根据 A 市数据治理目标与思路,结合数据治理工具支撑,本节以现状"一张图"与规划"一张图"为例,介绍两类数据建库整合的主要方法流程。

1. 现状"一张图"

国土空间规划现状"一张图"是国土空间规划编制的基础，需要以第三次全国国土调查成果为基础，整合规划编制所需的空间关联现状数据和信息，核心工作是实现三调数据分类向国土空间规划用途分类的转换。

通过对用地用海分类与"三调"工作分类进行对应关系梳理，可分为"一对一""多对一""一对多""缺乏对应"四类对应关系。其中"一对一""多对一"可直接进行转换；"一对多""缺乏对应"需要借助其他现状数据或外业核查进行细分转化，是现状"一张图"的工作重点。现状"一张图"处理方法如图5-8所示。

"一对一"：用地用海分类二级类有唯一对应的"三调"用地二级类，主要包括大部分农用地及未利用地，可直接转换。

"多对一"：用地用海分类二级类由多个"三调"用地二级类共同转化而成，主要包括用地代码带有"A""K"后缀的"三调"用地，可直接转换。

"一对多"：用地用海分类多个二级类由"三调"用地一个二级类转化而成，主要为建设用地。按照"国有建设用地确权发证数据、地籍数据、土地供应数据、地形图、详细规划现状数据、相关专项规划现状数据、相关名录、POI数据、电子地图、卫星遥感影像"的优先次序进行内业判别，针对内业无法判别的地块，需进行外业补充调查。

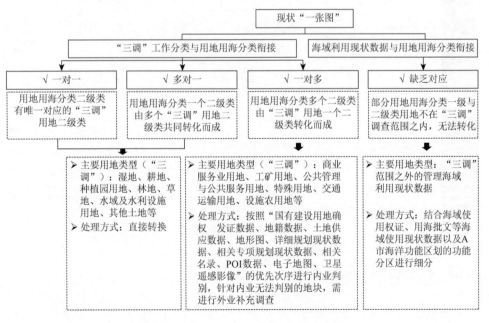

图5-8　现状"一张图"处理方法示意图

"缺乏对应":部分用地用海分类一级与二级类用地不在"三调"调查范围之内,无法转化,主要为海域利用现状部分,可结合海域使用权证、用海批文等海域使用现状数据进行细分。

2. 规划"一张图"

以现行主要空间类规划为基础,分别拼合土地利用总体规划、城市总体规划、控制性详细规划、海洋功能区划、综合交通专项规划等现行规划"一张图",作为规划用地布局调整优化参考。

在各类规划数据"一张图"整合过程中,以控制性详细规划数据整合为例,由于不同片区在历史规划编制过程中编制技术方法不一、参考标准不同、缺乏协同等,不同区域控制性详细规划数据存在坐标不一致、边界不吻合等问题,因此构建规划"一张图"的首要任务就是解决这些数据冲突。

针对不同数据冲突问题,制定数据处理原则,如不同片区控规之间路网衔接冲突的处理原则:

①对于所有空间数据,首先将其坐标统一为 2000 国家大地坐标系。

②若控规范围有重叠,对重叠范围内的路网及重叠图斑进行处理,以版本及方案修改时间最新的控规为准,进行道路优化和图斑去重处理。

③若控规范围没有重叠,但相邻道路衔接错位形成断头路、错口路的,根据实际地形、建设条件、权属状况,并以最新版本的控规为优先参考,优化道路线形进行衔接。

基于上述数据处理整合原则,对所有片区控规成果进行整合,最终形成区域坐标一致、边界吻合、上下贯通的控制性详细规划"一张图"。

6 国土空间规划智慧编制

国土空间规划编制是国土空间规划全生命周期业务流程的起点，是国土空间规划管理的重要基础环节。传统的空间规划编制受限于数据、技术、理念等方面的不足，常会出现编制成果无法有效落实、规划实施不够科学等情况（林立伟等，2010；黄征学，2019；郝庆等，2021）。《中共中央 国务院关于建立国土空间规划体系并监督实施的若干意见》明确了运用城市设计、乡村营造、大数据等手段，改进规划方法，提高规划编制水平的要求。近年来，大数据、人工智能等新技术迅猛发展，规划数据和知识得到快速膨胀与汇集，且技术的变革促进空间治理模式和服务模式不断突破，这赋予了国土空间规划智慧化的新动能，为智慧编制带来新的契机（龚强，2018；谢新水，2020；江威等，2021）。

从定义上看，国土空间规划智慧编制指在智慧规划理念的支撑下，结合目标导向与问题导向，充分运用新兴科学技术手段辅助规划编制，促进编制过程从感性决策到理性分析、从定性分析到定性与定量分析结合的转变，从而实现规划编制的智能化（杨凯等，2019；孔宇等，2019；谢花林等，2022）。从具体实施过程上看，国土空间规划智慧编制主要指运用新技术、新方法为国土空间规划编制赋能，提升国土空间规划底图底数数字化、分析评价智能化、规划方案精细化和规划成果可视化能力。以进一步促进规划协同管控为目标，以国土空间规划"一张图"为基础，做好编制分析、建好协同机制，保障规划编制基础牢固、过程科学、成果合理。

因此，智慧编制的核心在于在数据驱动的范式下，利用先进算法和模型，实现编制全过程的科学分析。本章拟围绕国土空间规划编制的核心内容，通过国土空间现状分析、"双评价"、"三线"划定、国土空间格局优化等应用场景介绍国土空间总体规划智慧编制的技术思路与方法。

6.1 国土空间现状分析

在国土空间规划编制过程中，对区域国土空间总体状况的分析是编制的基础。例如，《省级国土空间规划编制指南（试行）》要求从数量、质量、布局、结构、效率等方面，评估国土空间开发保护现状问题和风险挑战；《市级国土空间总体规划编制指南（试行）》要求分析区域发展和城镇化趋势、人口与社会需求变化、科技进步和产业发展、气候变化等因素，系统梳理国土空间开发保护中存在的问题，开展灾害和风险评估。其原因在于，国土空间规划的本质是空间资源的配置和优化，协调不同区域需求和利益关系，实现区域国土空间合理开发利用。因此，准确的现状分析，对于制定合理的区域发展战略和规划至关重要。随着互联网、计算机和信息技术的飞速发展，各种来源的大数据为国土空间现状分析在深度、宽度和及时性方面提供了重要机遇。本章以广西壮族自治区大数据辅助编制规划为案例，展示如何通过多源数据进行现状分析，进而辅助规划编制。

6.1.1 区域协调

当前，以手机信令、交通出行、互联网签到数据等为代表的"流数据"已经被广泛用于对"流空间"的研究中，如手机信令数据在国土空间规划编制评估中也愈发被重视。手机信令数据是手机用户使用移动通信网时留下的时空轨迹，记录用户在城镇之间的出行轨迹，能真实反映城市之间的人流联系，其具有样本大、覆盖广、用户持有率高的特点，因此已成为研究区域空间关系的重要数据源。

本章以广西壮族自治区为研究对象，采用基于手机信令数据的人流联系，测度区域结构关系。通过基于人流数量的关联强度、中心性揭示广西的亚区、地级市间的网络结构特征，以期为国土空间规划编制提供决策参考依据。本数据集时间范围为 2019 年 6 月 10 日至 14 日五个工作日。

1. 分析方法

（1）网络关联强度

网络关联强度指两个城市间的双向人口流动量的总和，用来表征城市之间的关联强度，值越大，说明城市之间的联系越紧密。计算公式为

$$V_{ij} \quad 或 \quad V_{ji} = T_{ij} + T_{ji} \tag{6-1}$$

其中，V_{ij} 或 V_{ji} 表示城市 i 与城市 j 之间的关联强度；T_{ij} 表示测度时间段内从城市 i 流入城市 j 的扩样信令数量；T_{ji} 表示从城市 j 流入城市 i 的扩样信令数量。

（2）网络中心性

网络中心性表示节点所关联的边流入和流出的总和，可以用来表征该地区或城市在人口流动网络中的重要程度。值越高，说明该城市在网络中的影响力越强。计算公式为

$$D(i) = \sum_{j=1}^{n} T_{ij} + T_{ji} \ (j = 1, 2, \cdots, n, j \neq i) \qquad （6\text{-}2）$$

式中，$D(i)$表示城市i的网络中心性；n表示与城市i有联系的城市的数量。

2. 分析结果

（1）亚区间的关联强度

基于已有研究，首先将广西分为4个亚区计算区域间关联强度，包括桂南（南宁、北海、钦州、防城港）、桂北（桂林、柳州、来宾）、桂东（贺州、梧州、贵港、玉林）与桂西（崇左、百色、河池）。

根据分析结果，从亚区的中心性看，经济发达的桂南中心性最高，与其他亚区联系紧密，是广西的核心区；其次是桂西，虽地处山区，但桂西与桂南的联系十分紧密，其中心性较高；桂北中心性较低，与各区的联系不突出；桂东的中心性最低，仅与桂南联系较紧密。进一步分析4个亚区之间的相互联系（图6-1）发现，经济发达的桂南与通往东盟的桂西联系最密切，统计时间段内关联强度约为24万人次；桂南与桂东、桂北的联系相对较强，关联强度均约为11万人次；桂北与桂东、桂西的联系较弱，关联强度均不足7万人次；地处山区的桂西与桂东的关联强度最低。

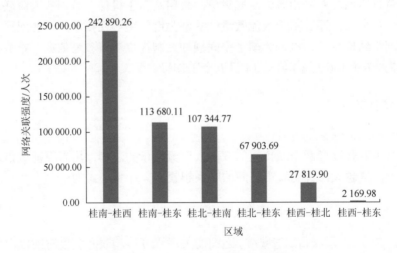

图6-1　广西4个亚区间的关联强度

（2）地级市间的关联强度

从广西地级市间的关联强度格局看（图6-2），地级市间的联系网络以南宁为核心向外辐射，在空间上表现为多边形的联系格局。

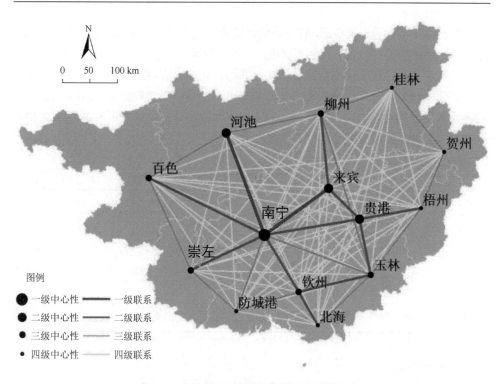

图6-2 广西地级市间联系网络（后附彩图）

采用自然断点法进一步分析地级市间的关联强度（表6-1）发现，一级联系有2条。首府南宁与相邻的河池联系最紧密，城际关联强度约为13万人次；其次是南宁与来宾，关联强度约为9.5万人次。南宁—百色、来宾—柳州、崇左—南宁、南宁—贵港等10条联系为二级联系。三级联系有防城港—崇左、百色—崇左、柳州—河池、北海—玉林等13条。四级联系最多，共61条，但关联强度均不足7000人次。

表6-1 广西地级市间关联强度分级 （单位：人次）

层级	区间	联系线（关联强度）
一级	45 341.35～131 879.26	南宁—河池（131 879.26）、南宁—来宾（95 447.59）
二级	21 314.68～45 341.34	南宁—百色（45 341.34）、来宾—柳州（44 396.03）、崇左—南宁（41 207.21）、南宁—贵港（37 887.73）、贵港—玉林（36 736.85）、钦州—南宁（35 850.64）、贵港—来宾（33 995.51）、钦州—玉林（30 804.16）、北海—钦州（28 820.16）、梧州—贵港（27 810.43）
三级	6 978.88～21 314.67	防城港—崇左（21 314.67）、百色—崇左（20 848.16）、柳州—河池（20 665.31）、北海—玉林（20 111.53）、桂林—柳州（18 045.31）、玉林—梧州（14 496.51）、河池—百色（14 031.63）、玉林—南宁（14 006.26）、防城港—钦州（13 212.83）、桂林—贺州（10 706.24）、柳州—玉林（10 525.21）、梧州—贺州（9 849.60）、防城港—南宁（8 323.73）
四级	19.07～6 978.87	来宾—桂林（6 978.87）、钦州—贵港（6 155.89）、梧州—桂林（5 904.66）、来宾—河池（5 839.70）、南宁—柳州（5 774.08）等

从网络中心性看（表 6-2），作为自治区首府的南宁中心性最高且位于第一层级，是区域网络的核心；来宾、河池和贵港，中心性较高，位于第二层级；玉林、钦州、柳州、崇左和百色位于第三层级。梧州、北海、桂林、防城港和贺州中心性较低，位于第四层级。桂林虽为全国著名的旅游城市，但其中心性数值明显偏低，这可能是因为数据样本选取的是周一至周五的工作时间段，只能反映城市内部的日常生活联系，并未计入节假日城市间联系情况。

表 6-2　广西地级市中心性分级

层级	区间	地级市（中心性）
一级	188 603.38～425 254.71	南宁（425 254.71）
二级	129 857.43～188 603.37	来宾（188 603.37）、河池（174 285.81）、贵港（147 005.44）
三级	63 560.12～129 857.42	玉林（129 857.42）、钦州（119 762.58）、柳州（106 148.20）、崇左（85 534.59）、百色（83 550.00）
四级	22 270.57～63 560.11	梧州（63 560.11）、北海（55 657.96）、桂林（47 157.21）、防城港（46 203.33）、贺州（22 270.57）

（3）分析结论

利用手机信令数据，借助网络关联强度和网络中心性探讨广西壮族自治区亚区和地级市两个层级的区域结构特征。在水平联系上，亚区中桂南中心性最高，其次是桂西和桂北，桂东中心性最低；4 个亚区间的关联强度表现为桂南与桂西联系最密切，桂南与桂东、桂北的联系相对较强，桂北与桂东、桂西的联系较弱，桂西与桂东联系最弱。地级市间南宁中心性最高，其次是来宾；关联网络以南宁为核心，有 2 条突出的联系，分别为南宁—河池和南宁—来宾。在垂直联系上，亚区内部城市间的联系表现为桂北最强，桂东、桂南其次，桂西最弱。

6.1.2　产业格局

产业格局分析是衡量区域产业布局情况，深入了解产业空间结构，辅助国土空间资源优化利用与区域协调发展的重要基础。本节以工商业企业登记数据、高德开放平台数据等多源企业数据为支撑，利用 GIS 空间分析方法，解析广西产业发展格局。

1. 分析方法

（1）全局空间自相关

全局空间自相关是对属性在整个区域空间特征的描述，反映空间邻接或空间邻近区域单元观测值的相似程度，以此判定某种现象在空间上是否存在集聚。莫兰 I 数是常用的空间自相关测度指标，其计算公式如下：

$$I = \frac{n}{S_0} \cdot \frac{\sum_i^n \sum_j^n w_{ij}(x_i - \overline{x})(x_j - \overline{x})}{\sum_i^n (x_i - \overline{x})^2} \tag{6-3}$$

式中，n 为研究对象的数目，x_i 和 x_j 为位置 i 和 j 的属性值，$\overline{x}$ 为 x_i 的均值，w_{ij} 为 i 和 j 之间的空间权重矩阵。在给定显著性水平下，莫兰 I 数大于零表示存在空间正相关，小于零为负相关，等于零则表示不存在空间相关性，空间单元观测值呈随机分布。

（2）热点分析

热点分析采用 Getis-Ord 指数法，探究观测值与周围邻域之间是否存在局部的空间关联，有效反映数据局部高值与低值的集聚情况。对于具有显著统计学意义的正的 z 得分，z 得分越高，高值（热点）的聚类就越紧密。对于统计学上的显著性负 z 得分，z 得分越低，低值（冷点）的聚类就越紧密。计算公式为

$$G_i^* = \frac{\sum_{j=1}^n w_{i,j} x_j - \overline{x} \sum_{j=1}^n w_{i,j}}{S \sqrt{\dfrac{n \sum_{j=1}^n w_{i,j}^2 - \left(\sum_{j=1}^n w_{i,j}\right)^2}{n-1}}} \tag{6-4}$$

其中 x_j 是要素 j 的属性值，$w_{i,j}$ 是要素 i 和 j 之间的空间权重矩阵，n 为要素总数，且

$$\overline{X} = \frac{\sum_{j=1}^n x_j}{n}$$
$$S = \sqrt{\frac{\sum_{j=1}^n x_j^2}{n} - (\overline{X})^2} \tag{6-5}$$

G_i^* 统计是 z 得分，因此无需做进一步的计算。

2. 分析结果

从县域企业数量空间分布看，广西企业县域空间分布差异较大，全区企业分布无明显空间相关性。企业集中区县有南宁市西乡塘区、江南区、兴宁区和青秀区，钦州市钦南区，贵港市港北区和覃塘区，玉林市玉州区以及北海市海城区（图 6-3）。从结果可以看出，南宁-钦州-北海是企业的高聚集地。

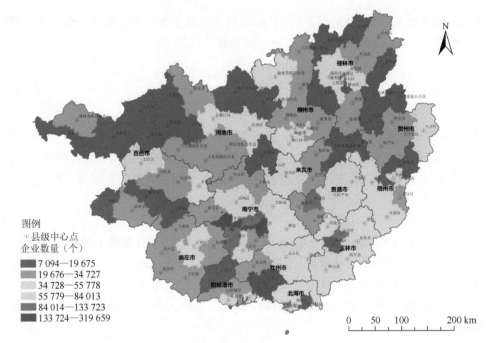

图 6-3　广西企业分布（县级）（后附彩图）

　　为从统计上明晰广西企业空间分布格局，使用 Getis-Ord G_i^* 冷热点分析展现企业空间分布的冷热区，热区代表区县及其邻近区县企业数量高，冷区代表企业数量低，可以衡量企业的实际聚集情况。从结果可以看出，从区县单位角度看，南宁-钦州-北海是企业的高聚集地，其他区县则并没有明显的企业聚集组团。这表明其余地区的企业聚集程度不够强，分布相对均匀。

6.1.3　路网通达

　　路网可达性是衡量交通通达度、评价交通运行基础条件的重要指标，对于区域联系贯通具有重要支撑作用。本节以开放地图道路网络数据为基础，选取铁路与高速公路路网可达性评价广西综合交通通达度。

　　1. 分析方法

　　路网通达性采用 Allen（1993）提出的基于最小阻抗的可达性分析方法，将最小出行时间作为阻抗，将区域内的所有路口既作为出行点，也作为目的点，计算各路口到其他路口的平均最短交通时间，以此作为可达性评价指标，衡量各路口至其他任意位置的交通便捷程度，并汇总各路口可达性的平均值，得到整个路网的平均可达性。其计算公式如下：

$$A_i = \frac{1}{n-1} \sum_{\substack{j=1 \\ j \neq i}}^{n} d_{ij} \qquad (6\text{-}6)$$

$$A = \frac{1}{n} \sum_{i=1}^{n} A_i \qquad (6\text{-}7)$$

式中，A_i 表示网络上的节点 i 的可达性；A 为整个网络的可达性；d_{ij} 表示节点 i、j 间的最小阻抗，可以为距离、时间或费用等。

式（6-6）表明，节点 i 的可达性，为该节点到网络上其他所有节点的最小阻抗的平均值，最小阻抗可以为最短距离、最短时间、最少费用等。

式（6-7）表明，整个网络的可达性为各个节点可达性的平均值。

2. 分析结果

从分析结果来看，广西铁路与高速公路可达性均较好，尤其铁路在综合交通运输体系中发挥重要作用。南宁市、来宾市、贵港市、柳州市路网可达性较高，交通通达性较好。从空间分布上来看，南宁市、来宾市为可达性集中区。铁路路网可达性以南宁市、来宾市为中心，东北-西南走向为主要分布格局；高速公路路网可达性相较于铁路路网可达性空间分布更为广泛，总体以南宁市、来宾市为中心，呈环状向外衰减（图6-4）。

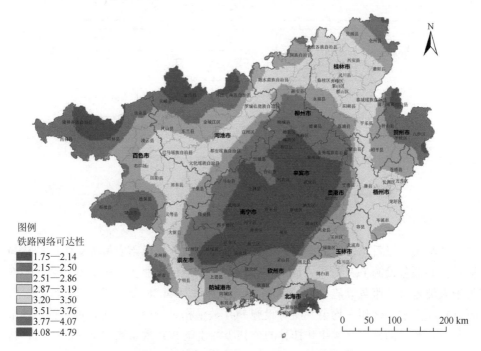

图 6-4　铁路路网可达性空间分布（后附彩图）

6.1.4　城乡建设

区域城乡建设水平一定程度上可以通过公共服务设施建设水平反映。因此，可以通过公共服务设施规模、密度、空间分布形态分析及对比，快速分析现状区域城乡建设发展程度和差异。本节以广西壮族自治区公共服务设施 POI 数量占全区比例（%）和公共服务设施 POI 千人指标（个/千人）来评价区域城乡建设水平。

1. 分析方法

通过调用高德地图 API，利用 FME、python 等技术批量采集获取广西范围内的 POI 数据。对获取的 POI 数据进行数据清洗、格式转换、坐标转换、数据验证等一系列数据处理工作，获得广西壮族自治区范围内的公共服务设施 POI 数据，分别统计全区及各地级市的公共服务设施 POI 数量，并结合各地级市常住人口数据，计算公共服务设施 POI 数量占全区比例（%）和公共服务设施 POI 千人指标（个/千人）（图 6-5）。

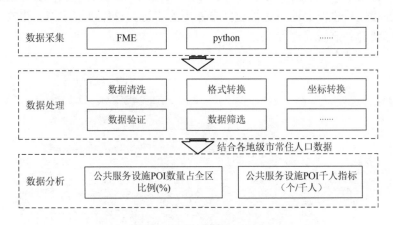

图 6-5　数据分析技术路线图

2. 分析结果

从结果可以看出，广西全区各类公共服务设施 POI 以南宁最为集中，桂林与柳州公共服务设施 POI 数量占比均在 10% 以上。从地区服务水平上看，全区平均每千人拥有公共服务设施 POI 数量约 28 个，北海为 44.38 个，居于全区最高水平，超过首府南宁。贺州人均公共服务设施 POI 数量相对较少。空间分布上看，城市空间发育较早的南宁、柳州和桂林的公共服务设施 POI 数量约占全区的 45%，其他地区则相对较少（图 6-6）。

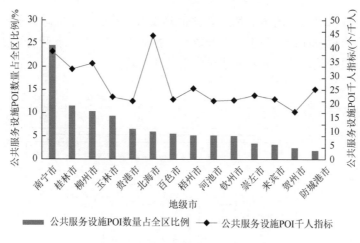

图 6-6 公共服务设施 POI 全区占比

6.1.5 总结

本节以广西壮族自治区为例,利用信令数据、POI 数据和企业登记数量数据分别分析了广西壮族自治区的区域协调、产业格局、路网通达和城乡建设情况。相比于传统使用统计年鉴、人口普查等数据辅助区域分析方法,通过收集这类时空动态数据,在更深入、准确地反映区域空间结构和发展情况的同时,也在一定程度上反映出区域的人地耦合关系,这是传统规划评估所不具备的优势,也是在新时代国土空间规划编制、评估中需要充分考虑的因素。因此,加强传统数据与新兴大数据的结合,重视新技术、新方法的应用,是提升规划编制科学性、智慧化的重要手段。

6.2 "双评价"

6.2.1 技术流程与方法

"双评价"即资源环境承载能力和国土空间开发适宜性评价。资源环境承载能力是指基于一定发展阶段、经济技术水平和生产生活方式,一定地域范围内资源环境要素能够支撑的农业生产、城镇建设等人类活动的最大规模。国土空间开发适宜性是指在维系生态系统健康前提下,综合考虑资源环境要素和区位条件,在特定国土空间进行农业生产、城镇建设等人类活动的适宜程度。根据《资源环境承载能力和国土空间开发适宜性评价技术指南(试行)》(以下简称《指南》),"双评价"总体技术流程如图 6-7 所示。评价路线为"资源环境要素单项评价—资源环境承载能力集成评价—国土空间开发适宜性评价"。评价工作可分为工作准备、本底评价结果校验、综合分析和成果应用共 4 个阶段。

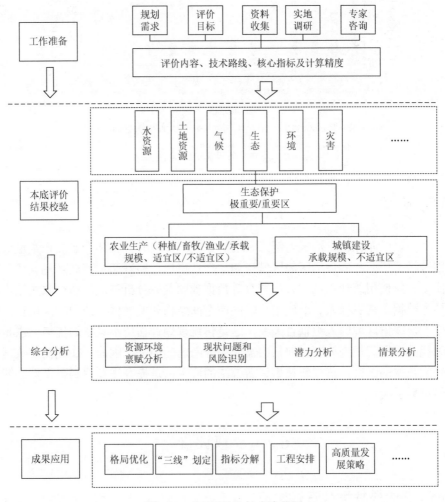

图 6-7 　"双评价"技术流程图

从"双评价"的量化方法来看，尽管《指南》已经公布实施，但一些技术难点仍有待深化，例如自然资源要素评价缺乏标准化、海岸保护与开发研究尚处于初级阶段、人地关系作用机制不够清晰等。因此，"双评价"的评价方法在实际业务操作过程中呈现多样化的方式，本章以广东省中山市为典型案例，展示"双评价"的计算方法，以广西壮族自治区贺州市为例系统构建思路。

　　值得说明的是，本书主要为举例说明"双评价"的实现程序及软件开发实现的思路，因此下文所列相关城市的计算数据主要来源于互联网开放数据，以及从公共网络下载的相关数据源，故书中所示计算结果也并非政府最终规划成果（下同）。

6.2.2　"双评价"案例

　　本节以广东省中山市为案例区，通过土地资源、大气环境和生态等方面的数据进行加权计算得到相应指标以集成评价中山市资源环境承载能力。同时，综合土地资源、水资源、人口、经济等方面的数据以集成评价中山市国土空间开发适宜性程度。其中，土地压力作为农业适宜性评价指标，生态环境指标作为生态脆弱性指标。

　　（1）资源环境承载能力评价

　　案例选取土地资源、大气环境、生态方面的指标，对土地压力指数、大气污染超标指数、生态系统健康度 3 项指标进行基础评价，并对城市环境空气质量、生态多样性维护功能等级 2 项指标进行专项评价（图 6-8）。其中，生态系统健康度主要反映为区域内发生水土流失、土地沙化、盐渍化、土地污染等生态退化区面积与全域面积的比值，而生态多样性维护功能则是将自然栖息地质量指数作为特征指标。在评价结果的基础上进行空间加权叠加分析，初步划分资源环境承载能力等级，综合考虑灾害危险性指标，以确定资源环境承载能力综合等级。同时遴选集成指标，采用"短板效应"原理确定超载、临界超载、不超载 3 种承载能力类型，最终形成承载能力类型划分方案。

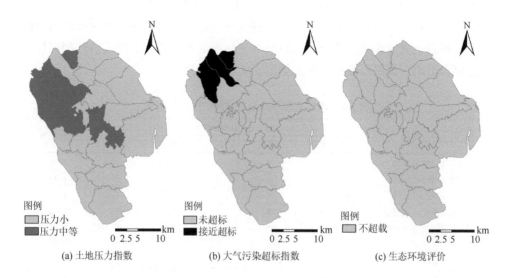

图例　　　　　　　　　　　　图例　　　　　　　　　　　　图例
□ 压力小　　　　　　　　　　□ 未超标　　　　　　　　　　□ 不超载
■ 压力中等　　0 2.5 5　10 km　■ 接近超标　　0 2.5 5　10 km　　　　　　0 2.5 5　10 km

　（a）土地压力指数　　　　　（b）大气污染超标指数　　　　（c）生态环境评价

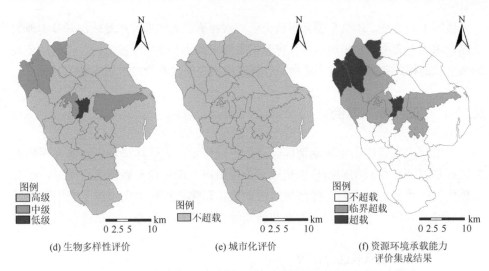

(d) 生物多样性评价　　　　　　(e) 城市化评价　　　　　　(f) 资源环境承载能力
　　　　　　　　　　　　　　　　　　　　　　　　　　　　　　　评价集成结果

图6-8　中山市资源环境承载能力评价指标及集成结果（后附彩图）

示意图，非政府最终规划成果

（2）国土空间开发适宜性评价

案例结合空间开发负面清单和现状建成区进行国土空间开发适宜性评价，其中空间开发负面清单包括中山市的永久基本农田、生态保护红线、水源保护区和禁止开发区［图 6-9（i）］。城镇空间开发适宜性评价主要是从资源环境约束性评价和社会经济发展基础适宜性评价两个方面选出土地资源、水资源、人口、经济等若干个单项指标进行评价［图 6-9（a）-（h）］，设置资源环境类指标的总体权重为 0.3，社会经济适宜性类指标的总体权重为 0.7，再以此类推细化评分，得到表 6-3 的具体权重值，并根据权重对指标进行加权求和。将城镇空间开发适宜性与空间开发负面清单相互叠合，在空间开发负面清单范围内的用地将被列为最不适宜建设用地。最终得到评价结果如图 6-9（f）所示。

表 6-3　城镇空间开发适宜性评价指标及权重

评价指标	指标分级					指标权重
	高	较高	中等	较低	低	
地形地势评价	5	4	3	2	1	0.06
生态脆弱性评价	1	2	3	4	5	0.06
可利用土地评价	5	4	3	2	1	0.06
水域面积占比评价	5	4	3	2	1	0.06
大气污染程度评价	1	2	3	4	5	0.06
人口聚集程度评价	5	4	3	2	1	0.23
经济发展水平评价	5	4	3	2	1	0.23
交通优势评价	5	4	3	2	1	0.24

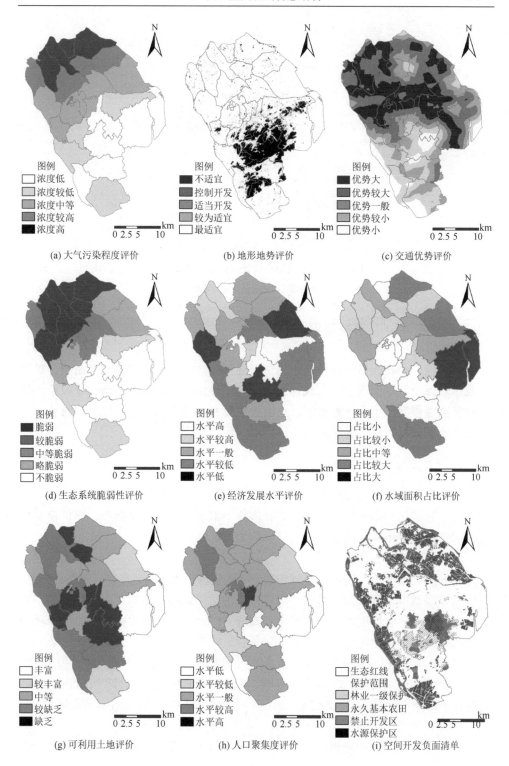

(a) 大气污染程度评价

图例
浓度低
浓度较低
浓度中等
浓度较高
浓度高

(b) 地形地势评价

图例
不适宜
控制开发
适当开发
较为适宜
最适宜

(c) 交通优势评价

图例
优势大
优势较大
优势一般
优势较小
优势小

(d) 生态系统脆弱性评价

图例
脆弱
较脆弱
中等脆弱
略脆弱
不脆弱

(e) 经济发展水平评价

图例
水平高
水平较高
水平一般
水平较低
水平低

(f) 水域面积占比评价

图例
占比小
占比较小
占比中等
占比较大
占比大

(g) 可利用土地评价

图例
丰富
较丰富
中等
较缺乏
缺乏

(h) 人口聚集度评价

图例
水平低
水平较低
水平一般
水平较高
水平高

(i) 空间开发负面清单

图例
生态红线保护范围
林业一级保护
永久基本农田
禁止开发区
水源保护区

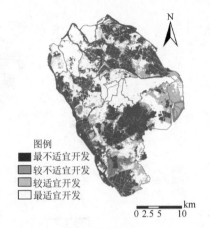

(j) 城镇空间开发适宜性评价集成结果

图 6-9　中山市城镇空间开发适宜性评价指标及集成结果（后附彩图）

示意图，非政府最终规划成果

6.2.3　"双评价"系统案例

本节以广西壮族自治区贺州市为例，通过构建智能化"双评价"系统，对该区域"双评价"工作进行了实践探索。研究中使用的数据均为网络公开数据，包括数字高程模型、历史气象数据、土壤类型和 POI 等多源数据，结合传统空间分析与大数据分析方法，通过系统完成"双评价"工作。

1. 建设思路

结合各地目前已有的实践经验以及"双评价"工作过程中存在的问题与难点，构建智能化"双评价"系统，充分围绕"双评价"的数据建设、评价模型构建、评价成果应用全流程展开，具体思路如下。

（1）数据管理一体化

对开展"双评价"所需的基础地理、土地资源、水资源、环境、生态、灾害、气候气象等数据进行梳理、整合，形成统一的数据标准、数据运维管理机制、数据目录清单，建立标准的基础数据库，实现"双评价"基础数据的一体化管理。

（2）模块设置参数化

针对评价过程中算法模型需要灵活配置的问题，系统需能快速建立评价模型，实现评价指标因子的自由选取、阈值可调整、算法可编辑和一键输出评价报告等功能，可对整个评价流程进行自定义配置，满足不同评价区域差异化、本土化评价需求。

（3）评价调整灵活化

系统遵循模块化的思想，对"双评价"过程中的关键步骤跟踪记录，生成日志，如需要对评价结果进行修改时，可追根溯源，准确定位到影响评价结果的关键因子，实现对评价结果的灵活调整。

2. 总体架构

系统在技术选型上遵循"先进成熟、稳定高效、安全可靠"的原则，基于分布式、云计算、大数据等技术进行建设。系统总体架构包括基础设施层、数据层、框架平台层和应用层，具体框架如图 6-10 所示。

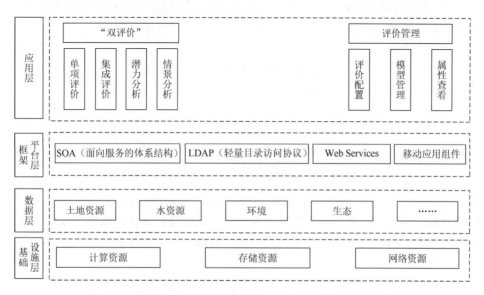

图 6-10　面向市县国土空间规划的"双评价"系统总体架构

（1）基础设施层

基础设施层包括计算资源、存储资源、网络资源。三者构成安全稳定、弹性可用、按需分配的基础设施环境，为整个系统提供高性能的资源服务，提供可按需动态扩展的高性能计算环境、大容量存储环境，满足海量空间大数据存储与分析。

（2）数据层

数据层是基于分布式信息资源管理模式和统一的信息资源目录，在"双评价"所需基础数据的支撑下，对体系内各类基础地理数据、土地资源数据、水资源数据、环境、灾害数据等进行整合和综合管理，实现空间信息的统一组织、无缝衔接、统一服务、高效应用。

（3）框架平台层

框架平台层由所使用的各类框架构成，是组成系统的"骨架"，代表维持系统运行的核心技术,如面向服务的体系结构(SOA)、空间数据引擎、大数据处理引擎等,为"双评价"的实施过程提供全方位的支撑。

(4)应用层

应用层集成了"双评价"、评价管理两大应用模块。

①"双评价"。

根据"双评价"中的实际业务需求,单项评价提供土地资源评价、水资源评价、环境评价、生态评价等面向城镇建设与农业生产不同指向的数据分析工具与方法;集成评价提供资源环境承载能力与国土空间开发适宜性评价中的综合评价;潜力分析与情景分析提供基于"双评价"成果的区域发展分析。

②评价管理。

评价管理模块提供评价配置、模型管理、属性查看等工具,其主要是为了满足不同地区差异化评价中对数据与算法多样化的需求。

3. 单项评价

(1)土地资源评价

贺州市位于广西壮族自治区东部,境内山岭连绵、土壤类型丰富。结合《指南》,农业生产适宜性和城镇建设适宜性均包括土地资源评价,其中农业生产适宜性主要通过坡度、土壤质地等数据对农业耕作条件进行评价,城镇建设适宜性主要通过坡度、高程、地形起伏度等指标对城镇建设条件进行评价。

计算方法如下:

$$[农业耕作条件] = f([坡度], [土壤质地])$$

$$[城镇建设条件] = f([坡度], [高程], [地形起伏度])$$

评价过程中充分考虑到贺州地区多山的特征,利用系统的指标模型配置模块,在城镇建设条件评价中将《指南》给定的坡度分级阈值进行一定的上调,使结果更符合地方实际。对于地形起伏度>200m的区域,将评价结果降2级作为城镇土地资源等级;对于地形起伏度在100—200m的区域,将评价结果降1级作为城镇土地资源等级,同时考虑高程对评价结果的影响。

根据评价结果(图6-11),贺州市城镇建设条件与农业耕作条件较好的地区都集中在中心城区至富川瑶族自治县北部集中连片的坡度较缓、起伏不大的丘陵平原地区,这与贺州市目前生产生活区的分布较为一致,但也体现出当地城镇建设与农业生产适宜区占比较少,需合理优化国土空间开发保护格局、实施国土空间用途管制等。

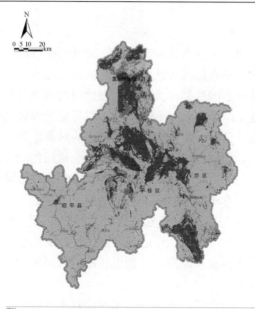

(a) 贺州市城镇建设条件分级图

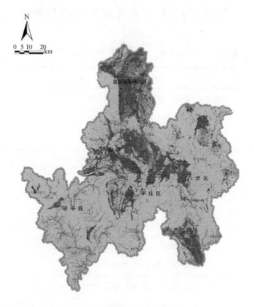

(b) 贺州市农业耕作条件分级图

图6-11 贺州市土地资源评价结果（后附彩图）

示意图，非政府最终规划成果

（2）区位优势度评价

区位优势度主要通过区位条件和交通网络密度等指标进行评价，其中区位条件受交通干线可达性、中心城区可达性、交通枢纽可达性、周边城市可达性因素影响，交通路网是最核心的数据。案例研究中使用的路网数据来自国家基础地理信息中心与开放街道地图（open street map），以尽可能保证路网数据的真实性与完整性。在进行可达性分析时，由于传统的静态等时圈法存在诸多局限，研究调用了高德 API 接口，通过高德地图路径规划，结合道路的动态与静态特征评估路况，以求反映出更真实的出行时间成本，提高可达性计算结果可信度。

区位优势度的计算方法如下：

$$[区位优势度] = f([区位条件], [交通网络密度])。$$

区位条件为交通干线可达性、中心城区可达性、交通枢纽可达性、周边城市可达性四个指标项的加权求和集成，原则上各指标权重相同，但在实际操作中可根据本地情况予以调整。

交通干线可达性是指在考虑不同交通干线的技术等级后，格网单元到各级交通干线的距离。按照格网单元与不同技术等级交通干线的距离远近，从 1 到 5 打分。分级参考阈值如表 6-4 所示。对各类指标进行加权求和集成，计算交通干线可达性，原则上各指标权重相同，但在实际操作中可根据本地情况予以调整。

表 6-4　交通干线可达性评价分级参考阈值

评价指标	分级参考阈值	赋值
一级公路	距离一级公路≤3km	5
	3km<距离一级公路≤6km	4
	距离一级公路>6km	1
二级公路	距离二级公路≤3km	4
	3km<距离二级公路≤6km	3
	距离二级公路>6km	1
三级公路	距离三级公路≤3km	3
	3km<距离三级公路≤6km	2
	距离三级公路>6km	1
四级公路	距离四级公路≤3km	2
	距离四级公路>3km	1

中心城区可达性反映格网单元能直接接受中心城区辐射的程度，是指格网单元到现状中心城区范围的几何中心的时间距离。按照格网单元到现状中心城区的时间距离远近，从 1 到 5 打分。分级参考阈值如表 6-5 所示。

表6-5　中心城区可达性评价分级参考阈值

评价指标	分级参考阈值	赋值
中心城区可达性	车程≤30min	5
	30min＜车程≤60min	4
	60min＜车程≤90min	3
	90min＜车程≤120min	2
	车程＞120min	1

交通枢纽可达性，反映网络化发展趋势下城镇沿枢纽团块状发展的潜力，是指格网单元到区域内航空、铁路、港口、公路、市域轨道交通等交通枢纽的交通距离。按照格网单元与不同类型交通枢纽的交通距离远近，从0到5打分。分级参考阈值如表6-6所示。对各类指标进行加权求和集成，计算交通枢纽可达性，各指标权重相同。

表6-6　交通枢纽可达性评价分级参考阈值

评价指标	分级参考阈值	赋值
高铁站点	车程≤60min	5
	60min＜车程≤90min	4
	90min＜车程≤120min	3
	车程＞120min	0
铁路站点	车程≤30min	5
	30min＜车程≤60min	4
	车程＞60min	0
高速公路出入口	车程≤30min	4
	30min＜车程≤60min	3
	车程＞60min	0

周边城市可达性则是运用了GIS软件中的网络分析工具，以中心城市的主城区中心为源做等时圈分析，确定各评价单元距离中心城市的可达性。

交通网络密度主要考虑高速公路、国道、省道和县道，县道以下交通线路则酌情计入分析范围，并在具体操作中根据评价单元等级和需要予以考虑。其计算公式为

$$D = \frac{L}{A} \tag{6-8}$$

式中，D 为交通网络密度（km/km²）；L 为行政单元内的公路通车里程总长度（km）；

A 为行政单元面积（km²）。

通过综合考虑路网密度与可达性结果，由贺州市区位条件评价结果（图6-12）可以看出，贺州市富川瑶族自治县、钟山县、平桂区和昭平县区位条件较优，有利于对周边地区发展起到辐射带动作用。

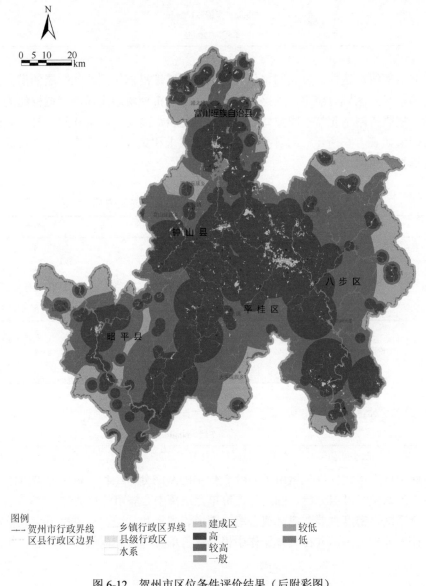

图 6-12　贺州市区位条件评价结果（后附彩图）

示意图，非政府最终规划成果

4. 集成评价

1）模块介绍

在"双评价"中，生态保护重要性、农业生产适宜性、城镇建设适宜性评价由各单项评价集成形成评价结果，国土空间开发适宜性综合评价则由生态保护重要性、农业生产适宜性、城镇建设适宜性三个图层叠加集成评价形成，涉及对所有单项评价结果的复杂条件运算，系统提供了预置好的运算规则，在进行集成评价时仅需要输入对应的单项评价结果即可快捷输出集成评价结果（图 6-13）。

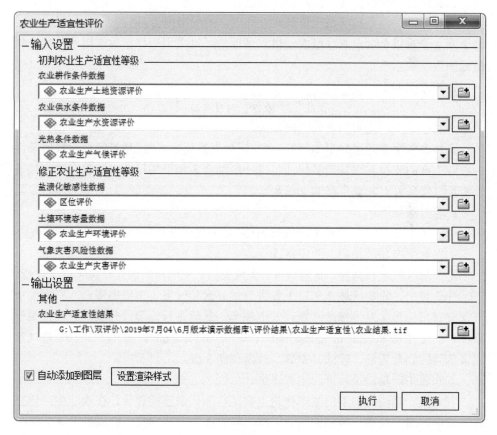

图 6-13 农业生产适宜性评价功能界面

2）应用实践

本节以贺州农业生产适宜性和城镇建设适宜性评价案例展示系统集成评价模块应用。

（1）农业生产适宜性评价

农业生产适宜性评价包括对种植业、畜牧业、渔业等进行评价以集成评价，识别农业生产适宜区和不适宜区。其中，种植业生产适宜性评价包括土地资源、水资源、气候、灾害、生态。

①农业生产功能指向下的土地资源评价。

农业耕作条件是指土地资源用于农业生产的适宜开发利用程度，需满足一定的坡度、土壤质地等条件。评价时需扣除河流、湖泊及水库水面区域。

计算方法如下：

$$[农业耕作条件] = f([坡度]，[土壤质地])$$

②农业生产功能指向下的水资源评价。

农业供水条件是指区域水资源对农业生产的保障能力，通常通过降水量表征，对于降水量难以全面反映区域农业供水条件的，可采用干旱指数或用水总量控制指标模数反映。

计算方法如下：

$$[农业供水条件] = f([降水量])$$

③农业生产功能指向下的气候评价。

光热条件主要通过日平均气温≥0℃活动积温反映光照、热量等自然气候条件对农业生产的支撑水平，市县层面可进一步结合多年平均日照时数等自然气候条件衡量气候条件对农业生产的支撑水平。

计算方法如下：

$$[农业生产气候条件] = f([光热条件])$$

④农业生产功能指向下的灾害评价。

对评价区域选择雨涝、高温热害、大风灾害、干旱和洪水五种灾害进行评价。

评价算法：收集区域十年以上各类气候要素和气象灾害历史资料，根据单项气象灾害指标每年发生情况，统计发生频率，然后进行危险性分级，一般按照气象灾害的发生频率≤20%、20%—40%、40%—60%、60%—80%、＞80%将气象灾害危险性划分为低、较低、中等、较高和高5级。

⑤农业生产功能指向下的生态评价。

农业生产功能指向下的生态评价主要是盐渍化敏感性评价，在农业生产适宜性评价中，对于盐渍化敏感性高的区域，将农业生产适宜性评价成果下降1级。

评价算法：盐渍化敏感性主要取决于蒸发量/降水量、地下水矿化度、地下水埋深、土壤质地等因子。对各因子进行乘积运算分级得到盐渍化敏感性分级图，公式如下：

$$S_i = \sqrt[4]{I_i \times M_i \times D_i \times K_i} \tag{6-9}$$

式中，S_i 为 i 评估区域盐渍化敏感性指数；I_i、M_i、D_i、K_i 分别为 i 评估区域蒸发量/降水量、地下水矿化度、地下水埋深和土壤质地的敏感性等级值。对盐渍化敏感性指数根据表 6-7 进行分级，得到盐渍化敏感性分级图。

表 6-7　盐渍化敏感性评估指标及分级表

评价因子	极敏感	敏感	一般敏感
蒸发量/降水量	≥15	3—15	≤3
地下水矿化度	≥25	5—25	≤5
地下水埋深	≤1	1—5	≥5
土壤质地	砂壤土	壤土	黏壤土
分级赋值	5	3	1

畜牧业分为以放牧为主的牧区畜牧业和以舍饲为主的农区畜牧业。年降水量 400mm 等值线或 10℃ 以上积温 3200℃ 等值线是牧区和农区的分界线。根据当地自然地理条件，确定其畜牧业类型并开展适宜性评价。按渔业捕捞、渔业养殖两类（含淡水和海水）评价渔业生产适宜性。

最后对农业生产适宜性结果进行专家校验，综合判断评价结果的科学性与合理性。对明显不符合实际的，应开展必要的现场核查。

（2）城镇建设适宜性评价

城镇建设适宜性反映国土空间中进行城镇建设活动的适宜程度，首先基于土地资源和水资源评价结果集成初步结果，再通过地质灾害、环境评价区位优势度评价等进行结果修正，形成最终评价结果。

①城镇建设功能指向下的土地资源评价。

城镇建设条件是指城镇建设的土地资源适宜建设程度，需满足一定的坡度、高程、地形起伏度条件。

计算方法如下：

[城镇建设条件] = f([坡度]，[高程]，[地形起伏度])

②城镇建设功能指向下的水资源评价。

城镇供水条件是指区域水资源对城镇建设的保障能力，通常通过水资源总量模数表征，对于水资源总量模数难以全面反映区域城镇供水条件的，可采用用水总量控制指标模数反映。

计算方法如下：

[城镇供水条件] = f([水资源总量模数])

水资源总量是指流域或区域内地表水资源量、地下水资源量扣除两者重复计算量后剩余量的代数和。其中，地表水资源量是指河流、湖泊、冰川等地表水体逐年更新的动态水量，即天然河川径流量；地下水资源量是指地下饱和含水层逐年更新的动态水量，即降水和地表水入渗地下水的补给量。

③城镇建设功能指向下的气候评价。

舒适度是指人类对人居环境气候的舒适感，用于反映温度、湿度等自然气候条件对城镇建设的适宜水平。

计算方法如下：

$$[城镇建设气候条件] = f([舒适度])$$

采用温湿指数表征，计算公式为

$$THI = T - 0.55 \times (1 - f) \times (T - 58) \tag{6-10}$$

式中，THI 为温湿指数；T 为月均温度（℉）；f 为月均空气相对湿度（%）。

④城镇建设功能指向下的环境评价。

城镇建设环境条件通过大气环境容量与水环境容量指标反映。大气环境容量通过大气环境容量指数反映在能够维持生态平衡并且不超过人体健康要求的阈值条件下，大气环境容纳主要污染物的相对能力，风速越大，大气环境所能容纳的污染物越高；水资源总量越大、水质目标浓度要求越低，则水环境容量越大。

评价算法：

大气环境容量参照《指南》中的简化方法进行计算，统计区域及周边地区气象台站多年静风日数（日最大风速低于 3m/s 的日数）和多年平均风速，通过空间插值分别静风日数和平均风速图层，按静风日数占比≤5%、5%—10%、10%—20%、20%—30%、>30%生成静风日数分级图，按平均风速>5m/s、3—5m/s、2—3m/s、1—2m/s、≤1m/s 生成平均风速分级图。

水环境容量参照《指南》将计算简化为

$$[水环境容量] = [评价单元年均水质目标浓度] \times [地表水资源量]$$

⑤城镇建设功能指向下的灾害评价。

地质灾害是自然地质作用和人类活动造成的恶化地质环境，降低了环境质量，直接或间接危害人类安全，并给社会和经济建设造成损失的地质事件。灾害评价包括地震危险性，崩塌、滑坡、泥石流易发性和地面塌陷易发性。

⑥城镇建设功能指向下的区位优势度评价。

区位优势度评价主要表征区位、基础设施等对城镇建设的引导、支持和保障能力。市县层面通过区域交通网络密度、区位条件综合人口及经济反映。计算方法如下：

$$[区位优势度] = f([区位条件], [交通网络密度])$$

从贺州市城镇建设适宜性与农业生产适宜性结果可看出（图 6-14），两者的适宜性等级分布较为相似，这也反映出在环境、气候和灾害等因素限制较弱的情况下，适宜程度主要取决于土地资源条件。

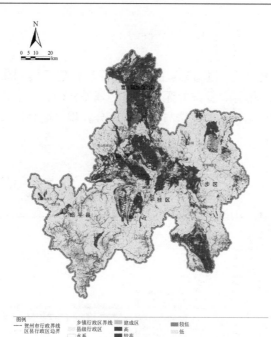

(a) 贺州市城镇建设适宜性等级评价图

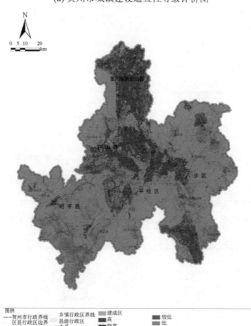

(b) 贺州市农业生产适宜性等级评价图

图 6-14 贺州市适宜性评价结果（后附彩图）

示意图，非政府最终规划成果

5. 评价管理

该模块提供高度灵活、自由配置的模型与算法构建工具（图 6-15），如系统默认配置的"双评价"指标、算法等无法满足区域差异化评价需求，用户可自行配置与研发能实现本土化评价的算法与模型，充分体现"因地制宜、科学评价"的原则（图 6-15）。

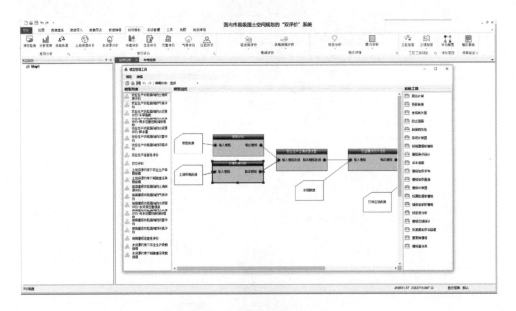

图 6-15　指标模型配置界面

本节针对当前国土空间规划编制重要基础之一的"双评价"工作开展所面临的痛点与难点，按照因地制宜、科学客观、灵活易用的思路，研发了面向市县国土空间规划的"双评价"系统，并以系统为支撑实现贺州市"双评价"的智能化，通过评价过程与成果不难看出，智能化的"双评价"系统不仅极大地简化了"双评价"的步骤，其评价成果也更为科学可靠。

6.3　"三线"划定

生态保护红线、永久基本农田红线、城镇开发边界（简称"三线"）三条控制线划定工作是国土空间规划的重要内容。生态保护红线是在生态空间范围内具有特殊重要生态功能，必须强制性严格保护的区域，是保障和维护国家生态安全的底线和生命线，通常包括生态功能重要区域和生态环境敏感脆弱区域。永久基本农田红线是为保障国家粮食安全，按照一定时期人口和经济社会发展对农产品的需求，依法确定的、不得擅自占用或改变用途、实施特殊保护的耕地保护范围线。城镇开发边界是一定时期内指导和约束城镇发展，在其区域内可以进行城镇集中开发建设，重点完善城镇功能的区域边界。生态保护红线和永久基本农田红线的划定侧重生态环境和耕地资源底线保护，城镇开发边界侧重未来城镇开发建设上限控制。

"双评价"明确生态保护重要性区域，农业生产、城镇建设的最大合理规模和适宜空间，提出国土空间优化导向，为"三线"划定提供基础和参考。本节主要总结分享通过智能算法模型进行"三线"划定模拟的技术方法，为各地"三线"划定提供借鉴。

6.3.1 城镇开发边界划定

在中国快速城市化进程中，城市建设用地不断快速增长，产生了城市无序蔓延、侵占优质耕地、自然资源过度开发等严重问题。这些问题将会造成生态恶化与耕地流失，从而对城市的可持续发展形成了巨大的挑战。因此，如何科学地引导城市的发展，协调城市建设用地保障与生态环境、耕地保护间的平衡关系已经成为当前城市管理与规划中急需解决的问题。目前控制城市发展的政策普遍都致力于增加城市用地的使用密度与保护优质的开放空间，其中包括绿带、城镇开发边界和城市服务边界（urban service boundary，USB）三种方式。其中，城镇开发边界的功能是界定城市与非城市区域，它通过用地区划、开发许可证等调控手段，将城市开发规模控制在边界以内，从而控制城市用地的增长规模，已被广泛应用于许多地区。本节以广东省中山市为案例区，结合 FLUS 模型进行了"双评价"背景下的城镇开发边界划定研究。

同上，本节所采用数据主要源于开放数据，所计算结果亦非政府最终规划成果。

1. 基于 FLUS 模型的城镇开发边界划定模型

土地利用变化是一个由多影响因子交互驱动的非线性复杂过程，案例将"双评价"结果、政策导向因素、社会经济指标及区位因素等作为空间变量引入 FLUS 模型中，模拟出了中山市 2035 年城镇建设用地空间形态，并最终结合形态学算法拟合出中山市 2035 年城镇开发边界（研究框架如图 6-16 所示）。

本案例将与城镇建设适宜性密切相关的交通、区位、地形条件、社会经济因子以及公共服务设施 POI 数据等空间变量进行预处理，主要操作包括计算距离、坡度、坡向以及计算点密度，从而得到输入城市用地模拟的空间变量数据。对"双评价"

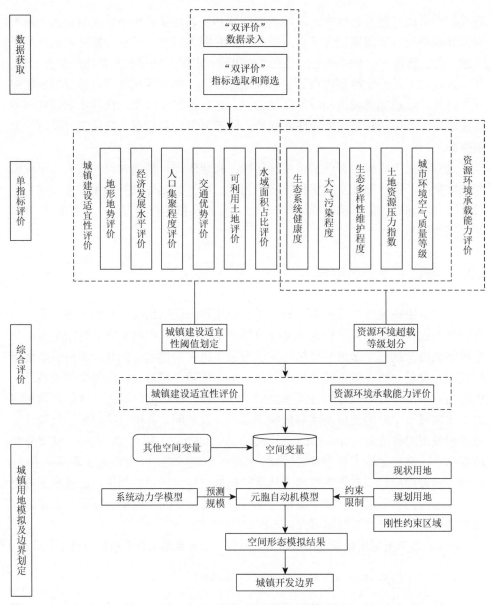

图 6-16　基于"双评价"的中山市城镇开发边界划定技术流程

结果进行数值化，并将其作为"双评价"空间驱动因子引入 FLUS 模型的空间变量之中。其中，对资源环境承载能力因子的数值化是将资源环境承载能力的三个等级归一化到 0~1 的范围中，不超载区域对应数值 1，超载对应 0~Random，临界超载对应 0.5~0.5 + Random（Random 为 0~0.1 的随机数）；对城镇建设适宜性的数值化是通过 GIS 软件的焦点统计功能，以反映出最适宜开发区域的邻域影响效应。综合上述内容，FLUS 模型输入的空间变量包括：主要道路、DEM、GDP、人口、规划高速公路与铁路、POI、资源环境承载能力因子等。

2. 城镇开发边界划定模拟结果

案例首先用 1995—2012 年的中山市人口、GDP、工业生产总值、第二产业投资额、第三产业投资额等统计数据构建中山市土地利用情景变化系统动力学模型，预测结果显示，到 2035 年中山市建设用地面积需求的规模量为 835.97km²。然后以基本农田保护区与生态保护红线作为限制性约束，将空间变量、资源环境承载能力以及城镇建设适宜性共同作为因子输入，模拟得出中山市 2035 年城镇建设用地分布，如图 6-17（a）所示。最后从城市建设紧凑性出发，在剔除一些细碎分离的城市斑块之后，模拟形成城镇开发边界，如图 6-17（b）所示。

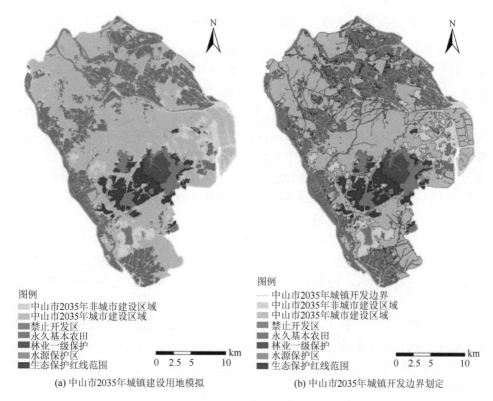

图例
中山市2035年非城市建设区域
中山市2035年城市建设区域
禁止开发区
永久基本农田
林业一级保护
水源保护区
生态保护红线范围

图例
——中山市2035年城镇开发边界
中山市2035年非城市建设区域
中山市2035年城市建设区域
禁止开发区
永久基本农田
林业一级保护
水源保护区
生态保护红线范围

(a) 中山市2035年城镇建设用地模拟　　　　(b) 中山市2035年城镇开发边界划定

图 6-17　中山市 2035 年建设用地模拟及城镇开发边界划定结果（后附彩图）

示意图，非政府最终规划成果

本节以新时代的国土空间规划为背景，综合考虑城市发展的资源压力与空间发展潜力，并结合"双评价"结果科学地模拟了中山市 2035 年城镇开发边界形态，为优化新时代的城镇开发边界划定方法提供了新的参考。

6.3.2　生态保护红线划定

生态保护红线是重要的生态空间管控手段，鉴于其"刚性"的管控特征，划定时应遵循科学性和系统性的原则，突出生态优先和可持续发展的价值导向。既有的研究多基于生态要素的叠加和人工识别开展划定工作，本节将介绍利用机器学习、智能优化算法等解决复杂的面优化问题的工作方法，采用蚁群优化算法（ant colony optimization，ACO），结合遥感和 GIS，划定东莞市生态保护红线。

同上，本节所采用数据主要源于开放数据，所计算结果亦非政府最终规划成果。

1. 基于蚁群优化算法的生态保护红线划定模型

由于多目标空间决策的复杂性，对于空间信息的搜索和处理能力有很高的要求。目前解决这类问题的方法主要有精确算法和启发式算法。精确算法属于穷尽搜索（brute-force search），速度较慢，处理的数据量也有限，并且是线性方法，不能很好地处理地理复杂问题。与穷尽搜索方法相比，启发式方法并不是求取最优解，而是在启发式函数的引导下，得到近似最优解，不需要对所有的方案进行搜索，因此其速度较快，比较适用于大数据量的空间优化问题。蚁群优化作为一种启发式的智能方法，不仅能够智能搜索、全局优化，而且具有强鲁棒性、正反馈机制等特点。与传统的优化算法相比，蚁群优化算法不需要目标函数的解析性质，这一点更能满足实际问题的要求。

本案例通过对蚁群算法进行改进，尝试利用遥感、GIS 和蚁群优化算法，提出满足多目标优化的生态保护红线自动划定模型。遥感影像能够快速、准确地获取城市的土地利用情况、植被长势、水体信息，GIS 能够方便地提取城市的高程、坡度、交通等空间要素信息，两者都能为研究提供坚实的数据基础。本节在生态保护红线划定的多个目标下，引入启发式蚁群优化算法搜索优化空间，自动生成生态保护红线。基于蚁群优化的生态保护红线自动划定模型不仅考虑了土地利用适宜性的空间分布，也兼顾了生态保护红线的形态特征，避免产生分散、破碎的空间格局。

以经典的旅行商问题为例，在传统的算法中，每一只蚂蚁都按照轮盘赌选择机制进行选择，每一只蚂蚁选择一个城市都需要产生一个随机数，而且需要从禁忌表之外的城市开始求和，直到所求之和大于随机数，即选到城市为止。每选择一个城市，都要开始一轮求和运算。设城市个数为 m，则一只蚂蚁走完所有城市需要进行 $m-1$ 轮求和运算，每一轮求和运算与前面的求和运算相比，都有城市重复参与求和运算。本节提出一种更加高效的搜索策略，一次生成 m 个随机数，排序后进行求和运算。这种策略只需要一轮求和运算就可以选完栅格，共进行 m 次加法运算。然后采取信息素扩散的策略对信息素进行更新，如果某栅格被选为目标栅格，则在信息素更新时，以目标栅格为中心，在如 5×5 的邻域内，按信息素增量从中心往四周递减的策略更新信息素，信息素增量与所形成的保护区目标函数值有关。

在基于蚁群优化的生态保护红线自动划定模型中，每个人工蚂蚁的任务是选择一个具有较高生态适宜性的土地单元，并形成紧凑的空间格局。初始时，蚂蚁随机地分布在研究区，在其占据的单元上释放信息素，信息素浓度与所形成保护区的效用函数值有关，效用函数值越高，释放的信息素也就越多，信息素越多，就会吸引更多的蚂蚁选择这些土地单元。最终，当所有的蚂蚁搜索到适合自己的位置后就形成了生态保护红线范围。人工蚂蚁通过信息素的反馈作用进行交互，这种交互机制在生成生态保护红线过程中起到了非常重要的作用，可以保证生态保护红线获得最高效应值。

2. 生态保护红线划定模拟结果

本案例尝试利用改进的蚁群优化算法（modified-ACO）解决复杂的面优化问题。所提出的智能体模型通过蚂蚁个体之间的相互作用，形成一个正反馈的机制，去寻找一个连续的、优化的面区域。规划目标以目标函数的形式融入蚂蚁智能体的行为中，同时加入了紧凑性函数去限制区域的形态，最终的优化结果由所有蚂蚁智能体的空间决策所决定。

将本模型应用于珠江三角洲的东莞市。首先综合考虑 NDVI、MNDWI、坡度、高程和空间距离因子，通过多准则方法得到生态保护区适宜性数据，然后输入改进的蚁群优化算法并生成优化的生态保护红线格局，并与其他方法形成的生态保护红线进行对比，改进的蚁群优化算法取得了最佳的效果，该方法下划定的生态保护红线与东莞市生态格局更加契合，空间形态更加紧凑，便于管理（图 6-18）。

(a) 改进的蚁群优化算法　　　　　(b) 模拟退火法　　　　　　(c) 遗传算法

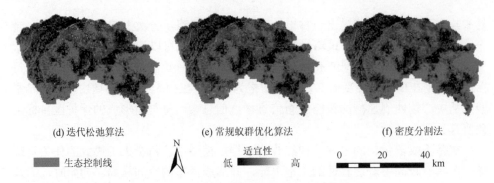

(d) 迭代松弛算法　　　　　　(e) 常规蚁群优化算法　　　　　　(f) 密度分割法

生态控制线　　　N　　　适宜性　　　0　　20　　40
　　　　　　　　　　　　低　　　高　　　　　　　　　km

图 6-18　多种算法划定结果对比（后附彩图）

示意图，非政府最终规划成果

6.3.3　永久基本农田划定

本案例将基于克隆选择算法的基本农田自动划定方法应用于广州市，利用广州市数据进行划定模拟。本方法提出了适用于空间问题的抗体编码及变异方式，考虑了土地适宜性和空间紧凑性，划定的基本农田既保证了耕地质量，又科学合理地确定了其空间分布，能够为基本农田划定提供科学的决策参考。

同上，本节所采用数据主要源于开放数据，所计算结果亦非政府最终规划成果。

1. 基于克隆选择算法的基本农田划定模型

克隆选择算法是根据克隆选择学说提出的，只有识别抗原的免疫细胞才能进行克隆扩增。当外部细菌或病毒等抗原侵入人体后，相应的抗体便开始大量克隆并消灭入侵者，能识别抗原的抗体根据识别的程度通过无性繁殖进行增殖。与抗原有越高的亲和力，抗体就能产生越多的后代。在分裂的过程中，抗体还经历了一个变异的过程，使它们与抗原具有更高的亲和力；并且，父代抗体与抗原具有越高的亲和力，则它们经历越小的变异。生物免疫系统中的克隆选择原理与人工免疫系统中的克隆选择算法的映射关系如表 6-8。

表 6-8　生物免疫系统与人工免疫系统的映射关系

生物免疫系统	人工免疫系统
抗原	优化目标
抗体	候选解
细胞克隆	抗体复制
高频变异	抗体变异
亲和力	解的优秀程度
抗体生产	进化（代）

在克隆选择算法中，首先需要识别抗原，将待解问题的目标函数和约束条件定义为抗原。然后针对问题设计抗体的编码。算法开始时随机产生初始抗体群，然后计算抗体和抗原之间的亲和力，亲和力越大，说明解越好。抗体的克隆规模和变异率都和它的亲和力有关。为了获得更优异的下一代抗体，亲和力大的抗体将具有更大的克隆规模；为了保持抗体的优秀基因，亲和力越大的抗体变异率越低。抗体在克隆选择过程中经历克隆、变异、选择等操作，使得抗体群能够向更优的方向进化。为了避免陷入局部最优解，算法需要抑制浓度过高的抗体；同时为了保持抗体群的多样性，间隔一定进化代数，便生产一定数量的抗体，替换掉抗体群中亲和力低的抗体。

经过克隆选择产生新一代的抗体，算法通过计算它的亲和力来做评估。如果新一代抗体已经寻找到最优解，或者长时间没有得到改善，则结束循环，认为当前抗体群中亲和力最高的抗体便是最优解，否则进入下一次循环，直到达到设定的进化代数。算法流程如图 6-19 所示。

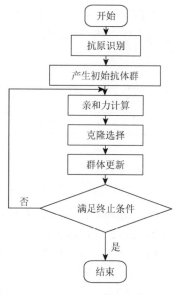

图 6-19　克隆选择算法流程图

本案例通过对克隆选择算法进行改进，根据土地适宜性和紧凑性指标在栅格图层中自动划定基本农田。在本模型中，抗体群内每一个抗体代表一个基本农田划定方案，随着算法进行，抗体通过克隆、变异、选择等操作，逐步提高亲和力，最终形成科学合理的基本农田划定方案。并且，本案例用两组测试数据对模型进行测试。第一组单中心数据的测试验证了模型寻找到最优解或接近最优解的能力；第二组多中心数据的测试确认模型能够适应多中心结构，并能区分不同聚集规模的中心。

使用克隆选择算法自动生成农田，首先要确定目标函数，作为抗体的抗原，以达到激励抗体朝更优方向进化的目的。定义目标函数如下：

$$\text{GoalFunction} = \text{Suitability}^{Ws} \times \text{Compactness}^{Wc} \tag{6-11}$$

其中，GoalFunction 为目标函数；Suitability 为基本农田土地适宜性；Compactness 为紧凑性；Ws 和 Wc 分别为保护区适宜性和紧凑性权重。

定义基本农田的土地适宜性如下：

$$\begin{aligned}\text{Suitability}_{ij} = {}& \omega_1 \text{SoilFertility}_{ij} + \omega_2(1 - \text{Slope}_{ij}) + \omega_3 \text{DisRoad}_{ij} \\ & + \omega_4 \text{DisExpress}_{ij} + \omega_5(1 - \text{UrbanDensity}_{ij})\end{aligned} \tag{6-12}$$

其中，Suitability$_{ij}$ 为象元 $P(i,j)$ 的土地适宜性；SoilFertility$_{ij}$ 为象元 $P(i,j)$ 处的土地肥力；Slope$_{ij}$ 为其坡度值；DisRoad$_{ij}$ 为象元 $P(i,j)$ 到道路的距离；DisExpress$_{ij}$ 为象元 $P(i,j)$ 到高速公路的距离；UrbanDensity$_{ij}$ 为象元 $P(i,j)$ 处城镇发展密度，通过计算遥感影像中象元 $P(i,j)$ 3×3 领域内建设用地象元数得到；$\omega_i\,(i=1,2,\cdots,5)$ 为各因子的权重，通过专家打分确定其值，如表 6-9 所示。为了消除不同量纲的影响，以上因子均需经过归一化处理。

表 6-9　基本农田适宜性因子权重

系数	ω_1	ω_2	ω_3	ω_4	ω_5
权重	0.35	0.3	0.1	0.05	0.2

定义土地肥力如下：

$$\text{SoilFertility}_{ij} = \omega_{11}\text{Oganic}_{ij} + \omega_{12}N_{ij} + \omega_{13}\text{AHN}_{ij} + \omega_{14}P_{ij} + \omega_{15}K_{ij} \qquad (6\text{-}13)$$

其中，Oganic$_{ij}$ 为象元 $P(i,j)$ 处有机质含量；N_{ij} 为象元 $P(i,j)$ 处全氮含量；AHN$_{ij}$ 为象元 $P(i,j)$ 处碱解氮含量；P_{ij} 为象元 $P(i,j)$ 处速效磷含量；K_{ij} 为象元 $P(i,j)$ 处速效钾含量；$\omega_{1j}\,(j=1,2,\cdots,5)$ 为各因子权重，其值如表 6-10 所示。

表 6-10　土地肥力因子权重

系数	ω_{11}	ω_{12}	ω_{13}	ω_{14}	ω_{15}
权重	0.3	0.125	0.125	0.25	0.2

定义紧凑性函数如下：

$$\text{Compactness} = \frac{\sqrt{\text{Area}}}{\text{Perimeter}} \qquad (6\text{-}14)$$

其中，Compactness 为紧凑性；Area 为斑块面积；Perimeter 为周长。

确定了目标函数作为抗体的抗原，抗体与抗原的亲和力 Affinity 的值便可通过目标函数确定：

$$\text{Affinity} = \text{GoalFunction} \qquad (6\text{-}15)$$

2. 基本农田划定模拟结果

广州市位于广东省中南部，珠江三角洲北缘，地势东北高，西南低，北部和东北部是山区，中部是丘陵、台地，南部是珠江三角洲冲积平原。随着经济高速发展，城市快速扩张，其结果之一是大量的农田被转换为非农业用地，基本农田保护形势不容乐观，基本农田数量保护力度不够，质量保护被忽视现象严重，空间布局不尽合理。因此，研究基本农田划定的科学方法对于农田保护具有重要意义。

本案例根据土地肥力公式及广州市土壤类型分布得到广州市土壤肥力图层，根据广州市遥感分类图像得到城市密度、坡度，加上高铁和道路图层，共同组成基本农田划定的影响因子。再由土地适宜性式子及表 6-9 确定的权重，可以得到广州市耕地适宜性图层，由于基本农田不可能划在水域内，所以在图层中去除水域，得到最终适宜性图层结果。

根据以上所述，可知广州市需划定的基本农田占 112 345 个象元，变异常数 θ_0 和 μ 分别取 0.4 和 0.012，模型其他参数设置与表 6-11 相同。然后，将基本农田适宜性数据输入改进的克隆选择算法中，运行 300 次（图 6-20），但如果抗体群亲和力连续 10 代不能得到提高，算法退出。最终得到广州市基本农田自动生成优化结果如图 6-21。

表 6-11　参数设置表

参数	值	参数	值
土地适宜性权重 Ws	1	抗体相似性阈值 η	0.95
紧凑性权重 Wc	1	克隆因子 β	1
抗体群规模 N	20	变异概率 θ	0.2
克隆池规模 n	5	变异点比例 δ	0.05

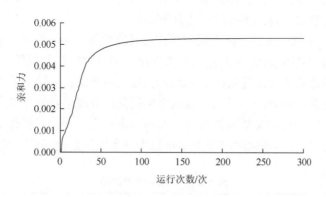

图 6-20　亲和力变化曲线

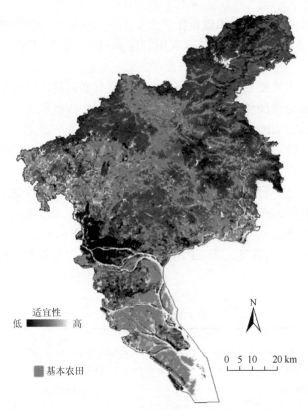

图 6-21　基于克隆选择算法划定的基本农田（后附彩图）

示意图，非政府最终规划成果

　　将基于克隆选择算法自动生成优化的基本农田结果与密度分割法、IR 算法生成的基本农田对比，得到各模型对比分析结果。

　　由表 6-12 可知，在适宜性图层布局比较破碎的情况下，密度分割法只利用土地适宜性来划定基本农田，其划定的基本农田土地适宜性比克隆算法和 IR 算法划定的要高，但是紧凑性却最低；IR 算法的紧凑性有所提高，达到 0.0034，但还是不如克隆选择算法得到的结果高，且适宜性最低；克隆选择算法考虑了土地适宜性和紧凑性，得到的结果紧凑性最高，亲和力也最高，为相对较优的结果，该结果适宜性得到保证，空间布局更紧凑，可以为基本农田划定提供有效的决策参考。

表 6-12　各模型结果比较

模型	紧凑性	土地适宜性	亲和力
克隆选择算法	0.0066	0.8029	0.0053
密度分割法	0.0033	0.8188	0.0027
IR 算法	0.0034	0.8000	0.0028

6.4 国土空间格局优化

6.4.1 国土空间格局优化评估技术流程与方法

国土空间规划中经常遇到土地资源时空布局优化问题，其本质属于多目标规划问题范畴，常常涉及多个彼此冲突的目标，比如用地适宜性、用地紧凑性等。由于土地规划复杂性高，问题需要考虑许多方面的因素，用地适宜性的高空间自相关只是相对而言，单纯地追求最大化用地适宜性，必然会导致土地格局破碎，难以管理，而引入不同目标而产生的目标之间的竞争性和复杂性，使得对其优化变得非常困难。Pareto 前端可以很好地表达多目标之间的权衡关系。然而，国内外现有的大多数土地利用规划算法仅仅通过加权线性组合把多目标问题转换为单目标问题，然后使用单目标优化技术求解规划方案。这种简化处理，需要穷举各种权重组合，运算量大，且将无法求得 Pareto 前端凹区域的解，因此难以逼近真实的 Pareto 前端。

同上，本节所采用数据主要源于开放数据，所计算结果亦非政府最终规划成果。

6.4.2 多目标人工免疫土地规划算法

本案例引入多目标人工免疫算法，很好地解决大面积区域的多目标土地空间格局的自动规划问题。但人工免疫算法只是一个借助免疫系统机理解决问题的框架，无法直接应用到多目标土地格局优化问题中。所以针对土地利用规划问题的复杂性和解空间巨大等问题，为了使其能成功应用于求解土地格局优化问题的 Pareto 最优集，我们对人工免疫算法中的各种操作算子进行改良：

①提出了一种基于变化监测分析的抗体交叉策略，以产生更好的子抗体（如图 6-22 所示）；

②使用了基于折衷规划的启发式超变异策略，以提高搜索效率；

③采用了基于非支配领域的克隆选择策略，使本算法更注重解空间的未开发区域。

通过对比我们提出的多目标人工免疫土地规划算法（MAI-LA）和模拟退火土地规划算法（PSA-LA）对同一个多目标土地规划问题的求解性能，发现 MAI-LA 生成的解集在分布上比 PSA-LA 生成的解集更接近真实 Pareto 前端的形状。

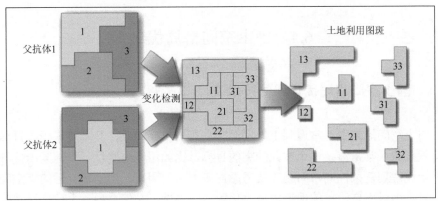

(a) 变化检测

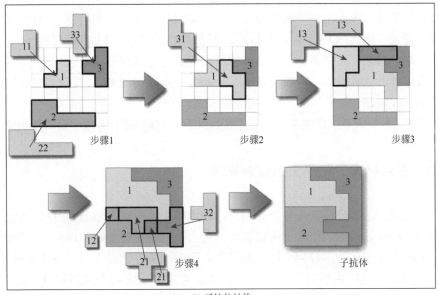

(b) 子抗体结构

图 6-22　抗体交叉策略

1. 优化目标设定

本案例将多目标人工免疫土地规划算法应用到土地规划研究当中。该研究共涉及 4 种用地类型（农业用地、工业用地、商业用地、居住用地）和 2 个规划目标（用地适宜性、用地紧凑性）。研究区域用地格局采用 100m 分辨率的栅格图层表示，同时考虑 4 种用地的规划，整个区域中可进行规划的栅格数量为 62 917 个，解空间非常复杂。案例研究主要考虑不同用地类型空间位置适宜性和空间形态紧凑性。这两个目标的定义如下。

（1）用地适宜性

假设对于每个栅格 (i,j) 上第 k 种用地类型，有适宜性 suit_{ijk}，那么整个规划区域的总适宜性可以表示为

$$\text{suit}_{\text{total}} = \sum_{i=1}^{R}\sum_{j=1}^{C}\sum_{k=1}^{K}(\text{suit}_{ijk}x_{ijk}) \tag{6-16}$$

为了统一各个目标的量纲，还需要对适宜性进行归一化处理，归一化后的适宜性目标可以表示为

$$f_{\text{suit}} = \frac{\text{suit}_{\text{total}} - \text{suit}_{\text{min}}}{\text{suit}_{\text{max}} - \text{suit}_{\text{min}}} \tag{6-17}$$

其中，suit_{max} 和 suit_{min} 分别代表可能的适宜性最大值和最小值。适宜性最大值 suit_{max} 假设各个栅格均选择该位置适宜性最大的一种用地类型，再由式（6-18）计算而得，适宜性最小值 suit_{min} 同理。理论上，归一化适宜性 f_{suit} 的值域应为 $[0,1]$，但当 suit_{max} 和 suit_{min} 的计算未考虑约束条件式

$$\begin{cases} \sum_{k=1}^{K}x_{ijk} = 1, \forall ij \\ \sum_{i=1}^{R}\sum_{j=1}^{C}x_{ijk} = n_k, \forall k \end{cases} \tag{6-18}$$

时，最终取值可能无法达到 0 或 1。

（2）用地紧凑性

可以用用地格局的总周长 L_{total} 来衡量其紧凑性，紧凑性越大的格局总周长越短。如果两个相邻栅格的用地类型不同，则该邻接边的周长记为 1，否则为 0。同样，需要对紧凑性进行归一化处理，以得到紧凑性目标函数

$$f_{\text{comp}} = \frac{L_{\text{total}} - L_{\text{min}}}{L_{\text{max}} - L_{\text{min}}} \tag{6-19}$$

其中，L_{max} 和 L_{min} 分别代表可能的周长最大值和最小值，可以通过下式计算：

$$L_{\text{max}} = \sum_{k=1}^{K}(4n_k) \tag{6-20}$$

$$L_{\text{min}} = \sum_{k=1}^{K}\left(2\pi\sqrt{\frac{n_k}{\pi}}\right) \tag{6-21}$$

最大周长 L_{max} 中假设每个栅格的领域中都没有相同的类型，故周长为 4 倍的总栅格数量。因为相同面积的图形中圆的周长最短，故最小周长 L_{min} 中假设每种用地类型各自组成一个圆，L_{min} 为这些圆的周长之和。理论上，归一化紧凑性的值域应为 $[0,1]$，但由于 L_{max} 和 L_{min} 的计算并未考虑约束条件式

$$\begin{cases} \displaystyle\sum_{k=1}^{K} x_{ijk} = 1, \forall ij \\ \displaystyle\sum_{i=1}^{R}\sum_{j=1}^{C} x_{ijk} = n_k, \forall k \end{cases} \tag{6-22}$$

故最终取值可能无法达到 0 或 1。

2. 空间格局优化

案例研究共采用了 NDVI、坡度、高程、土壤肥力等 14 个因子，通过空间叠置分析，计算了 4 种不同土地类型的空间适宜性，其中各种用地的适宜性分别由这些因子的线性组合得到，而组合权重则通过层次分析法确定。各种用地适宜性的空间分布如图 6-23 所示。使用 MAI-LA 算法求解土地规划问题的 Pareto 最优集合，通过逼近真实的 Pareto 前端来反映用地适宜性与用地紧凑性之间的权衡关系，并为规划决策提供一系列候选方案。通过计算，4 个最优解的土地格局如图 6-24 所示。从图中可以很好地看出 Pareto 前端对土地规划决策支持的价值。虽然 MAI-LA 求得的解集只是真实 Pareto 前端的一种近似，我们还是可以从解集的分布中大致看出真实 Pareto 前端的形状。而且在不同情况下，一个目标的改变对其他目标的影响是不一样的。

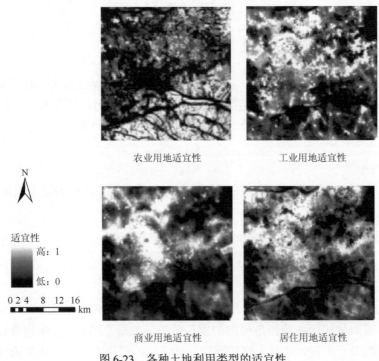

图 6-23　各种土地利用类型的适宜性

示意图，非政府最终规划成果

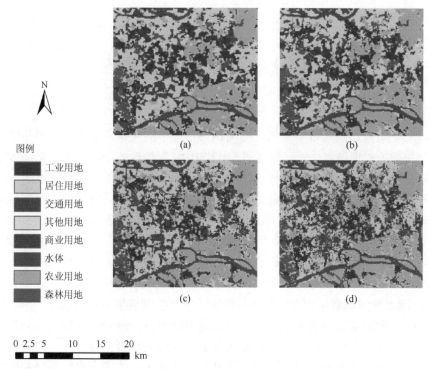

图例
工业用地
居住用地
交通用地
其他用地
商业用地
水体
农业用地
森林用地

0 2.5 5 10 15 20
━━━━━━━━ km

图 6-24 MAI-LA 生成 4 个解的土地格局（后附彩图）

示意图，非政府最终规划成果

参 考 文 献

龚强, 2018. 测绘地理信息技术融合助力编制空间规划[J]. 信息技术, 42(10): 153-156.

郝庆, 彭建, 魏冶, 等, 2021. "国土空间"内涵辨析与国土空间规划编制建议[J]. 自然资源学报, 36(9): 2219-2247.

黄征学, 2019. 国家规划体系演进的逻辑[J]. 中国发展观察, (14): 29-31.

江威, 谭仁春, 卢丹丹, 等, 2021. 国土空间规划编制与管理"一张图"建设[J]. 测绘地理信息, 46(S1): 170-173.

孔宇, 甄峰, 李兆中, 等, 2019. 智能技术辅助的市(县)国土空间规划编制研究[J]. 自然资源学报, 34(10): 2186-2199.

林立伟, 沈山, 江国逊, 2010. 中国城市规划实施评估研究进展[J]. 规划师, 26(3): 14-18.

谢花林, 温家明, 陈倩茹, 等, 2022. 地球信息科学技术在国土空间规划中的应用研究进展[J]. 地球信息科学学报, 24(2): 202-219.

谢新水, 2020. 人工智能发展：规划赋能、技术自主性叠加与监管复杂性审视[J]. 浙江学刊, (2): 78-87.

杨凯, 桂春琼, 龚虹钰, 2019. 从"理想蓝图"到"综合治理"：当前空间规划编制的逻辑演进与实践探索[C]//中国城市规划学会. 活力城乡 美好人居: 2019 中国城市规划年会论文集. 北京: 中国建筑工业出版社: 772-782.

Allen W B, Liu D, Singer S, 1993. Accesibility measures of U S metropolitan areas[J]. Transportation Research Part B: Methodological, 27(6): 439-449.

7 国土空间规划智能审查

国土空间规划技术审查是国土空间规划管理中的关键环节之一，也是国土空间规划报批的前提条件之一。为贯彻《中共中央 国务院关于建立国土空间规划体系并监督实施的若干意见》精神，2019 年 5 月 28 日，自然资源部印发了《关于全面开展国土空间规划工作的通知》（以下简称《通知》），明确了国土空间规划的审查的内涵和要点，"按照'管什么就批什么'的原则，对省级和市县国土空间规划，侧重控制性审查，重点审查目标定位、底线约束、控制性指标、相邻关系等，并对规划程序和报批成果形式做合规性审查。……其他市、县、乡镇级国土空间规划的审查要点，由各省（自治区、直辖市）根据本地实际，参照上述审查要点制定"。国土空间规划审查，一方面是对国土空间规划成果质量的技术审查，作为规划成果报批的重要前置条件，另一方面是保障上下位规划传导以及横向规划之间衔接性的有效手段。因此，本章面向国土空间规划审查业务需求，梳理各类国土空间规划审查的要点和规则，并研究基于新技术手段的国土空间规划智能审查系统设计思路。

需要说明的是，由于不同层级或者不同区域的规划审查所遵循的审查标准不尽相同，故本章所示审查要点和审查规则未能一一详尽描述，仅用于表述规则审查的过程以及构建规划智能审查系统所需。

7.1 国土空间规划审查业务需求

保障国土空间规划编制质量。我国幅员辽阔，区域发展异质性强，国土空间规划编制是一项非常复杂和重要的工作，常需要涉及多个部门和主体。然而，由于各种原因，如利益驱动、技术限制、人员素质等，规划编制的质量参差不齐，甚至存在一些不合理和不科学的情况。常见的问题如公共设施配套未完全落实相关要求，与总规的"三区三线"的衔接不充分等情况，这不仅会影响规划的实施效果，还会给空间治理带来负面影响。因此，需要借助现代信息化手段对国土空间规划进行智能化审查，及时发现和纠正规划编制中存在的问题，从而提升规划成果的质量。

落实国土空间规划传导衔接要求。加强规划的上下传导和横向衔接是国土空间规划体系改革的主要内容之一，《中共中央 国务院关于建立国土空间规划体系并监督实施的若干意见》明确国土空间总体规划是详细规划的依据、相关专项规划的基础；相关专项规划要相互协同，并与详细规划做好衔接。在国土空间规划编制过程中，需要重点考虑与上位规划的传导衔接要求。当前部分专项规划与国土空间总体规划在规划期限、编制要求、规划内容深度、成果数据表达等方面差异很大，尚未形成可统一、可衔接的规划编制基础、规划成果数据规范，增加了国土空间专项规划与上位国土空间规划衔接的难度；详细规划编制中未能充分落实总体规划的约束性管控要求等。因此，在国土空间规划审查中，须充分借助新技术手段，落实国土空间规划传导衔接要求，推动国土空间规划成果审查及规划辅助的智能化。

保障规划成果数据规范性。当前国土空间规划需纳入"一张图"管理，数据规范性要求高。然而，在国土空间总体规划编制工作中，各编制主体对于国土空间规划编制指南、国土空间规划数据库规范的理解不一，存在成果数据不规范、数据标准不统一、数据质量参差不齐的问题。国土空间专项规划方面，当前各级各类专项规划种类繁多、标准各异、数据基础不统一等，致使专项规划与总体规划之间缺乏衔接、无法有效传导。详细规划方面，不同城市对于详细规划管理体系、数据规范要求不同，难以纳入省级或者国家级国土空间规划"一张图"进行统一管理等。因此，国土空间规划技术审查业务贯穿各级各类规划审查报批过程中，通过建立统一的数据规范、成果汇交要求和成果质检规范等，并依托新技术手段实现国土空间规划成果数据自动化审查，提升国土空间规划成果数据规范性。

提升规划成果审查报批效率。当前的国土空间规划编制面向全域全要素覆盖，涉及空间要素内容多、数据量大。以市级国土空间总体规划为例，包括市域和中心城区两个层面，其中，市级国土空间总体规划数据库（全域）空间要素图层包括境界与行政区、评价分析、基期年现状、目标年规划等空间要素图层，市级国土空间总体规划数据库（中心城区）空间要素图层包括基期年现状、目标年规划等空间要素图层，规划成果技术审查工作量非常大。在国家和省要求压缩审查时间、保障审查报批效率的情况下，单靠人工审查方式已无法胜任繁重、紧急的技术审查工作。因此，提升国土空间规划审查的智能性和自动化水平，对于保证规划成果审查的质量和效率显得尤为重要。

7.2　国土空间规划审查技术方法与机制

国土空间规划审查技术方法与机制是指在进行国土空间规划审查时所采用的技术手段和机制。结合当前各地国土空间规划审查实际情况，总结出国土空间规划审查方式，可以分为系统审查与人工审查相结合、专家审查与部门审查相结合以及第三方技术审查，下面将就三种方式做简要概述。

7.2.1 系统审查与人工审查相结合

传统规划审查工作主要依靠业务管理人员进行人工审查，逐项对照审查要点审阅评价规划成果的符合性，这对管理人员业务熟悉程度要求较高，且仅凭借人工审查耗时、耗力，导致审批效率和准确性无法得到保障。系统审查主要是通过信息技术手段，开发国土空间规划审查系统或工具，对国土空间规划审查要点进行结构化、定量化转译及自适应灵活配置，提供信息自动计算、执行智能控制等技术支持，通过系统工具来完成国土空间规划成果技术审查，形成技术审查报告的过程。通过系统自动技术审查，可以大幅缩短审查时间，减少人工审查的误差，减轻审查人员的工作负担，提高审查效率和准确性。但是，系统自动技术审查也存在一定的局限性，如对于复杂的规划内容和无法结构化的规划内容，系统无法自动分析和判断，因此，需要通过人工审查和经验判断来进行补充和完善。

因此，在国土空间规划审查中，通常采用系统自动技术审查和人工审查相结合的方式来开展国土空间规划技术审查，既保障系统自动技术审查的高效性和准确性，又可以发挥人工审查的合理性判断和经验决策，提升国土空间规划审查的规范性和科学性。

7.2.2 专家审查与部门审查相结合

国土空间规划审查在实践中，专家审查和部门审查相结合的方式也是重要的审查方式之一。专家审查是指组织专家从专业角度对规划进行评估和审查，以确保规划的科学性和合理性。部门审查是指由相关部门对规划成果进行审查，主要是基于部门职责分工角度对规划进行审查，以确保规划的合法性和合理性。

专家审查和部门审查相结合，可以发挥各自的优势，确保规划的科学性和合理性，同时也可以弥补各自的局限性。专家审查注重技术和专业性，可以从专业角度对规划进行评估和审查。部门审查注重实际情况和部门利益，可以从部门事权角度对规划进行审查。因此，将专家审查和部门审查相结合，可以互相补充、互相校正，多角度保障规划的科学性和合理性。

7.2.3 第三方技术审查

第三方技术审查是指由独立的第三方机构对规划进行技术审查，以保证规划的科学性和合理性。2020年5月，自然资源部办公厅印发《关于加强国土空间规划监督管理的通知》（自然资办发〔2020〕27号），提出"建立健全国土空间规划'编''审'

分离机制。规划编制实行编制单位终身负责制；规划审查应充分发挥规划委员会的作用，实行参编单位专家回避制度，推动开展第三方独立技术审查"，从政策层面进一步强调了开展第三方独立技术审查的必要性与重要性。一些地方为强化规划管理支撑，也鼓励自然资源主管部门委托具有相应资质的技术机构进行第三方技术审查。

第三方技术审查具有独立性、客观性和公正性等优点，可以有效保证规划的科学性和合理性，同时也可以促进政府和社会各界的监督和参与。在实践中，为了保证第三方技术审查的质量和效果，通常需要建立相应的评价机制和监督机制，对第三方机构的资质、能力、独立性等进行评估和监督。

以广东省佛山市为例，2015—2021 年，佛山市连续六年对控规开展第三方技术审查，并先后形成四版审查大纲，形成了较为完整稳定的第三方技术审查机制，主要包括 4 个方面：控规二次审查机制、分阶段跟踪式审查机制、定期反馈沟通机制和历史成果追踪机制。

7.3　国土空间规划审查标准与规则

国土空间规划审查要点是指在进行国土空间规划审查时所需要考虑的重要因素。根据各级国土空间规划的侧重点和管控内容不同，不同层级不同类型国土空间规划的审查要点与规则也不尽相同。因此，本节首先就各级规划审查的共性标准进行概要论述，然后就各层级规划审查要点和规则进行简要介绍。

7.3.1　国土空间规划审查标准

从当前各级各类国土空间规划审查要求看，评价国土空间规划成果质量，主要可以从完整性、规范性、一致性、传导性、合规性和合理性的维度来衡量。

（1）完整性

规划成果完整性审查是指对规划成果的完整性进行审查，以确保规划成果的全面性和有效性。完整性审查主要包括以下内容：①对照成果汇交要求，所提交成果是否包括所有应当提交的成果清单内容，是否存在缺漏；②图层和表格完整性，必选图层和表格是否齐备，是否符合数据库规范要求；③图层属性内容的完整性，必填字段是否不为空等。

（2）规范性

按照"统一底图、统一标准、统一规划、统一平台"的要求，规划数据应符合数据库规范，具体包括空间数据基本检查、空间属性数据标准性、空间图形数据拓扑等，也包括成果的格式是否正确，是否符合要求包括数据成果的目录及文件规范性、数据格式正确性、数据文件有效性等。

（3）一致性

规划成果一致性审查包括图数一致性、图表一致性、表格与表格之间的一致性、图层与文本相关内容一致性、成果文本前后一致性等方面。

（4）传导性

传导的核心标准在于符合上位规划和相关规划要求，包括纵向和横向传导，纵向传导是指同类型规划中上级规划向下级规划的内容传导，横向传导是指不同类型规划间的传导。传导性审查具体包括政策传导审查、指标传导审查、控制线传导审查和布局传导审查。政策传导审查通则以国土空间总体规划条文为依据，核对下级规划和同级专项规划是否落实总体规划的主要政策要求。指标传导审查，主要审查下级规划、详细规划、专项规划是否严格落实国土空间总体规划约束性指标和刚性管控要求。控制线传导审查，主要审查国土空间格局是否符合上级或本级其他类型规划控制线管控要求，包括永久基本农田、生态保护红线、城市开发边界、历史文化保护线、矿产资源控制线、洪涝风险控制线等。布局传导审查指对下级规划和专项规划中的空间要素与国土空间规划确定的开发和保护的整体格局衔接性进行审查。

（5）合规性

国土空间规划编制需遵循《中华人民共和国城乡规划法》《中华人民共和国土地管理法》《中华人民共和国环境保护法》，相关部门规章及技术标准规范要求等。因此，在国土空间规划审查过程中，重点要审查规划成果是否符合相关政策文件和标准规范要求，判断其合规性。比如，在控制性详细规划技术审查过程中，需要审查容积率、建筑密度、建筑高度、绿地率等是否符合相关标准，教育、文化、社区服务中心等公共服务设施是否符合相关规范要求等。

（6）合理性

主要从区域协调、发展定位、城乡布局等方面评价国土空间规划的合理性，具有一定的主观性。部分内容可以通过多图层的叠加分析比对，分析其逻辑合理性。比如新增建设区域是否涉及"双评价"的不适宜建设区、规划用地主导地类与用地分区的逻辑性关系等。

7.3.2 国土空间总体规划审查

1. 国土空间总体规划审查要点

按照"管什么就批什么"的原则，在《通知》中，已经对省级和市级的国土空间规划做出了总体的要求，省级国土空间规划是对全国国土空间规划的落实，指导市县国土空间规划编制，侧重协调性。因此，省级规划重点在于落实好国家主体功能区规划等战略要求，构建基于本省禀赋的空间规划体系和空间开发保护格局，解决重点问题，回应治理需求。根据《通知》要求，省级国土空间总体规划审查要点主要关注国土空间开发保护格局、城乡格局、生态格局、历史文化保护格局等战略性布局（表7-1）。

表7-1　省级国土空间总体规划审查要点

序号	审查要点
1	国土空间开发保护目标
2	国土空间开发强度、建设用地规模，生态保护红线控制面积、自然岸线保有率，耕地保有量及永久基本农田保护面积，用水总量和强度控制等指标的分解下达
3	主体功能区划分，城市开发边界、生态保护红线、永久基本农田的协调落实情况
4	城镇体系布局，城市群、都市圈等区域协调重点地区的空间结构
5	生态屏障、生态廊道和生态系统保护格局，重大基础设施网络布局，城乡公共服务设施配置要求
6	体现地方特色的自然保护地体系和历史文化保护体系
7	乡村空间布局，促进乡村振兴的原则和要求
8	保障规划实施的政策措施
9	对市县级规划的指导和约束要求等

注：本章表格中所列要点或规则未能一一详尽列出，仅为示意，供作参考。

市级国土空间规划是对上级国土空间规划要求的细化落实，是对本行政区域开发保护做出的具体安排，侧重实施性。根据《通知》，国务院审批的市级国土空间总体规划审查要点，除对省级国土空间规划审查要点的深化细化外，还包括：①市域国土空间规划分区和用途管制规则；②重大交通枢纽、重要线性工程网络、城市安全与综合防灾体系、地下空间、邻避设施等设施布局，城镇政策性住房和教育、卫生、养老、文化体育等城乡公共服务设施布局原则和标准；③城市开发边界内城市结构性绿地、水体等开敞空间的控制范围和均衡分布要求，各类历史文化遗存的保护范围和要求，通风廊道的格局和控制要求；城镇开发强度分区及容积率、密度等控制指标，高度、风貌等空间形态控制要求；④中心城区城市功能布局和用地结构等。具体而言，根据《市级国土空间总体规划编制指南（试行）》要求，市级国土空间总体规划中涉及的规划强制性内容如表7-2所示。

表7-2　市级国土空间总体规划强制性内容

序号	强制性内容
1	约束性指标落实及分解情况，如生态保护红线面积、用水总量、永久基本农田保护面积等
2	生态屏障、生态廊道和生态系统保护格局，自然保护地体系
3	生态保护红线、永久基本农田、中心城区城市开发边界，以及历史文化保护线等重要控制线
4	重大交通枢纽、重要线性工程网络、城市安全与综合防灾体系、地下空间、邻避设施等设施布局
5	城乡公共服务设施配置标准，城镇政策性住房和教育、卫生、养老、文化体育等城乡公共服务设施布局原则和标准
6	历史文化保护体系，各类历史文化遗存的保护范围和要求
7	中心城区范围内结构性绿地、水体等开敞空间的控制范围和均衡分布要求

对于市级总体规划审查要点，本章综合考虑《自然资源部关于全面开展国土空间规划工作的通知》（自然资发〔2019〕87 号）和《市级国土空间总体规划编制指南（试行）》中的强制性内容要求，结合《市级国土空间总体规划数据库规范（2022 修订版）》中的数据库内容，形成覆盖底图底数、目标指标、底线管控、总体格局、空间布局、规划实施保障等方面的审查要点，如表 7-3 所示。

表 7-3　市级国土空间总体规划审查要点

分类	审查要点
底图底数	基期现状用地、城区范围划定
目标指标	主体功能区划分
	国土空间开发保护目标
	国土空间开发强度、建设用地规模，生态保护红线控制面积、自然岸线保有率，耕地保有量及永久基本农田保护面积，用水总量和强度控制等指标的分解下达
底线管控	城市开发边界、生态保护红线、永久基本农田的协调落实情况；历史文化保护线等重要控制线水资源供需平衡方案；能源供需平衡方案
总体格局	区域协调格局：区域综合交通一体化；城市群、都市圈等重点地区的资源与能源、生态环境、基础设施及公共服务设施布局的区域协调情况
	生态保护格局：生态屏障、生态廊道和生态系统保护格局
	农业发展空间：重点保护集中连片优质耕地
	城乡空间格局：城镇体系规模等级及空间结构，乡村空间布局优化
空间布局	市域国土空间规划分区、市域国土空间功能结构
	自然保护地体系和历史文化保护体系
	重大基础设施网络布局：重大交通、能源、水利、信息基础设施布局，城市安全与综合防灾体系、地下空间、邻避设施等设施布局，城镇政策性住房和教育、卫生、养老、文化体育等城乡公共服务设施布局原则和标准
	中心城区城市功能布局和用地结构等，包括城市开发边界内城市结构性绿地、水体等开敞空间的控制范围和均衡分布要求；通风廊道的格局和控制要求；城镇开发强度分区及容积率、密度等控制指标，高度、风貌等空间形态控制要求
	国土整治修复与城市更新：生态修复、土地整治、城市更新的任务与措施
规划实施保障	区县指引；专项指引；近期行动计划；国土空间规划"一张图"建设

2. 国土空间总体规划审查规则

根据前文对审查标准做的分类，本节整理了国土空间省、市（县）两级总体规划审查规则。成果完整性、规范性和一致性审查在省、市（县）总体规划的要求基本一致，且比较容易通过规则化手段实现智能审查，如图层和表格完整性、空间数据规范性、图数一致性等。合规性均根据相关规章及技术标准制定，因此，对于这四个标准的审查规则，此处不再赘述。本节主要对总体规划的传导性和合理性审查规则进行梳理。

省级国土空间规划更侧重于传导性的下达和合理性的审查，例如目标设定、主体功能区划分合理性、底线约束指标分解下达等（表7-4）。市（县）级总体规划则更强调传导性，包括约束性指标的传导、"三区三线"协调落实等（表7-5）。

表7-4 省级国土空间规划审查规则

审查标准	审查项目	审查规则
合理性	国土空间开发保护目标	依据国家决策部署、相关法律法规政策规定、《全国国土空间规划纲要》、国民经济和社会发展规划、省级"双评价"结果等综合因素，考察目标制定合理性
	主体功能区划分	在"双评价"基础上，确定功能定位，控制开发强度，规范开发次序
传导性	国土空间开发强度、建设用地规模，生态保护红线控制面积、自然岸线保有率、耕地保有量及永久基本农田保护面积，用水总量和强度等控制性指标	依据"双评价"制定指标数量，通过评价测算，分解下达指标规模
	对市县级规划的指导和约束要求等	指导和约束指标、数量合理性考察
合理性、传导性	城镇体系布局、城市群、都市圈等区域协调重点地区的空间结构	依据"双评价"进行空间布局诊断和格局优化，从区域协调等方面考察合理性
	生态屏障、生态廊道和生态系统保护格局	依据"双评价"结果，从可持续发展、区域自然生态重要性、保护和发展一致性原则等方面考察合理性
	重大基础设施网络布局	从协同发展、重点扶持、经济发展匹配性等方面综合考察
	城乡公共服务设施配置要求	从城乡发展目标、人均服务能力、服务稳定性等方面综合考察合理性
	体现地方特色的自然保护地体系和历史文化保护体系	从自然和历史文化保护空间分布、数量，体系构建等方面进行评价
	乡村空间布局	从土地利用、生态经济协同发展等方面考察合理性
	保障规划实施的政策措施	从建设机制、政策强度等方面考察合理性

表7-5 市（县）级国土空间总体规划审查规则

审查标准	审查项目	审查内容
传导性	约束性指标，如生态保护红线面积、永久基本农田保护面积、耕地保有量、林地保有量、基本草原面积、湿地面积等	不小于上级下达指标
	约束性指标，如用水总量、建设用地总面积、城乡建设用地面积、人均城镇建设用地面积	不大于上级下达指标
	逻辑一致性检查	各指标分解表中的指标合计数与规划指标表中相应指标一致

续表

审查标准	审查项目	审查内容
传导性	主体功能分区	落实上级规划主体功能分区
	"三线"范围	生态保护红线、永久基本农田、城镇开发边界范围不重叠。规划分区范围与"三线"边界是否一致
	生态保护红线	生态保护红线范围是否与上报备案成果一致或生态保护红线调入、调出是否符合相关要求
	永久基本农田	永久基本农田范围是否与上报备案成果一致或永久基本农田调入、调出是否符合相关规定
	城镇开发边界	城镇开发边界是否符合相关划定要求
	城镇空间结构	空间结构与上位规划保持一致。规划目标、规划分区、重要控制线、城镇定位、要素配置内容要符合上位规划，符合规划传导要求
	城镇体系规模等级及空间结构	城镇体系规模等级及空间结构是否合理；区域综合交通一体化是否合理；城市群、都市圈等重点地区的资源与能源、生态环境、基础设施及公共服务设施布局的区域协调合理性
	生态屏障、生态廊道和生态系统保护格局	格局合理性；落实上级规划涉及本行政区内的自然保护地名录
	重大交通枢纽、重要线性工程网络设施布局	布局合理性
	历史文化保护体系	各类历史文化遗存的范围和管控要求是否符合上位规划；落实上级规划涉及本行政区内的历史文化资源名录
合理性	城乡公共服务设施配置	城乡公共服务设施配置标准合理性
	农业空间	农业生产空间布局是否能引导布局都市农业，重点保护集中连片的优质耕地、草地
	中心城区空间布局	各类城区绿地与开敞空间、历史文化遗存、通风廊道的格局和控制要求；城镇开发强度分区、建筑高度控制、视线通廊管控要求是否合理；划定的城市绿线、蓝线、紫线保护和管控要求是否合理
	对下位规划的传导要求	按照"功能＋格局＋指标＋控制线＋名录"要求，提出下位规划传导和管控要求

7.3.3　国土空间详细规划审查

1. 控制性详细规划审查

控制性详细规划（以下简称"控规"）是城市、县人民政府城乡规划主管部门根据城市、镇总体规划的要求，用以控制建设用地性质、使用强度和空间环境的规划。控规是将总规的宏观控制要求具体化为微观控制的规划阶段，一般可以分为单元和地块两个层级。单元重点落实总体规划传导要求，衔接相关专项规划，提出单元层面的整体管控要求。地块则是在落实单元管控的基础上按需编制，具体规定用地性质、使用强度、景观特性和控制要求。本节以地块层级为例进行规划审查研究。

控规（地块）主要以对地块的用地使用控制和环境容量控制、建筑建造控制和城市设计引导、市政工程设施和公共服务设施的配套，以及交通活动控制和环境保护规定为主要内容，并针对不同地块、不同建设项目和不同开发过程，应用指标量化、条文规定、图则标定等方式对各控制要素进行定性、定量、定位和定界的控制和引导。

控规应当包括下列内容：①确定规划范围内不同性质用地的界线，确定各类用地内适建、不适建或者有条件地允许建设的建筑类型。②确定各地块建筑高度、建筑密度、容积率、绿地率等控制指标；确定公共设施配套要求、交通出入口方位、停车泊位、建筑后退红线距离等要求。③提出各地块的建筑体量、体型、色彩等城市设计指导原则。④根据交通需求分析，确定地块出入口位置、停车泊位、公共交通场站用地范围和站点位置、步行交通以及其他交通设施。规定各级道路的红线、断面、交叉口形式及渠化措施、控制点坐标和标高。⑤根据规划建设容量，确定市政工程管线位置、管径和工程设施的用地界线，进行管线综合；确定地下空间开发利用具体要求。⑥制定相应的土地使用与建筑管理规定。

控规确定的各地块的主要用途、建筑密度、建筑高度、容积率、绿地率、基础设施和公共服务设施配套规定应当作为强制性内容。

（1）控规审查要点

根据控规的定位和管控内容，结合控规编制要求和数据库建库标准，梳理形成控规成果审查要点。具体而言，控规审查的要点大致可以总结为规划设计依据审查、强制性内容审查和控制指标体系是否科学合理三个方面。

规划设计依据审查：①是否符合城乡规划法的要求，规划编制的程序、规划管理相关规定的设置是否合法。②是否符合当地相关控制性详细规划技术标准与规定。控规中主要涉及相关技术管理要求，如建筑间距、公共服务设施配套标准要求等。③是否依据了城市总体规划或者分区规划，有无违反强制性内容。④是否与相关专业规划、专项规划有较好的衔接、协调。

强制性内容审查：是否满足五线控制要求；是否明确标识强制性内容、划定详细线位，并明确控制要求。

控制指标体系是否科学合理：如地块大小是否合理、建设用地性质是否合理、开发强度是否符合城市密度分区的规定等。

（2）控规审查规则

对于控规成果审查规则，严格落实管控要求是其特色。因此对完整性、规范性、一致性、传导性等有较高的要求。需针对性制定审查规则，以实现图文一体化的成果全要素审查。表7-6重点从这几个方面梳理控规审查规则。

表 7-6　详细规划审查细则

审查标准	审查项目	审查规则
完整性	目录、法定文件、技术文件、编制文件等完整性	针对审查规则要求的规划成果数据内容，检查是否存在丢漏
一致性	规划成果	法定文件自身一致性、技术文件自身一致性、图数一致性
合规性	规划成果内容	规划内容是否符合城乡规划管理相关技术规定
规范性	规划成果要素	制图要素是否完整，图层图例是否正确等
传导性	规划用地	①规划用地是否与上位规划的中心城区城镇建设用地规划结构相衔接 ②规划用地是否占用上位规划"三线"设定
	绿线	人均公园绿地面积是否达到相关标准
		公园绿地覆盖率是否达到相关标准
		绿线划定是否与上位规划或专项规划衔接
	蓝线	本次规划用地中的水域面积是否落实上位规划或专项规划要求
		本次规划控制线河道宽度是否符合上位规划河道要求
	紫线	本次规划紫线是否落实上位规划紫线划定要求
	黄线	沿江堤防设施用地是否能落实上位规划要求
		电力设施用地是否能落实上位规划要求
		高压线网设施用地是否能落实上位规划要求
		给水设施用地是否能落实上位规划要求
		污水设施用地是否能落实上位规划要求
		燃气设施用地是否能落实上位规划要求
		固废设施用地是否能落实上位规划要求
		综合管廊设施用地是否能落实上位规划要求
		其他设施点位是否能落实上位规划要求
	路网密度	本次规划各交通分区的路网密度是否满足上位交通分区要求
	规划路网	检查上位规划在本次规划范围的规划路网是否落实
	轨道控制保护区范围	轨道控制保护区线位是否与上位规划一致
	轨道特别保护区范围	轨道特别保护区线位是否与上位规划一致
	轨道站点	轨道站点是否与上位规划一致
合理性	建设用地规模、人均居住用地面积、公共服务设施等	规模是否合理

控规审查方式一般通过人机交互形式实现，机器判别初步检查成果文件是否遗漏，之后再结合人工校核形式对机器审查结果进行复核，从而完成审查过程。以数据准确性审查为例，首先需要从规划成果内提取相关规划指标，其次利用规则算法将指标提取结果与规划内容要求标准进行对比，最后人工复核判断该项指标是否符合规划要求。

2. 村庄规划审查

根据《自然资源部办公厅关于加强村庄规划促进乡村振兴的通知》，村庄规划是法定规划，是国土空间规划体系中乡村地区的详细规划，是开展国土空间开发保护活动、实施国土空间用途管制、核发乡村建设项目规划许可、进行各项建设等的法定依据。由于村庄是我国最小行政单元，数量庞大，对于规划审查管理部门而言，对大量的村庄规划进行人工审查既耗费人力，同时又很低效，因此开展自动化审查是极有必要的。

（1）村庄规划审查要点

村庄规划审查大体上与市县总体规划相同，规范性、完整性、合理性等审查与之类似，比如是否落实上位规划和相关规划、相关技术规范和技术标准、成果规范和数据标准等方面的要求。合理性审查更加细化，对村庄发展目标、底线管控、建设用地减量或增量、用地布局、配套建设内容等的合理性进行判断。与其他类规划相比，村庄规划的一个特征在于规划审查中对征求村民意见情况有明确的审查规定。

（2）村庄规划审查规则

村庄规划审查由于各地差异较大，具体审查细则不尽相同，表7-7仅就一些常见的基本管控审查规则进行梳理。

表7-7　村庄规划审查规则

审查规则	审查项目	审查内容
完整性、规范性	文本、图件、附件	是否完整，数据是否符合规范
合理性	村庄定位与分类	①是否明确提出村庄发展定位与目标 ②是否合理确定村庄类型、发展规模和编制重点
传导性	耕地和永久基本农田	是否落实永久基本农田划定和管控要求
	生态保护红线和其他底线	是否落实生态保护红线划定和管控要求
	村庄建设边界	是否落实村庄建设边界划定和居民点用地布局导控要求
	需要控制的用地布局	宅基地建设规模和范围
合理性	道路交通	应明确居民点内部主要道路、次要道路的布局
	公共服务设施	是否合理配置各类村庄公共服务设施
	基础设施	①应合理布局供水供电、电力电信、环卫设施等基础设施 ②明确用地范围、规模、标准等要求

续表

审查规则	审查项目	审查内容
合理性	村域用地布局	①村庄建设用地布局是否保护优先、节约集约 ②是否充分盘活使用存量建设用地
	统筹产业发展空间	是否合理保障农村新产业新业态发展用地,明确产业用地用途、强度等要求
	宅基地管控	新增每户宅基地面积上限是否符合要求
合规性	农房风貌和乡土建筑	①是否明确现状农房风貌和乡土建筑修缮、改建及新建的导引措施及管控要求 ②是否符合消防安全要求
	物质文化遗产保护	是否明确历史文化遗存范围并划定保护紫线
	防灾规划	是否避让地质灾害易发、行洪泄洪、抗震不利等地段
合规性	防灾减灾措施	①明确预防和治理地质危害的措施 ②明确学校等公共建筑的抗震设防标准 ③提出农村建房抗震的措施

7.3.4　国土空间专项规划审查

专项规划作为国土空间规划体系的重要组成部分,是指在特定区域(流域)、特定领域,为体现特定功能,对空间开发保护利用做出的专门安排,是涉及空间利用的专项规划。在横向上,专项规划要做好与总体规划、控制详细规划等的有效传导衔接;在纵向上,也需落实好国家、省、市等各级专项规划的上下传导。因此,专项规划审查是保障其与各级各类传导衔接的重要手段。同时,各级专项规划种类繁多,因此专项规划审查很难一言以蔽之,本节参考现行专项规划法律依据、定位及管控内容,以及部分省级、市级空间类专项规划目录清单等,就专项规划审查要点、规则进行提炼概述。

1. 各级专项规划审查要点

国家、省级国土空间专项规划具有宏观性,重点审查目标指标、开发保护利用格局、重大工程、重大项目总体布局,以及各项开发保护活动是否符合三条控制线的管控要求等。

市县级国土空间专项规划强调实施性,在省级审查要点的基础上,加强对规划数据库的量化审查,重点审查开发保护活动是否符合三条控制线、紫线、绿线、蓝线、黄线、洪涝风险控制线及其管控要求,用地与设施布局是否符合用途管制要求,耕地、林地、草地、河湖湿地、海域海岛保护利用及相关设施配置合理性等。"九大类"专项规划的编审方式和审查要点见表 7-8。

表 7-8 "九大类"国土空间专项规划审查要点

规划类别	编审方式	国家、省级审查要点	市县级审查要点
重点流域类专项规划	自然资源主管部门组织编制审查	在审查总体目标、空间格局、"三线"划定、建设工程、发展指引、管控要求、管制分区等与总体规划衔接的基础上，重点审查流域自然生态系统完整性、自然保护地等生态空间保护、水资源承载能力与流域开发强度、干支流防洪减灾措施、重点水资源开发利用工程等	
重点区域类专项规划	自然资源主管部门组织编制审查	重点审查区域发展目标与格局、重大区域性基础设施和公共服务设施、区域生态环境统筹保护、重大产业发展平台等	重点审查发展目标、空间格局与"三线"、城镇体系、重点产业布局、基础设施布局及其用地用林用海规模需求等
安全防灾类专项规划	相关行业主管部门会同自然资源主管部门组织编制	重点审查防灾类约束性指标、重点工程、管控要求是否落实	重点审查防灾类规划目标指标、防护范围、设施布局、空间需求等
基础设施类专项规划	相关行业主管部门会同自然资源主管部门组织编制	重点审查相关约束性指标是否落实，主要目标衔接、重大设施和工程是否落实，重大项目空间需求是否合理	重点审查约束性指标，设施规模标准、设施空间布局、重点项目、"三线"衔接性，用地、用林、用海规模需求等
公共服务类专项规划	相关行业主管部门会同自然资源主管部门组织编制	重点审查主要规划目标、关键指标与总体规划的衔接	重点审查公共服务目标指标、配置标准、空间布局细化落实等
生态保护与修复类专项规划	自然资源主管部门组织编制审查	重点审查规划目标、约束性指标、生态安全格局、重点治理区域、重大修复工程、管控要求等	重点审查规划目标、约束性指标、保护修复区域布局、重点项目、管控要求、空间管控格局与生态安全格局衔接等
资源保护利用类专项规划	自然资源主管部门组织编制审查	重点审查规划目标、约束性指标、资源保护名录、资源空间管控要求等	重点审查规划目标、约束性指标、管控位置、名录、自然保护地规模和区域、与生态保护红线及永久基本农田红线衔接等
特色风貌类专项规划	相关行业主管部门会同自然资源主管部门组织编制	重点审查历史文化保护名录、管控要求等	重点审查保护范围、保护名录、管控要求等
经济产业类专项规划	相关行业主管部门会同自然资源主管部门组织编制	重点审查发展目标、产业空间布局、重大产业项目空间需求	重点审查发展目标、产业用地结构和布局、用地需求、与城市开发边界衔接情况等

2. 各级专项规划审查规则

国家、省级专项规划的审查要点和相应的审查规则见表 7-9。

表 7-9 国家、省级专项规划审查规则

专项规划类别	审查要点	审查规则
各类专项规划（通则）	战略衔接审查	①发展目标、相关定位、空间战略与同级国土空间总体规划是否相衔接 ②相关指标是否在专项规划中予以衔接落实
	目标衔接审查	
	定位衔接审查	
	指标落实审查	
	分区和名录落实审查	分区和名录是否落实
	三条控制线底线约束审查	空间边界是否触碰底线
	政策衔接审查	空间性支持政策是否突破国土空间总体规划相关配套政策或相关法规
资源保护与利用	矿产资源规划： ①矿产资源开发布局安排 ②矿产资源管控要求 ③矿产保障区名录	名录及管控要求是否落实
	水资源综合规划： ①指标落实 ②水资源节约集约利用管控要求 ③衔接水资源利用结构和水系格局	①约束性指标是否落实 ②水系格局是否衔接
	耕地和永久基本农田保护利用规划： ①指标落实 ②耕地和永久基本农田管控要求	①约束性指标是否落实 ②耕地和永久基本农田管控要求是否落实
	林地保护利用规划： ①指标落实 ②林地保护管控要求	①约束性指标是否落实 ②林地保护管控要求是否落实
	国家公园规划、自然保护地规划： ①自然保护地空间布局和名录 ②管控要求	①自然保护地发展目标是否落实 ②规模和划定区域、管控区是否落实
	湿地保护规划： ①指标落实 ②管控要求	①约束性指标是否落实 ②湿地资源管控要求是否落实
	草原保护建设规划： ①指标落实 ②管控要求	①约束性指标是否落实 ②草地资源管控要求是否落实
	海洋资源保护与利用规划： ①指标落实 ②落实海洋资源保护利用目标，落实岸线分类和海岛分类 ③提出海岸带和海域海岛保护利用管控要求 ④落实海岛名录	①约束性指标是否落实 ②管控要求、位置、名录是否落实
	历史文化名城名镇名村保护规划： ①完善历史文化保护体系名录 ②细化历史文化和自然景观资源的管控要求	①历史文化保护体系名录是否落实 ②管控要求是否落实

续表

专项规划类别	审查要点	审查规则
生态保护与修复	生态保护与修复规划: ①细化生态修复和国土综合整治分区 ②衔接修复和整治的目标 ③生态修复和整治重大工程	①约束性指标是否落实 ②修复和整治的目标是否衔接 ③生态修复和国土综合整治分区是否落实 ④重大工程是否落实
基础设施	交通相关规划: ①目标衔接 ②指标落实 ③在衔接结构的基础上,细化各类交通设施空间布局 ④在落实总规重点项目表的基础上,完善项目表(名录/清单)	①发展目标是否衔接 ②约束性指标是否落实 ③涉及国土空间开发利用的相关标准与同级国土空间总体规划是否相衔接 ④综合交通格局与同级国土空间总体规划开发保护利用格局是否相协调 ⑤重大交通项目布局及用地、用林、用海规模需求是否合理 ⑥公路网、铁路网、民航运输网、综合交通枢纽等与国土空间总体规划交通相关布局是否相协调
	市政相关规划: ①落实供给总量 ②衔接能源供给结构 ③落实重大能源工程	①供给总量是否落实 ②供给结构是否落实 ③重大能源工程是否落实
	水利相关规划: 落实重点水利工程项目	重大水利工程是否落实
	通信设施相关规划: 落实重点信息通信工程项目	重点信息通信工程是否落实
安全防灾	防灾相关规划: ①防治标准落实 ②在落实重大工程的基础上,细化重点项目布局	①约束性指标是否落实 ②重点工程是否落实

市县级专项规划的审查要点和相应的审查规则见表 7-10。

表 7-10 市县级专项规划审查规则

专项规划类别	审查要点	审查规则
各类专项规划 (通则)	目标衔接	①发展目标、空间战略是否衔接 ②相关指标是否予以衔接落实
	战略衔接	
	指标落实	
	三条控制线约束	空间边界是否触碰底线
	政策衔接	空间性支持政策是否突破国土空间总体规划相关配套政策或相关法规

续表

专项规划类别	审查要点	审查规则
生态保护与修复	生态保护类相关规划： ①指标落实 ②在衔接生态保护格局和农业格局的基础上，细化各自然资源要素空间布局 ③在落实总规自然保护地名录基础上，完善各类自然资源保护利用名录 ④落实生态空间总体管控要求，针对领域细化完善管控要求	①空间格局与同级国土空间总体规划是否衔接 ②约束性指标与底线是否突破 ③自然保护地名录、规模、分区是否落实
	生态修复类相关规划： ①细化生态修复和国土综合整治分区 ②衔接修复和整治的目标 ③落实并完善修复和整治重大工程	①约束性指标是否落实 ②修复和整治的目标是否衔接 ③生态修复和国土综合整治分区是否落实 ④重大工程是否落实
特色风貌	历史文化名城相关规划： ①目标衔接 ②分区落实	①规划目标是否与总规衔接 ②风貌分区是否落实
	城市风貌相关规划： ①空间形态引导和管控要求落实 ②空间形态重点管控区域衔接 ③指标约束 ④高度、风貌、天际线等空间形态控制要求落实 ⑤乡村地区风貌和高度控制等空间形态塑造和管控要求衔接与落实	①空间形态引导与管控要求是否落实 ②空间形态重点管控区域及开发程度分区是否衔接、落实 ③约束性指标是否落实 ④乡村地区风貌和高度控制等空间形态塑造和管控要求是否落实
资源保护利用	海域海岛保护相关规划： ①底线约束 ②陆海统筹结构衔接 ③海岸带管控要求落实	①约束性指标是否落实 ②空间格局是否衔接 ③管控要求是否落实
公共服务	公共服务设施相关规划： ①公共服务设施配置内容和标准落实 ②指标落实 ③公共服务中心体系和分区分级配置的布局落实	①配置标准是否与总规相符合 ②规划指标是否落实 ③空间布局是否细化并落实
基础设施	交通相关规划： ①综合交通格局衔接，交通设施用地布局落实并细化 ②指标落实 ③管控要求落实 ④用地控制要求落实 ⑤黄线约束	①指标是否落实 ②涉及国土空间开发利用的相关标准是否相衔接 ③综合交通格局是否相协调 ④重大交通项目布局及用地、用林、用海规模需求是否合理 ⑤对外交通、道路系统、公共交通、枢纽体系等用地布局是否在建设用地范围内 ⑥对外交通、道路系统、公共交通、枢纽体系等布局与总规相关布局是否协调 ⑦对外交通、道路系统、公共交通、枢纽体系等用地布局与三条控制线是否冲突

续表

专项规划类别	审查要点	审查规则
基础设施	水利相关规划: 落实重点水利工程项目	①重大水利工程是否落实 ②建设用地需求是否合理
	通信设施相关规划: 落实重点信息通信工程项目	重点信息通信工程是否落实
	特殊设施用地布局衔接	特殊设施用地布局是否与总规一致
	市政设施相关规划: ①市政基础设施和新型基础设施布局落实并细化项目安排 ②市政基础设施规模落实 ③黄线约束	①设施空间布局是否落实并细化项目位置 ②市政基础设施规模是否与总规一致 ③是否突破黄线边界
安全防灾	防灾相关规划: ①防灾减灾目标和设防标准落实 ②防灾空间、设施的分区和布局衔接与落实 ③应急设施和应急避难场所的布局落实并细化 ④指标约束 ⑤大型危险品存储设施用地预留及安全防护范围	①规划目标是否与总规衔接 ②空间分区与设施布局是否与总规一致并细化 ③用地需求是否符合总规 ④规划指标是否落实 ⑤大型危险品存储设施用地预留及安全防护范围是否与总规一致

7.4　国土空间规划智能审查系统设计

7.4.1　建设目标

《国土空间规划"一张图"实施监督信息系统技术规范》(GB/T 39972—2021),对成果审查与管理模块的功能描述如下:"应按照各级国土空间规划管理事权,提供规划成果质量控制、成果辅助审查、成果管理和成果动态更新等功能,支撑成果审查与管理。"据此,国土空间规划智能审查系统的设计,核心是围绕国土空间规划成果审查业务,解决"审什么"、"怎么审"和"什么结果"的问题。"审什么",即具体的审查规则,需要充分考虑国土空间规划事权和国土空间规划级别类别进行针对性设计,并将审查要点转换为结构化规则,从而实现计算机自动识别和辅助审查。系统可实现审查规则的组装、配置,适应不同规划审查规则的多样性和灵活性需求。"怎么审"则是需要明确审查流程和审查方式。"什么结果"即审查结果及审查报告,通过系统审查后形成详细的审查结果,可查看可定位可导出,辅助业务人员进行审查报告的查阅等。总体而言,国土空间规划智能审查系统设计有如下三个目标。

（1）审查标准化

基于统一的成果数据及审查细则规范体系，依托审查系统开展国土空间规划成果审查工作，克服人工经验判断的随意性和主观性，实现成果审查的标准化和全过程留痕，提高成果审查质量，助力规划成果规范化。

（2）审查智慧化

针对不同国土空间规划不同内容的审查需要，基于结构化的审查规则模型，对规划成果审查工作中不同指标、不同环节审查要素进行关联匹配，实现全过程自动对比、分析、输出，实现审查信息智能判断与识别，促进国土空间规划审查智慧化、科学化。

（3）审查高效化

基于审查系统开展国土空间规划成果自动化、批量化审查，尤其在国土空间规划的完整性、规范性、一致性等方面，减少人工机械性审查投入，使得人工审查更多关注在合规性、合理性等需要人工辅助判断的审查内容上。通过系统自动化审查结合人工审查，辅助提升国土空间规划审查效率。

7.4.2　架构设计

1. 总体架构

国土空间规划审查系统采用 C/S 架构，基于成熟的 GIS 平台进行开发。工具总体架构包括基础设施层、数据层、支撑层、应用层、服务层以及用户层（图 7-1）。

基础设施层：主要包括存储、计算以及网络安全等相关设施保障。

数据层：结合审查要点，基于对规划审查规则的全方位分析，建立辅助规划审查的数据资源体系，包括基础地理数据、国土调查数据、上位规划数据、"三线"划定数据、自然保护地数据、开发园区数据、现状评估数据等。

支撑层：建立规划审查的指标库、规则库、模型库、算法库，实现审查规则的指标和模型体系支撑，基于规划政策要求建立相关的分析指标，并通过算法和规则模型实现计算机辅助分析。例如数值类指标、边界类指标等，基于不同指标类型，建立对比规则、空间分析规则等，实现对目标指标、底线管控等的审查。

应用层：主要包括审查任务、成果审查、统计分析、审查规则、审查日志 5 个应用功能。

服务层：通过应用层各功能模块，服务于规划内容、规划传导、数据质量等方面审查。

用户层：系统主要面向辅助技术审查机构用户。

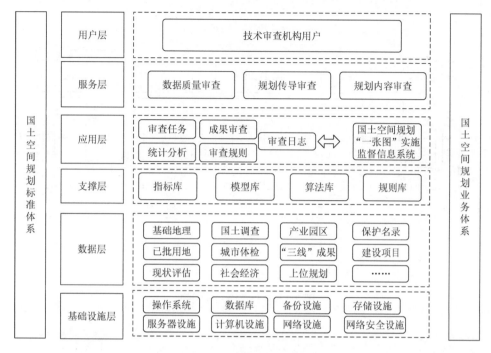

图 7-1 系统总体架构图

2. 功能架构

基于国土空间规划审查要点、量化规则和审查模型，开发国土空间规划智能审查系统，通过国土空间规划的批量化和自动化审查，提高国土空间规划数据质量审查工作效率、规范性和服务效能。主要功能模块包括审查任务、成果审查、统计分析、审查规则、审查日志（图 7-2）。

3. 审查任务

以列表方式管理多个质检任务，允许新建任务、启动任务审查、删除任务、修改任务信息，显示任务信息及进度，可按进度分类筛选任务列表，支持任务查询，同时提供任务结果查看入口。

（1）新建任务

系统支持导入数据成果压缩包，解压提取压缩内容，读取并导入主流 GIS 格式数据，支持对其自动检查。另外也支持附属的规划说明文本、栅格图件等 txt、pdf、tif 数据的自动化导入，可选择规则库并指定采用全部或部分规则，以根据实际情况建立定制质检任务（图 7-3）。

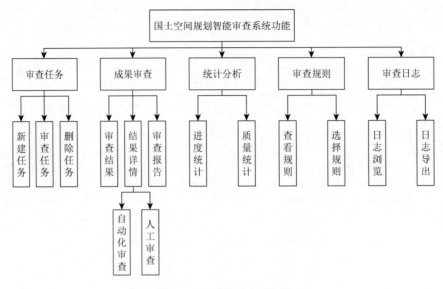

图 7-2　规划审查功能架构

图 7-3　新建审查任务

（2）审查任务

选择任务，点击任务对应的"任务审查"按钮，开始执行审查，同时在该任务项显示任务进度（图7-4）。点击之后，任务会匹配到对应的审查模型。审查模型主要包括规则比对基础模型和规划内容分析模型。规则比对基础模型针对规划数据库的规范性、完整性等审查内容，以及提交成果文件的完整性、空间数据和表格数据的规范性、成果间一致性、图数一致性等内容进行审查。规划内容分析模型面向规划成果内容，参考相关政策文件要求和技术规范，审查"双评价"成果、规划指标、底线管控、中心城区规划等内容是否合理、是否落实上级规划要求，使国土空间规划满足逐级汇交和上下协调要求等。

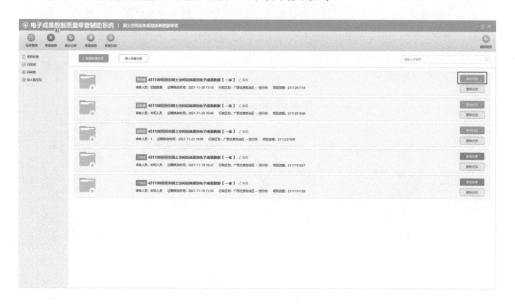

图7-4　审查任务管理

基于上述模型分析结果，可判断该项成果是否通过审查，如未通过审查，还可基于模型分析结果进一步核实审查未通过原因，极大提升审查效率与质量。

4. 成果审查

（1）审查结果

执行审查任务后，点击"查看结果"，可对审查结果的总体情况进行浏览，并基于结果符合情况以及不同审查方式生成审查结果列表（图7-5）。

（2）结果详情

实现自动化审查和人工审查两类规则的错误个数统计、错误项查看、详细错误列表、地图区域定位，附件材料查看（图7-6）。

图 7-5　查看审查结果

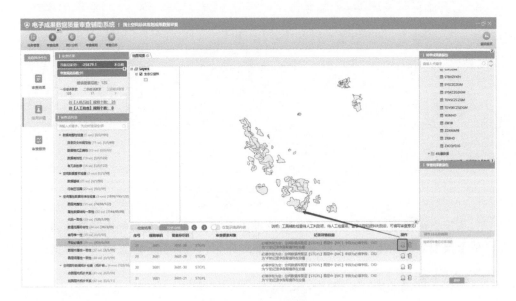

图 7-6　查看审查错误

（3）审查报告

审查完成后，软件将自动化审查及人工审查结果生成审查报告。国土空间规划质检报告一般包括质检总报告、错误明细、质检结果数据汇总三个报告。其中，质检总报告主要是对规划成果质量情况的总览，包括每条审查细则的错误及其评分情况，反映总体质量情况，便于用户掌握总体情况；错误明细主要是逐条说明数据库错误的错误等级、错误内容、扣分情况等，便于用户进行错误核查和调整修改；质检结果数据汇总主要是反映重要规划指标、"三线"管控、规划分区、用地结构等数据库落实情况，便于人工审查核对或相关数据统计。审查报告支持导出到本机，或上传到服务器供相关"一张图"系统查看（图7-7）。

图7-7　生成审查报告

5. 统计分析

（1）进度统计

展示区域内所有任务个数、已完成个数、未完成个数，并罗列所有质检任务，展示其进度情况，允许按区域、进度、审查人员、审查版本进行筛选。支持选择一个或多个任务，将任务信息和进度状态以电子表格的方式导出（图7-8）。

（2）质量统计

以统计图方式，直观显示各区域审查结果得分，各级错误统计可查看指定区域的按规则分类的错误数量比例（图7-9）。

6. 审查规则

针对建立的审查规则，按照审查的具体要求或者审查的阶段，可查看审查规则（图7-10）。

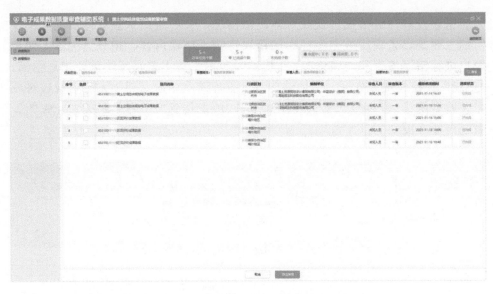

图 7-8　进度统计

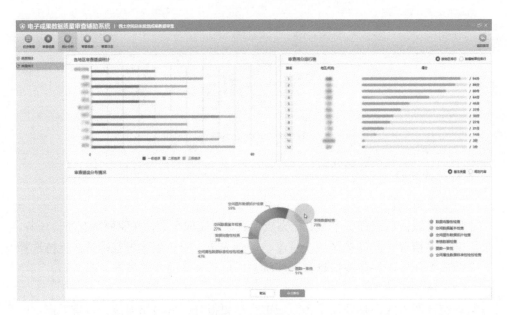

图 7-9　质量统计

图 7-10 查看审查规则

7. 审查日志

审查日志主要是对审查记录留痕管理，确保审查记录可回溯、可查询。支持按审查时间、用户信息筛选审查日志，返回符合条件的日志记录；允许将日志记录导出到电子表格（图 7-11）。

图 7-11 日志浏览

8 国土空间规划精准实施

"三分规划，七分实施"，规划的生命力在于实施。随着各级国土空间总体规划已完成审批或逐步进入审查报批阶段，接下来国土空间规划实施成为国土空间规划管理的重要工作内容。

为了真正实现"一张蓝图"干到底，让规划精准落地落图生根，需要将规划编制与规划实施紧密衔接，建立"编制-决策-实施-反馈"闭环，以数据为驱动、以算法为核心、以工具为支撑，以地类作为规划控制指标和规划实施的最终表征，打通国土空间规划实施最后一公里，保证国家的"数"与地方的"边界"和"图"相吻合，真正实现规划精准落地（曹春华等，2022；王万茂，2022）。

本章明确了国土空间规划精准实施的六个核心环节，通过实践阐述了国土空间规划精准实施的四个要点，构建国土空间规划精准实施框架。以"多规合一""一张蓝图"为支撑点，以业务应用为落脚点，运用知识图谱、二维码等新兴技术手段，推动规划管控要素在严格用途管制、推进项目落地、指导规划审批等方面的精准发力，保障国土空间规划成果的权威性和规划实施的科学性，供研究和实践参考借鉴。

8.1 国土空间规划实施核心环节

国土空间用途管制是国土空间规划实施的重要内容。2021 年 7 月，自然资源部办公厅出台《国土空间用途管制数据规范（试行）》，将用途管制全流程划分为五个阶段：建设项目规划选址与用地预审、农用地转用与土地征收、建设用地规划许可、建设工程规划许可、土地核验与规划核实。

在新的国土空间用途管制实施背景下，各地陆续出台政策强化项目策划生成，特别是强调与项目审批的衔接。海南省年度建设计划项目策划生成后，推送至海南省工程建设项目审批管理系统，项目前期策划生成内容通过项目代码进行关联，并作为后续工程建设项目审批的依据；甘肃省要求全面实行项目前期策划生成，策划生成后方能进入立项用地规划许可阶段；深圳市明确政府投资建设项目的建设时序包括项目策划生成和项目审批两大流程，项目策划生成是建设项目进入审批的必要条件。

因此，特别考虑地方事权，国土空间规划实施核心环节主要包括项目策划生成、建设项目规划选址与用地预审、农用地转用与土地征收、建设用地规划许可、建设工程规划许可、土地核验与规划核实六大环节，在时间序列上体现建设项目按照国土空间规划在空间单元上的逐步落地过程（图 8-1）。

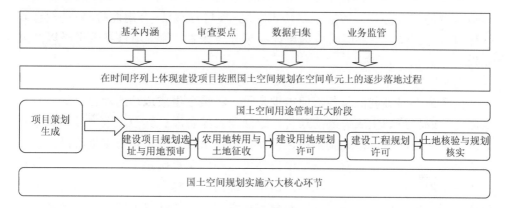

图 8-1　国土空间规划实施六大核心环节

8.1.1　项目策划生成

1. 基本内涵

项目策划生成是以国土空间规划"一张蓝图"为依据，在项目正式立项审批之前开展前期空间协调与服务协调的实施过程，是发挥国土空间规划对开发建设活动引领和约束的关键环节，也是"一张蓝图"管到底和推进新一轮工程建设项目审批改革的关键着力点。

国土空间规划是项目策划生成的基础，也是项目策划生成过程中进行空间协调的统一依据。项目策划生成的结果是"一张蓝图"落地的具体形式。项目生成和项目审批都是基于规划统领和规划管控，真正实现了以规划约束和引导项目建设，落实了规划在空间治理方面的统领作用（曾山山等，2019）。

2. 技术路径

在充分研究各地各类工程建设项目策划生成业务流程后，将项目策划生成类型分为年度建设计划、年度土地供应计划以及重大或紧急类项目三大类，项目策划生成业务流程主要包括项目储备、项目协调、项目生成三个阶段。

（1）项目储备

项目储备是项目策划生成的空间指引和工作基础，即创新生成项目计划方式，建立带空间（用地）范围生成项目计划的全新模式。项目储备阶段要求所有项目计划申请必须带初步选址范围进行申请，并进入项目储备库进行统一管理。

（2）项目协调

项目协调是项目高效审批的推动器。项目协调包括空间协调、政策协调及其他方面的综合协调。按照项目协调启动-项目预选址-合规性检测-协调会商等环节进行流转，各部门间协调论证各项建设条件，确认项目是否可予以开展建设。

（3）项目生成

由牵头部门协调汇总各部门审批意见，将策划生成成功的项目，纳入项目实施库；或将策划生成失败的项目，返回项目储备库。其中，政府投资类项目进入项目实施库后，推送到工程建设项目审批平台，进入项目审批阶段；社会投资类项目进入项目供应库后，由自然资源部门负责确定土地出让条件，按程序组织土地出让。不符合的项目，由牵头部门说明缘由并将项目返回至项目储备库，根据项目可行性要求，发起空间规划调整，按建议调整后，可再次发起项目协调。

3. 策划流程

在充分研究各地各类工程建设项目策划生成业务流程后，将项目策划生成类型分为年度建设计划、年度土地供应计划以及重大或紧急项目三大类，项目策划生成业务流程主要包括项目储备、项目协调、项目生成三个阶段（图8-2）。

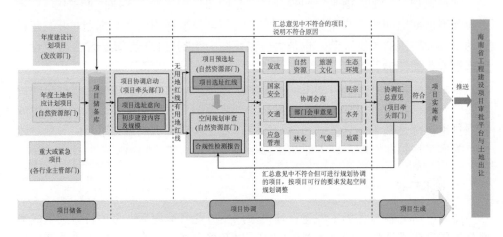

图 8-2　项目策划生成总体流程

（1）年度建设计划项目策划流程

年度建设计划项目是由"投资项目储备库"录入，发改部门通过统一项目代码，从项目库中获取项目信息，导入年度建设计划项目储备库中，经过项目协调，策划生成成功后，进入年度建设计划项目实施库（图8-3）。

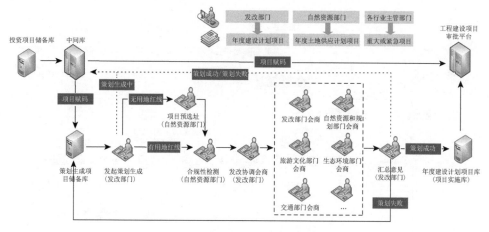

图8-3　年度建设计划项目策划流程

（2）年度土地供应计划项目策划流程

年度土地供应计划项目是由自然资源部门对项目信息进行录入，完成后，项目将进入年度土地供应计划项目储备库中，经过空间规划审查和协调会商后，策划生成成功的项目，将进入年度土地供应计划项目实施库中，进而推送到土地出让环节（图8-4）。

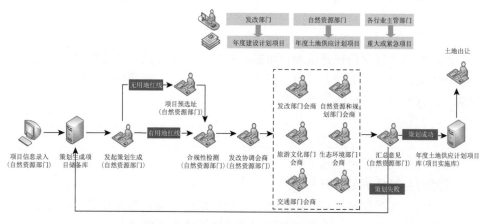

图8-4　年度土地供应计划项目策划流程

（3）重大或紧急项目策划流程

重大或紧急项目是由行业主管部门自行录入项目信息或通过项目统一代码从

中间库获取，进而导入重大或紧急类项目储备库中；经过项目协调并策划生成成功后，则进入重大或紧急类项目实施库（图8-5）。

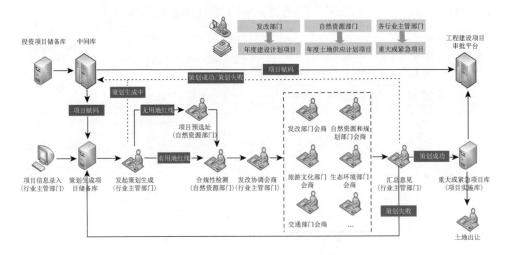

图 8-5　重大或紧急项目策划流程

8.1.2　建设项目规划选址与用地预审

建设项目规划选址与用地预审是国土空间用途管制审批的第一阶段，也是建设项目前期可研批复的重要依据，为建设项目后续手续提供前置条件。

1. 基本内涵

自然资源主管部门在建设项目审批、核准、备案阶段，依法对项目涉及的土地利用事项，以及以划拨方式提供国有土地使用权的，对项目涉及的国土空间规划情况进行审查、许可的行为。

2. 审查要点

主要是建设项目用地预审审查要点：

①项目建设依据是否充分；

②项目主要功能和用途；项目位置、现状地类、面积等与数据库比对是否一致；是否存在信访情况；是否存在行政复议或行政诉讼事项；

③建设项目选址是否符合现行土地利用总体规划（国土空间规划）；

④建设项目是否占用永久基本农田；

⑤建设项目用地规模和功能分区是否符合有关土地使用标准的规定；

⑥建设单位是否已承诺将补充耕地、征地补偿、土地复垦等相关费用足额纳入项目工程概算等。

3. 数据归集内容

按照统一数据库结构，归集建设项目规划选址与用地预审数据的项目概况、踏勘情况、行政审批与许可情况、业务活动等要素信息（表8-1）。

表 8-1   建设项目规划选址与用地预审要素代码与名称描述

要素代码	要素名称			要素类型
8001000000	建设项目规划选址 与用地预审			
8001010000		项目情况		
8001010100			项目基本 情况	非空间
8001010110			土地分类面积表	非空间
8001010200			踏勘情况	
8001010210			踏勘记录	非空间
8001010220			踏勘地块	非空间
8001010230			踏勘界址点	非空间
8001020000		行政审批与许可		
8001020100			许可范围	空间
8001020200			许可记录	非空间
8001020210			许可分区县占地详情	非空间
8001020300			用地预审与 选址意见书	非空间
8001020310			意见书附件	非空间
8001030000		业务活动		
8001030100			申报	
8001030110			申报表	非空间
8001030120			申报过程记录	非空间
8001030130			申报材料目录	非空间
8001030200			补正	
8001030210			申报补正告知信息	非空间
8001030300			注销	
8001030310			注销记录	非空间
......				

来源：《国土空间用途管制数据规范（试行）》

4. 监管指标

主要依据各地审批系统成果库统计"用地预审与选址意见书"的发证情况、用地情况，涉及"发证时间、证照名称、证照编号、建设类型、行政区域、用地面积、建设用地面积和土地用途等字段"（表 8-2）。

表 8-2　监管指标

指标名称	序号	子指标项	统计规则	涉及字段
发证情况	1	当月/当年发证情况	1. 以发证时间为准，统计当月/当年核发的"用地预审与选址意见书"数量； 2. 按项目建设类型分别统计市政类证照数、建筑类证照数； 3. 以证照编号为准统计证照数。	发证时间 证照名称 证照编号 建设类型
	2	当月/当年各区域发证情况	1. 以发证时间为准，统计当月/当年核发的"用地预审与选址意见书"数量； 2. 按项目建设类型分别统计市政类证照数、建筑类证照数； 3. 以证照编号为准统计证照数； 4. 按行政区统计。	发证时间 证照名称 证照编号 建设类型 行政区域
	3	近一年发证情况	1. 以发证时间为准，统计近一年每月核发的"用地预审与选址意见书"数量； 2. 按项目建设类型分别统计市政类证照数、建筑类证照数； 3. 以证照编号为准统计证照数。	发证时间 证照名称 证照编号 建设类型
用地情况	4	用地面积	1. 以发证时间为准，统计当月/当年核发的"用地预审与选址意见书"； 2. 按"用地面积"字段统计面积。	发证时间 证照名称 用地面积
	5	建设用地面积	1. 以发证时间为准，统计当月/当年核发的"用地预审与选址意见书"； 2. 按"建设用地面积"字段统计面积。	发证时间 证照名称 建设用地面积
	6	土地用途	1. 以发证时间为准，统计当月/当年核发的"用地预审与选址意见书"； 2. 按"用地面积"字段统计面积； 3. 土地用途包括：商业服务业用地、居住用地、工业用地、物流仓储用地、公共管理与服务设施用地、公共设施用地、绿地与广场用地、交通设施用地、其他用地等类型。	发证时间 证照名称 土地用途 用地面积
	7	各区域用地情况	1. 以发证时间为准，统计当月/当年核发的"用地预审与选址意见书"； 2. 按"用地面积"字段统计面积； 3. 按建设类型分别统计市政类用地面积、建筑类用地面积； 4. 按行政区统计。	发证时间 证照名称 建设类型 用地面积

......

8.1.3　农用地转用与土地征收

1. 基本内涵

建设占用土地涉及农用地（未利用地）转为建设用地、征收农民集体所有的土地，依法依规报有权人民政府的申请、审查、批准的行为。

2. 审查要点

主要针对单独选址建设项目农用地转用与土地征收审查要点：

①项目基本情况；

②符合规划计划情况；

③补充耕地情况；

④占用和补划永久基本农田情况；

⑤土地征收情况；

⑥节约集约用地情况；

⑦供地情况；

⑧违法用地查处情况；

⑨其他事项等。

3. 数据归集内容

按照统一数据库结构,归集建设项目农用地转用与土地征收数据的计划管理、项目信息、行政审批与许可、业务活动等要素信息（表 8-3）。

表 8-3　建设项目农用地转用与土地征收要素代码与名称描述

要素代码	要素名称			要素类型
8003000000	农用地转用与土地征收			
8003010000		计划管理		
8003010100			重大项目清单	非空间
8003010200			计划指标库	非空间
8003010300			安排计划情况	非空间
8003020000		项目信息		
8003020100			项目基本情况	非空间
8003020110				土地分类面积表	非空间

续表

要素代码	要素名称		要素类型
8003020200	项目用地范围		空间
8003020300	建设用地项目呈报说明书		非空间
8003020310		功能分区详情	非空间
8003020320		多用途详情	非空间
8003020400	农用地转用情况		非空间
8003020410		耕地质量详情	非空间
8003020500	补充耕地情况		非空间
8003020600	征收土地情况		非空间
8003020700	供地情况		非空间
8003020710		分区供地详情	非空间
8003020800	勘测定界		
8003020810		勘测定界记录	非空间
8003020820		勘测定界地块	非空间
8003020830		勘测定界界址点	非空间
8003030000	行政审批与许可		
8003030100	建设用地项目审批结果		非空间
8003030200	批准用地情况		非空间
8003030300	缴费信息表		非空间
8003030400	农用地转用范围		空间
8003030500	土地征收范围		空间
8003040000	业务活动		
8003040100	申报		
8003040110		申报过程记录	非空间
8003040120		申报材料目录	非空间
8003040200	补正		
8003040210		申报补正告知信息	非空间
8003040300	注销		
8003040310		失效注销撤回批准记录	非空间
8003040320		失效注销撤回批准范围	空间

……

来源：《国土空间用途管制数据规范（试行）》

8.1.4 建设用地规划许可

1. 基本内涵

有权自然资源主管部门依法依规对以划拨或出让方式提供国有土地使用权的建设项目用地的规划审查、许可的行为。

2. 数据归集内容

按照统一数据库结构，归集建设用地规划许可数据的项目信息、管控信息、行政许可等要素信息（表8-4）。

表8-4 建设用地规划许可要素代码与名称描述

要素代码	要素名称			要素类型
8005000000	建设用地规划许可			
8005010000		项目信息		
8005010100			项目基本情况	空间
8005010200			地块信息	空间
8005020000		管控信息		
8005020100			规划管控信息	非空间
8005020200			公共服务设施配套管控信息	非空间
8005020300			城市设计管控信息	非空间
8005020400			市政交通管控信息	非空间
8005020500			特殊要求管控信息	非空间
8005030000		行政许可		
8005030100			行政许可信息	非空间
……				

来源：《国土空间用途管制数据规范（试行）》

3. 监管指标

主要依据各地审批系统成果库统计"建设用地规划许可证"的发证情况、用地情况、建筑规模和建筑设施等，涉及"发证时间、证照名称、证照编号、建设类型、行政区域、用地面积、建设用地面积、土地取得方式、土地用途、规定建筑面积、机动车泊位数和规定功能等字段"（表8-5）。

表 8-5 监管指标

指标名称	序号	子指标项	统计规则	涉及字段
发证情况	1	当月/当年发证情况	1. 以发证时间为准，统计当月/当年核发的"建设用地规划许可证"数量； 2. 按项目建设类型分别统计市政类证照数、建筑类证照数； 3. 以证照编号为准统计数量。	发证时间 证照名称 证照编号 建设类型
	2	当月/当年各区域发证情况	1. 以发证时间为准，统计当月/当年核发的"建设用地规划许可证"数量； 2. 按项目建设类型分别统计市政类证照数、建筑类证照数； 3. 以证照编号为准统计数量； 4. 按行政区统计。	发证时间 证照名称 证照编号 建设类型 行政区域
	3	近一年发证情况	1. 以发证时间为准，统计近一年每月核发的"建设用地规划许可证"数量； 2. 以证照编号为准统计数量； 3. 按项目建设类型分别统计市政类证照数、建筑类证照数。	发证时间 证照名称 证照编号 建设类型
用地情况	4	用地面积	1. 以发证时间为准，统计当月/当年核发的"建设用地规划许可证"； 2. 按"用地面积"字段统计面积。	发证时间 证照名称 用地面积
	5	建设用地面积	1. 以发证时间为准，统计当月/当年核发的"建设用地规划许可证"； 2. 按"建设用地面积"字段统计面积。	发证时间 证照名称 建设用地面积
	6	土地取得方式	1. 以发证时间为准，统计当月/当年核发的"建设用地规划许可证"； 2. 按"土地取得方式"字段统计证照数。	发证时间 证照名称 土地取得的方式
	7	土地用途	1. 以发证时间为准，统计当月/当年核发的"建设用地规划许可证"； 2. 按"用地面积"字段统计面积； 3. 土地用途包括：商业服务业用地、居住用地、工业用地、物流仓储用地、公共管理与服务设施用地、公共设施用地、绿地与广场用地、交通设施用地、其他用地等类型。	发证时间 证照名称 土地用途 用地面积
	8	各区域用地情况	1. 以发证时间为准，统计当月/当年核发的"建设用地规划许可证"； 2. 按"用地面积"字段统计面积； 3. 按建设类型分别统计市政类用地面积、建筑类用地面积； 4. 按行政区统计。	发证时间 证照名称 建设类型 用地面积
建筑规模	9	规定建筑面积	1. 以发证时间为准，统计当月/当年核发的"建设用地规划许可证"； 2. 按"规定建筑面积"字段统计。	发证时间 证照名称 规定建筑面积
	10	机动车泊位数	1. 以发证时间为准，统计当月/当年核发的"建设用地规划许可证"； 2. 按"机动车泊位数"字段统计。	发证时间 证照名称 机动车泊位数
	11	规定功能	1. 以发证时间为准，统计当月/当年核发的"建设用地规划许可证"； 2. 按"规定功能"和"建筑面积"字段统计； 3. 区分地上建筑和地下建筑； 4. 按一级功能分类展示，地上建筑包含居住类建筑、社区配套设施、商业类建筑、公共建筑、工业建筑、其他配套辅助设施、其他；地下建筑包含商业、仓库、厨房、食堂、洗衣房、其他。	发证时间 证照名称 规定功能 建筑面积

指标名称	序号	子指标项	统计规则	涉及字段
建筑设施	12	居住类建筑	1. 以发证时间为准，统计当月/当年核发的"建设用地规划许可证"； 2. 规定功能对应的一级功能分项为"居住类建筑"； 3. 按"规定功能"和"建筑面积"字段统计； 4. 按二级功能分类展示，包含住宅、宿舍、私宅、老年人住宅。	发证时间 证照名称 规定功能 建筑面积
	13	社区配套设施	1. 以发证时间为准，统计当月/当年核发的"建设用地规划许可证"； 2. 规定功能对应的一级功能分项为"社区配套设施"； 3. 按"规定功能"和"建筑面积"字段统计； 4. 按二级功能分类展示，包含管理服务设施、文化娱乐设施、体育设施、教育设施、医疗卫生设施、社会福利设施、配建的交通设施、配建的市政设施。	发证时间 证照名称 规定功能 建筑面积
	14	公共建筑	1. 以发证时间为准，统计当月/当年核发的"建设用地规划许可证"； 2. 规定功能对应的一级功能分项为"公共建筑"； 3. 按"规定功能"和"建筑面积"字段统计； 4. 按二级功能分类展示，包含教育类建筑、科研类建筑、医疗卫生类建筑、体育类建筑、交通类设施、市政类设施、文化类建筑、文物类建筑、司法类建筑、宗教类建筑、社会福利类建筑、殡葬类设施、特殊建筑。	发证时间 证照名称 规定功能 建筑面积

……

8.1.5 建设工程规划许可

1. 基本内涵

有权自然资源主管部门或者省、自治区、直辖市人民政府确定的镇人民政府，依法依规对建筑物、构筑物、道路、管线和其他工程建设的规划审查、许可的行为。

2. 数据归集内容

按照统一数据库结构，归集建设工程规划许可数据的项目信息、管控信息和行政许可等要素信息（表8-6）。

表8-6 建设工程规划许可要素代码与名称描述

要素代码	要素名称			要素类型
8006000000	建设工程规划许可			
8006010000		项目信息		
8006010100			项目基本情况	空间
8006020000		管控信息		

要素代码	要素名称	要素类型
8006020100	规划管控（综合）信息	非空间
8006020200	规划管控（建筑单体）信息	空间
8006020300	规划管控（配建停车位）信息	非空间
8006020400	规划管控（道路工程）信息	空间
8006020500	规划管控（轨道交通）信息	空间
8006020800	规划管控（管线工程）信息	空间
8006020900	其他管控信息	空间
8006030000	行政许可	
8006030100	行政许可信息	非空间
……		

来源：《国土空间用途管制数据规范（试行）》

3. 监管指标

主要依据各地审批系统成果库统计"建设工程规划许可证"的发证情况、建筑规模和建筑设施等，涉及"发证时间、证照名称、证照编号、建设类型、行政区域、总建筑面积、规定建筑面积、计容建筑面积、不计容建筑面积、核增面积、核减面积和规定功能等字段"（表8-7）。

表8-7　监管指标表

指标名称	序号	子指标项	统计规则	涉及字段
发证情况	1	当月/当年发证情况	1. 以发证时间为准，统计当月/当年核发的"建设工程规划许可证"数量； 2. 按项目建设类型分别统计市政类证照数、建筑类证照数； 3. 以证照编号为准统计数量。	发证时间 证照名称 证照编号 建设类型
	2	当月/当年各区域发证情况	1. 以发证时间为准，统计当月/当年核发的"建设工程规划许可证"数量； 2. 按项目建设类型分别统计市政类证照数、建筑类证照数； 3. 以证照编号为准统计数量； 4. 按行政区统计。	发证时间 证照名称 证照编号 建设类型 行政区域
	3	近一年发证情况	1. 以发证时间为准，统计近一年每月核发的"建设工程规划许可证"数量； 2. 以证照编号为准统计数量； 3. 按项目建设类型分别统计市政类证照数、建筑类证照数。	发证时间 证照名称 证照编号 建设类型
建筑规模	4	总建筑面积	1. 以发证时间为准，统计当月/当年核发的"建设工程规划许可证"； 2. 按"总建筑面积"字段统计。	发证时间 证照名称 总建筑面积

指标名称	序号	子指标项	统计规则	涉及字段
建筑规模	5	规定建筑面积	1. 以发证时间为准，统计当月/当年核发的"建设工程规划许可证"； 2. 按"规定建筑面积"字段统计。	发证时间 证照名称 规定建筑面积
	6	计容建筑面积	1. 以发证时间为准，统计当月/当年核发的"建设工程规划许可证"； 2. 按"计容建筑面积"字段统计。	发证时间 证照名称 计容建筑面积
	7	不计容建筑面积	1. 以发证时间为准，统计当月/当年核发的"建设工程规划许可证"； 2. 按"不计容建筑面积"字段统计。	发证时间 证照名称 不计容建筑面积
	8	核增面积	1. 以发证时间为准，统计当月/当年核发的"建设工程规划许可证"； 2. 按"核增面积"字段统计。	发证时间 证照名称 核增面积
	9	核减面积	1. 以发证时间为准，统计当月/当年核发的"建设工程规划许可证"； 2. 按"核减面积"字段统计。	发证时间 证照名称 核减面积
	10	规定功能	1. 以发证时间为准，统计当月/当年核发的"建设工程规划许可证"； 2. 按"规定功能"和"建筑面积"字段统计； 3. 区分"计容建筑面积"和"不计容建筑面积"； 4. "地上建筑"包括居住类建筑、社区配套设施、商业类建筑、公共建筑、工业建筑、其他配套辅助设施、其他； 5. "地下建筑"包括商业、仓库、厨房、食堂、洗衣房、其他。	发证时间 证照名称 规定功能 建筑面积
建筑设施	11	居住类建筑	1. 以发证时间为准，统计当月/当年核发的"建设工程规划许可证"； 2. 按"规定功能"和"建筑面积"字段统计； 3. 按二级功能分类展示，包括住宅、宿舍、私宅、老年人住宅。	发证时间 证照名称 规定功能 建筑面积
	12	社区配套设施	1. 以发证时间为准，统计当月/当年核发的"建设工程规划许可证"； 2. 按"规定功能"和"建筑面积"字段统计； 3. 按二级功能分类展示，包括管理服务设施、文化娱乐设施、体育设施、教育设施、医疗卫生设施、社会福利设施、配建的交通设施、配建的市政设施。	发证时间 证照名称 规定功能 建筑面积
	13	公共建筑	1. 以发证时间为准，统计当月/当年核发的"建设工程规划许可证"； 2. 按"规定功能"和"建筑面积"字段统计； 3. 按二级功能分类展示，包括教育类建筑、科研类建筑、医疗卫生类建筑、体育类建筑、交通类设施、市政类设施、文化类建筑、文物类建筑、司法类建筑、宗教类设施、社会福利类建筑、殡葬类设施、特殊建筑。	发证时间 证照名称 规定功能 建筑面积

......

8.1.6　土地核验与规划核实

1. 基本内涵

有权自然资源主管部门依法依规对建设项目土地利用是否符合土地出让合同、建设工程是否符合规划条件和规划许可内容等核实、验收的行为。

2. 数据归集内容

按照统一数据库结构，归集土地核验与规划核实数据的管控信息、核验与核实信息和行政许可等要素信息（表8-8）。

表 8-8　土地核验与规划核实要素代码与名称描述

要素代码	要素名称			要素类型
8008000000	土地核验与规划核实			
8008010000		管控信息		
8006010100			土地核验与规划管控信息	非空间
8008020000		核验与核实信息		
8008020100			土地核验信息	空间
8008020200			规划核实（建筑）信息	空间
8008020300			规划核实（建筑单体）信息	空间
8008020400			规划核实（道路）信息	空间
8008020500			规划核实（轨道交通路线）信息	空间
8008020600			规划核实（轨道站点）信息	空间
8008020700			规划核实（轨道场站）信息	空间
8008020800			规划核实（管线类）信息	空间
8008020900			规划核实（其他类）信息	空间
8008030000		行政许可		
8008030100			行政许可信息	非空间
......				

来源：《国土空间用途管制数据规范（试行）》

3. 监管指标

主要依据各地审批系统成果库统计"建设工程规划验收合格证"的发证情况、建筑规模和建筑设施等，涉及"发证时间、证照名称、证照编号、建设类型、行政区域、规定建筑面积、计容建筑面积、不计容建筑面积、机动车泊位数、栋数和规定功能等字段"（表 8-9）。

表 8-9 监管指标

指标名称	序号	子指标项	统计规则	涉及字段
发证情况	1	当月/当年发证情况	1. 以发证时间为准，统计当月/当年核发的"建设工程规划验收合格证"数量； 2. 按项目建设类型分别统计市政类证照数、建筑类证照数； 3. 以证照编号为准统计数量。	发证时间 证照名称 证照编号 建设类型
	2	当月/当年各区域发证情况	1. 以发证时间为准，统计当月/当年核发的"建设工程规划验收合格证"数量； 2. 按项目建设类型分别统计市政类证照数、建筑类证照数； 3. 以证照编号为准统计数量； 4. 按行政区统计。	发证时间 证照名称 证照编号 建设类型 行政区域
	3	近一年发证情况	1. 以发证时间为准，统计近一年每月核发的"建设工程规划验收合格证"数量； 2. 以证照编号为准统计数量； 3. 按项目建设类型分别统计市政类证照数、建筑类证照数。	发证时间 证照名称 证照编号 建设类型
建筑规模	4	规定建筑面积	1. 以发证时间为准，统计当月/当年核发的"建设工程规划验收合格证"； 2. 按"规定建筑面积"字段统计。	发证时间 证照名称 规定建筑面积
	5	计容建筑面积	1. 以发证时间为准，统计当月/当年核发的"建设工程规划验收合格证"； 2. 按"计容建筑面积"字段统计。	发证时间 证照名称 计容建筑面积
	6	不计容建筑面积	1. 以发证时间为准，统计当月/当年核发的"建设工程规划验收合格证"； 2. 按"不计容建筑面积"字段统计。	发证时间 证照名称 不计容建筑面积
	7	机动车泊位数	1. 以发证时间为准，统计当月/当年核发的"建设工程规划验收合格证"； 2. 按"机动车泊位数"字段统计。	发证时间 证照名称 机动车泊位数
	8	栋数	1. 以发证时间为准，统计当月/当年核发的"建设工程规划验收合格证"； 2. 按"栋数"字段统计。	发证时间 证照名称 栋数
	9	规定功能	1. 以发证时间为准，统计当月/当年核发的"建设工程规划验收合格证"； 2. 按"规定功能"和"建筑面积"字段统计； 3. 区分地上建筑和地下建筑、计容和不计容； 4. 按一级功能分类展示，地上建筑包含居住类建筑、社区配套设施、商业类建筑、公共建筑、工业建筑、其他配套辅助设施、其他；地下建筑包含商业、仓库、厨房、食堂、洗衣房、其他。	发证时间 证照名称 规定功能 建筑面积

续表

指标名称	序号	子指标项	统计规则	涉及字段
建筑设施 建筑设施	10	居住类 建筑	1. 以发证时间为准，统计当月/当年核发的"建设工程规划验收合格证"； 2. 规定功能对应的一级功能分项为"居住类建筑"； 3. 按"规定功能"和"建筑面积"字段统计； 4. 按二级功能分类展示，包含住宅、宿舍、私宅、老年人住宅。	发证时间 证照名称 规定功能 建筑面积
	11	社区配套 设施	1. 以发证时间为准，统计当月/当年核发的"建设工程规划验收合格证"； 2. 规定功能对应的一级功能分项为"社区配套设施"； 3. 按"规定功能"和"建筑面积"字段统计； 4. 按二级功能分类展示，包含管理服务设施、文化娱乐设施、体育设施、教育设施、医疗卫生设施、社会福利设施、配建的交通设施、配建的市政设施。	发证时间 证照名称 规定功能 建筑面积
	12	公共建筑	1. 以发证时间为准，统计当月/当年核发的"建设工程规划验收合格证"； 2. 规定功能对应的一级功能分项为"公共建筑"； 3. 按"规定功能"和"建筑面积"字段统计； 4. 按二级功能分类展示，包含教育类建筑、科研类建筑、医疗卫生类建筑、体育类建筑、交通类设施、市政类设施、文化类设施、文物类建筑、司法类建筑、宗教类建筑、社会福利类建筑、殡葬类设施、特殊建筑。	发证时间 证照名称 规定功能 建筑面积

……

8.2　国土空间规划精准实施要点

2019 年 7 月，习近平总书记在中央全面深化改革委员会第九次会议上强调，"科学有序统筹布局生态、农业、城镇等功能空间，按照统一底图、统一标准、统一规划、统一平台的要求，建立健全分类管控机制"。这是中央层面首次提出"四统一"的要求。本节在各地实践基础上按照"统一底图，多规合一""统一流程，多审合一""统一规则，精准管控""统一编码，全链监管"四个层面剖析国土空间规划精准实施要点。

8.2.1　统一底图，多规合一

1. "多规合一"落在一

我国从 2003 年开始就陆续在开展相关工作，主责部门也不断发生变化，从发改部门，到住建部门，如今归于自然资源部门，对应的内容不断深化，主要包括三个层面的内涵：第一是空间规划主责部门的合一，由中共中央、国务院确定的自然资源部门负责；第二是多个空间规划的合一，将主体功能区规划、土地利用规划、城乡规划等空间规划融合为统一的国土空间规划；第三是多个蓝图的合一，各类专项规划的编制要遵循国土空间规划，在该体系下进一步进行优化完善。

2. "一张蓝图"管到底

从 2019 年明确国土空间规划"一张图"实施监督信息系统建设任务开始，经过四年的时间，全国基本建成了四级互联、边界完整、可层层叠加打开的国土空间规划"一张图"。相继批复实施的三类规划，将逐个叠加到国土空间规划"一张图"上，形成统一的国土空间开发保护"一张图"。以国土"三调"和年度变更调查成果为"底图"，以国土空间规划为法定依据，开展各项审查和许可，为统一国土空间用途管制提供数据支撑和规划依据。

8.2.2　统一流程，多审合一

以"多规合一"为基础，统筹规划、建设、管理三大环节，推动"多审合一、多证合一"，围绕"一表申请""一窗受理""只跑一次"的业务目标，按照"一类事项一个部门统筹，一个阶段同类事项合并"的原则，通过七个统一，即统一申报材料、统一业务表单、统一审批流程、统一电子证照、统一图形要素、统一编码规则、统一办理时限，实现业务的规范化、标准化、数字化，实施国土空间用途管制业务全周期数字化监管。

8.2.3　统一规则，精准管控

梳理国土空间规划实施过程中的差异化的空间准入规则、刚弹结合的用途管制分区规则、智能的审批许可核验规则、与事权相匹配的开发利用监管规则等规则。通过"规则引擎＋人工校核"的方式将各类管理规则转译为计算机可理解的数字规则并可进行配置、注册、运行、测试、发布，实现规则统一管理和应用，实现国土空间治理精准管控，提高审批效能和监管服务水平。

1. 空间准入规则

我国空间准入管理模式一般包括正面清单、负面清单、混合清单。生态保护红线、永久基本农田管理采用的是正面清单；对于一般性管控，宜采用负面清单，激发市场主体活力。省级以上、地级市、县级事权在自然资源管制方面的侧重点存在一定的差异，省级以上事权更加侧重资源保护，地方事权（一级严控型）兼顾保护和利用，地方事权（二级监控型）侧重合理利用，因此三者在空间准入要求方面分别采取"正面清单＋约束指标""负面清单＋约束指标""负面清单＋强度管控"方式（刘涛等，2022；方勇，2023）。

2. 用途管制分区规则

为构建权责清晰、科学高效的国土空间用途管制蓝图，需要刚弹结合的用途管制分区规则。一方面，根据主导地类属性类别划分用途管制分区体系，对永久基本农田、生态保护红线内的自然资源，进一步增加其管制刚性，原则上禁止改变用途；对其他一般性农用地、生态空间等，允许根据市场经济发展需求进行合理调整，但必须明确总量上限和承载力要求。另一方面，结合分级事权的"刚弹并举"、管制方式的合理选取，构建全域全要素国土空间用途管制分区准入体系，对不同等级事权下的自然资源用途转用类型，区分正向转用和负向转用，按照主导功能和兼容用途，明确正向转用和负向转用的具体规则（刘涛等，2022；熊芸等，2023）。

3. 审批许可核验规则

按照最新的用途管制监管要求，主要包括空间规划核验、现状地类核验、上下游业务约束分析等核验规则。基于国土空间规划"一张图"，按照统一核验规则，对项目申报和审批（许可）结果进行底线管控。实现全周期空间分析、许可超期预警超计划申报审批监测预警等功能，对各级各类业务全方位监测和管控。

4. 开发利用监管规则

从区域、分区和地块3个层面建立全过程监管机制。其中，区域层面主要为中央和省对地方，通过各类约束性指标考核地方；分区层面为地级市政府对区县，包括落实和分解考核上级下达的约束性指标，并定期对下辖区域的自然资源资产价值进行评估，实时监管自然资源资产变化情况；地块层面区县政府监管项目落地实施情况，制定项目准入条件和控制指标，如容积率、投资强度、产出效益、生态修复等，全过程跟踪监管项目准入条件和控制指标是否落实（刘涛等，2022）。

8.2.4 统一编码，全链监管

1. 编码技术标准

随着"互联网＋不动产登记"制度、"多规合一、多审合一、多测合一、多验合一"等制度改革的有序推进，多地都在探索自然资源全域、全要素、全周期、全流程等空间治理能力的全面提升，逐渐形成了覆盖确权登记业务体系、用途管制业务体系、新型基础测绘业务体系等的"码上治理"效能进阶之路。同时出台的相关技术标准如下。

（1）不动产单元代码

2019 年 10 月，国家市场监督管理总局、中国国家标准化管理委员会联合印发

《不动产单元设定与代码编制规则》，以现有的地籍档案和数据为基础，建立了以不动产单元为载体的不动产单元编码体系（图8-6），实现了土地、房屋、森林与林木、农村土地承包经营权、林地、草地、海域、无居民海岛等不动产的统一登记。

不动产单元代码从空间上赋予不动产单元唯一和可识别的标识码，包含空间位置和地、幢、户信息，可满足建设项目空间划分层级精度要求以及地、楼、户的业务管理需求。同时不动产单元代码将土地、房屋、林地、草原、农村土地承包经营权、海域等统一纳入编码信息中，涵盖了建设项目所有的用地类型。

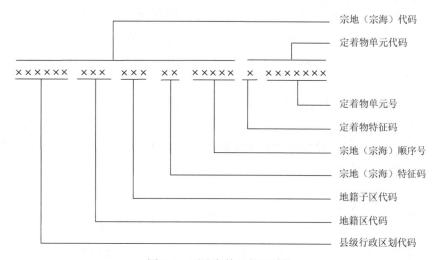

图8-6　不动产单元代码结构

（2）自然资源登记单元代码

2020年2月，自然资源部出台《自然资源确权登记操作指南（试行）》，按照"自然资源登记单元具有唯一编码，编码规则由国家统一制定"要求，吸收不动产单元设定与代码编制规则中有关分层编码的经验，规定了登记单元编码采用3层15位层次码结构，即县级及以上行政区划代码（6位）＋自然资源特征码（3位）＋登记单元顺序号（6位）。既保证了登记单元编码的唯一性和相对稳定性，又清晰表达了登记单元所在行政区域和登记单元类型，便于登记单元的管理、查询等。如图8-7所示。

（3）项目代码

2020年9月，国家发展改革委、工业和信息化部、安全部、自然资源部、生态环境部、住房城乡建设部、交通运输部、水利部、国家卫生健康委、应急部、统计局、气象局、能源局、国防科工局、烟草局、林草局、民航局、文物局18个部委联合印发《固定资产投资项目代码管理规范》，明确规定全国投资项目在线审批监管平台（以下简称"在线平台"）生成的项目代码作为项目整个建设周期的唯

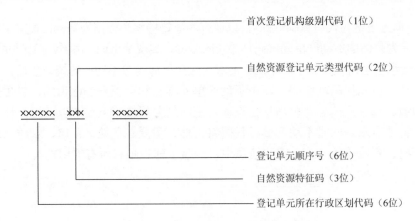

图 8-7　自然资源登记单元代码结构

一身份标识，用好项目代码是项目单位的法定义务和政府部门的法定职责。项目代码由 4 位时间代码、6 位地区代码、2 位中央业务指导部门代码、2 位项目类型代码、5 位随机码和 1 位校验码共 5 段依次组成；每段代码之间由短横线"-"连接，共 24 位（图 8-8）。

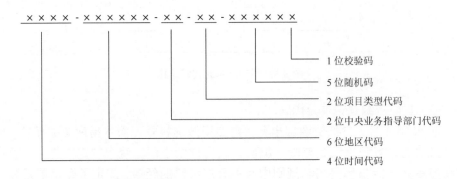

图 8-8　项目代码结构

　　应用管理部门应通过项目代码及时归集审批事项的收件、受理、办理、办结等信息；项目监管部门及时将监管执法结果信息统一归集至项目代码；项目单位通过项目代码查询项目审批信息、获取项目审批结果，同时通过在线平台报送项目开工建设、建设进度、竣工的基本信息，归集至项目代码。

　　（4）电子监管号

　　《国土空间用途管制数据规范（试行）》明确了电子监管号编制规则，它是许可或审批时产生的全国统一编号。以建设项目为单元，通过统一编码的电子监管号将预审、用地审批、用地规划许可、工程规划许可、验收等各个管理阶段数据串联起来，对用途管制各环节产生的数据信息进行统一规范，实现用途管制审批（许可）的全联通可追溯。

电子监管号基于自然资规〔2019〕2号文全国统一编号规则扩展，采用5层17位码结构，由行政区划代码、年份代码、业务码、顺序号、校验码构成（图8-9）。

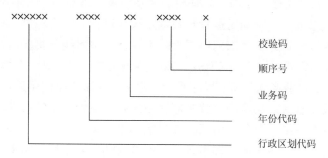

图 8-9　电子监管号结构

2. 编码运行服务

（1）全业务"一码"关联

对建设项目的全生命周期业务流程从"规划编制阶段、计划阶段、策划生成阶段、立项及用地规划许可阶段、建设工程规划许可阶段、施工阶段、竣工验收阶段"进行分析梳理。探索采用统一的编码规则，在规划编制阶段开始进行空间赋码，用"项目码"和"空间码"贯穿全生命周期，确保业务工作规范高效，支撑建设项目全生命周期的"一码"管理。将"一码"与各类编码建立唯一、清晰的关联关系，实现建设项目全生命周期的信息串联。

（2）全信息"一码"共享

充分利用建设项目编码将项目全流程各阶段信息和数据关联挂接的特性，通过"一码"可查看项目全流程基本信息、统计信息、项目进度、电子证照、电子档案等信息，实现一码可查询出项目的全链条业务状况，避免查询项目信息需要通过多个系统查询辨认的情况。

（3）全过程"一码"溯源

面向建设项目全生命周期中涉及拆分、调整，导致项目之间关系存在难以判断的情况，设计项目图谱。以项目图谱、树状视图的形式展示国家项目的拆分情况，采用数据抽取、挖掘等方法，建立项目与图形、业务办理间的关系，提供基于已建好的图谱进行查询、展示操作。通过项目图谱可以清晰直观地厘清项目之间的血缘关系，摸清项目各阶段调整变更的过程，有效降低项目挂接、关联出错的概率。

8.3 典型案例：B市国土空间用途管制监管 系统赋能规划精准实施

B市面向自然资源"两统一"职责、"放管服"改革、"互联网+政务服务"的相关要求，以《国土空间用途管制数据规范（试行）》为标准，以用途管制全业务覆盖、全流程贯通、多部门协同为基本目标，按照统一集成门户、统一业务审批、统一规则审查、统一指挥调度、统一赋码引擎、统一算法支撑的建设思路，以数据为核心、以业务为规范、以流程为驱动，构建国土空间用途管制监管系统，纵向上与部级、省级、县级用途管制监管系统和业务管理系统打通，横向上与工程建设项目审批系统、政务服务网、项目策划生成系统、共享服务平台打通，实现信息共享交换、业务协同、多审合一，促进自然资源用途管制审批数字化、网络化、一体化管理，强化行政管控力度，促进空间治理能力现代化。

8.3.1 系统概述

B市国土空间用途管制监管系统遵循全市"一盘棋、一体化"的工作思路，覆盖用途管制"批-供-用"全周期，通过推行地块赋码，建立全链条管理、全过程留痕制度，实现"一图"核验全周期、"一码"监管全过程，促进国土空间治理数字化转型（图8-10）。

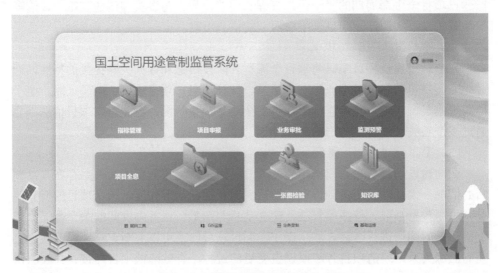

图8-10 国土空间用途管制监管系统

8.3.2　核心功能

1. 带图审批

在业务办理页面接入地图窗口，可在地图上对项目的空间位置、业务表单、材料附件、办理过程等信息进行关联查询，通过空间分析结果的一键生成、图表数据的实时关联，协助业务办理人员全过程高效看图、审图和绘图（图 8-11）。

图 8-11　带图审批示例

2. 综合会审

依托图形化的流程设计引擎，在梳理用途管制各类业务事项的基础上，构建统一的业务审批流程，构建市、县两级模块化审核模块，支持预审选址、用地报批和一书三证等用途管制业务从受理、审查、审核、组卷汇交到全国国土空间用途管制监管系统、发证备案的全流程网上办理，支撑用途管制核心业务的高效审批（图 8-12）。横向上打通了用途管制数据孤岛，实现了国土空间规划、用途管制、土地利用、占补平衡、违法督察各类自然资源信息数据互联互通，实现让数据多跑路，企业和群众办事少跑路。

图 8-12　建设项目用地审批

3. 项目全息

项目全息应用是通过知识图谱技术，建立项目、业务、地块间的时空关系图谱，并以可视化知识链接的方式进行直观展示，支持基于已建好的图谱进行查询、展示操作。同时支持通过"一码"一键串联出地块的全链条业务状况，包括各业务的关键指标、成果材料、地块定位等，并按照时间轴顺序排列，辅助高效解读地块的"前世今生"（图 8-13）。

图 8-13　项目全息

4. 指标统筹

以土地利用计划的用地指标为核心，对八大类用地指标进行全面统筹管理，在建设项目申报农用地转用使用指标时，对各类用地指标进行使用限制，以土地供应引导需求，有效提升计划指标对建设用地项目的实施管控能力，达到计划管理"一本账"的管控成效（图8-14）。

图 8-14　指标统筹

5. 预警分析

建设了规划分析评价、实时多源数据接入、规划监测评估预警、资源环境承载能力监测预警、指标模型管理等功能模块。通过利用相关模型进行分析和评价，实现对规划及各项专题数据的综合分析，基于国土空间规划核心指标，构建规划实施评估、专项评估及预警模型，建立评估分析方法，对国土空间用途管制实施情况展开动态监测、定期评估和及时预警（图8-15）。

6. 数据汇交监管

通过建设数据汇交监管系统，按照下发的技术规范实现数据上报和信息接收，同时提供汇交质量的监管监控，保障数据上报的稳定性和高质量性（图8-16）。

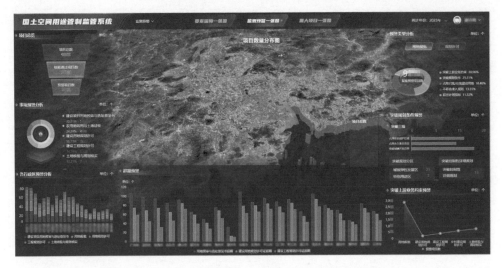

图 8-15　预警分析

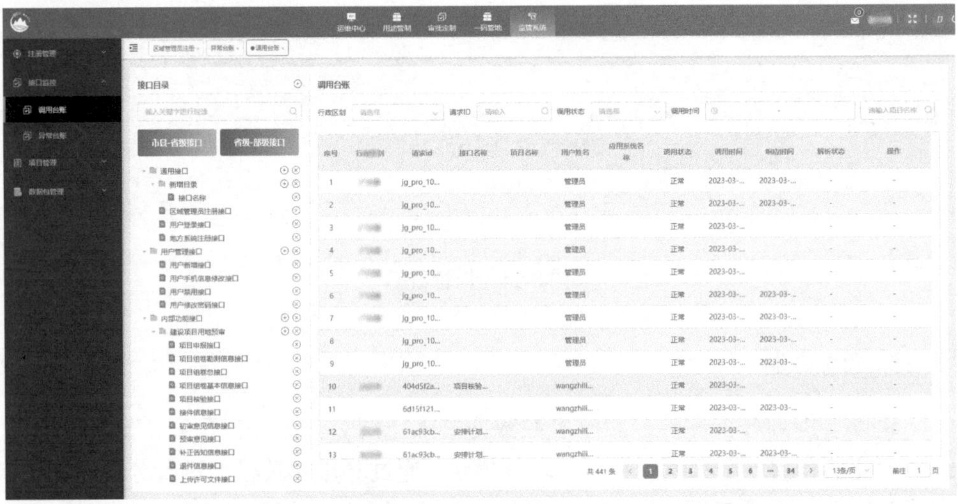

图 8-16　数据汇交监管

8.3.3　应用成效

　　总体上，B 市通过构建"覆盖完整、内容丰富、标准统一"的国土空间用途管制监管系统，提高了国土空间用途管制与政务服务水平。

　　一方面，依据国家相关政策和标准文件要求，建设全市统一的用途管制标准数据库，实现用途管制相关要素数据的全面归集。同时通过建立全市统一的用途管制数据备案入库、自动更新和推送发布机制，让用途管制政务信息从政府部门内部走到百姓和企业中去，让用途管制应用从支撑政府部门履职落到服务公众日常生活上去，改善和优化营商环境，提升群众满意度。

另一方面，实现了国土空间用途管制业务审批监管的全过程信息化、规则化、空间化及审查审批可留痕、可追溯，整体提升业务办理的效率和准确率，有效控制了"人情审查、审批""违规审查审批"等现象。

参 考 文 献

曹春华, 卢涛, 李鹏, 2022. 国土空间规划监测评估预警: 内涵、任务与技术框架[J]. 城市规划学刊, (6): 88-94.

方勇, 2023. 国土空间分区分类用途管制规则研究[J]. 上海国土资源, 44(1): 10-14.

刘涛, 姚江春, 朱江, 2022. 央地共治下的自然资源用途管制优化研究[J]. 规划师, 38(11): 78-83.

王万茂, 2022. 国土空间规划落地实施的最后一公里: 简论村域空间规划[J]. 现代城市研究, (3): 36-39.

熊芸, 龚健, 陈平, 2023. 陆域国土空间用途管制分区准入体系构建研究[J]. 规划师, 39(3): 87-93.

曾山山, 尹长林, 陈光辉, 等, 2019. 新时期国土空间规划体系重构下的项目策划生成机制探索[C]//中国城市规划学会城市规划新技术应用学术委员会, 广州市城市规划自动化中心, 深圳市规划国土房产信息中心. 智慧规划·生态人居·品质空间: 2019年中国城市规划信息化年会论文集. 南宁: 广西科学技术出版社.

庄少勤, 赵星烁, 李晨源, 2020. 国土空间规划的维度和温度[J]. 城市规划, 44(1): 9-13, 23.

9 国土空间规划监测评估预警

规划实施监督机制是维护国土空间规划严肃性和权威性的根本保障（自然资源部国土空间规划局，2021）。自然资源部成立以来，多次强调建立国土空间规划动态监测评估预警机制，加强规划实施监督，提高空间规划严肃性、科学性、落地性的重要意义。国土空间规划监测评估预警既是保障当下规划实施成效、强化空间用途管制的重要手段，更是面向未来实现"可感知、能学习、善治理、自适应"的智慧规划转型的关键支撑。

2019 年 5 月，《中共中央 国务院关于建立国土空间规划体系并监督实施的若干意见》出台，明确要求建立健全国土空间规划动态监测评估预警和实施监管机制，健全资源环境承载能力监测预警长效机制，建立国土空间规划定期评估制度，到 2025 年全面实施国土空间监测预警和绩效考核机制。因此，为统筹规划、建设、管理三大环节，实现国土空间规划编制、审批、修改和实施监督的闭环管理，对国土空间规划监测评估预警体系开展理论、方法研究与应用实践意义重大。

9.1 国土空间规划监测评估预警体系

国土空间规划监测评估预警是开展规划实施监督的具体手段，对规划实施过程与状态的监督主要从监测、评估、预警三个方面展开，即通过构建针对重要控制线与重点区域的监测评估预警指标和模型，实现国土空间规划实施的动态监测、定期评估与及时预警。动态监测的重点在于监测的实时性，尤其是对重要管控边界以及约束性指标而言，需要快速广泛地采集多源数据，为动态分析国土空间要素变化提供支撑；定期评估的重点在于评估的精准性与常态化，针对国土空间规划"一年一体检、五年一评估"的体检评估需要，能够对底线管控、结构效率等多维度的规划评估指标进行精准分析评估，便于掌控国土空间开发保护现状与实施情况；及时预警的重点在于及时性，尤其是对潜在可能违反重要控制线与约束性指标警情的提前预判告知，是遏制规划偏离现象的重要手段。

综上所述，国土空间规划监测、评估和预警都是规划实施监督不可缺少的技术环节。监测是国土空间规划监督监管的基础，通过多样化的信息采集手段，实时获取国土空间诸多要素的变化，从而实现对国土空间保护和开发利用行为的全流程监管，因此监测本质上是对国土空间的感知，而感知则是为了更好地评估与预警。一方面，通过获取长时间序列的动态监测信息，对国土空间开发利用现状以及规划实施成效、目标等进行动态评估，从而精准判断规划是否合乎预期，为国土空间规划编制动态调整完善、底线管控等提供依据。另一方面，监测与评估的相关成果，又进一步为国土空间规划及时预警奠定了前置基础，通过对监测到的国土空间要素变化情况或规划评估的状态分析，结合一定的预警规则，对有突破重点管控边界或约束性指标风险的情况及时预警，便于部署相应的行动决策。通过持续的监测评估预警，形成国土空间规划监督监管闭环（图 9-1）（钟镇涛等，2020），亦即从规划"感知"到"决策"的行动路线，助力"可感知、能学习、善治理、自适应"智慧规划目标的实现。

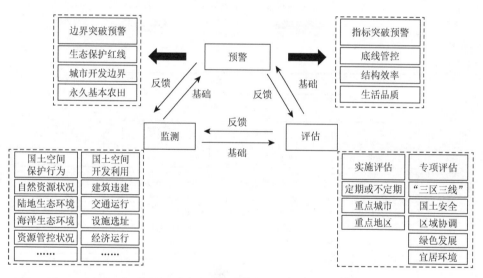

图 9-1　国土空间规划监测评估预警逻辑关系

《国土空间规划"一张图"实施监督信息系统技术规范》（GB/T 39972—2021）提出了关于国土空间规划实施监测评估预警的总体要求，即"构建针对重要控制线和重点区域的监测预警模型，以及规划实施评估和专项评估模型……实现国土空间规划实施的动态监测、及时预警和定期评估"。因此，本节将以国土空间规划动态监测、精准评估和及时预警三大业务应用为导向，基于底线管控思维构建以云计算基础设施和多源大数据资源为支撑、以机器学习和人工智能算法模型为核心的国土空间规划监测评估预警系统架构（图 9-2），以支撑国土空间保护、开发、利用的全方位全天候监管。该系统架构具体包含四个层次：基础设施层、数据资源层、算法模型层和业务应用层。

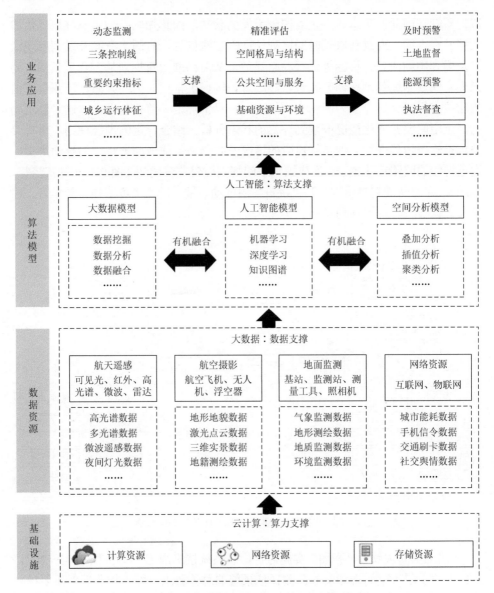

图 9-2　国土空间规划监测评估预警系统架构示意图

（1）基础设施层

基础设施层是监测评估预警模型构建、计算、应用的基础支撑，通过云计算技术对底层的计算资源、网络资源与存储资源进行管理和调度，满足多源大数据的分析挖掘、存储传输、复杂算法实现的应用需求，为国土空间规划监测评估预警夯实基础。

（2）数据资源层

数据资源层是以空天地网一体化数据感知网络为基础，对国土空间地理环境信息与城乡运行活动信息进行全面感知，汇聚遥感影像、地形地貌、气象环境监测、手机信令、POI等多源异构大数据，形成监测评估预警数据资源库，作为模型运算分析的"原料"，通过数据规整处理、融合分析等手段，支撑国土空间信息提取挖掘。

（3）算法模型层

算法模型层作为国土空间规划监测评估预警的核心技术支撑，主要是由以机器学习与深度学习为代表的人工智能模型、大数据模型以及空间分析模型构成。其中，人工智能模型主要用于支撑地表信息的变化监测预警，大数据模型与空间分析模型则重点用于国土空间人地关系、人口活动等方面内容的评估，三类模型既能辅助监测评估预警专题分析，同时也可通过不同模型的有机组合，形成支撑复杂规律挖掘与理解的复合型模型，更好地辅助国土空间规划监测评估预警。

（4）业务应用层

业务应用层是国土空间规划监测评估预警模型最终应用导向的具体体现。在云计算、大数据与人工智能各自提供的算力支撑、数据支撑和算法支撑下，面向国土空间规划动态监测、精准评估与及时预警的应用目标，发挥监测评估预警模型的科学性、精准性与实用性，为自然资源与环境快速感知监测、国土空间规划实施成效细化评估、底线管控预警等提供支撑。

9.2 国土空间规划动态监测

9.2.1 概念内涵

国土空间规划动态监测是以国土空间规划监测信息资源为基础，构建国土空间规划监测指标体系，对国土空间规划全流程进行指标监测分析。《国土空间规划"一张图"实施监督信息系统技术规范》明确其主要内容是采用实时采集和多源数据，对国土空间规划实施过程中的国土空间开发保护建设活动进行动态监测，特别是对各类管控边界、约束性指标开展重点监测。按照问题和目标导向，结合国家政策要求，通过对国土空间规划实施过程的全面监测，实时掌控自然资源、规划用地、人口、产业、交通、环境等各个方面情况，判断现阶段的空间治理问题和风险，为规划实施评估和预警起基础支撑作用。

9.2.2 国土空间规划监测模型体系

国土空间规划监测的核心是对国土空间信息的感知，当前以卫星遥感、航空摄影、物联网、互联网等典型技术为主构成的空天地网一体化监测网，是国土空间信息感知体系的关键组成部分，国内已有不少研究运用相关技术辅助规划监测。如利用遥感影像与机器学习算法对违法建设行为进行动态监测，或基于街景影像、POI、交通刷卡、手机信令等大数据分析人类时空活动特征，监测城乡运行动态、区域联系强度等。

总体上各类国土空间规划监测方法可以概括为：通过空间信息感知手段采集多源时空数据，并基于此构建应用分析模型，最终实现对自然空间或人类活动状态、规律的监测。

一方面，在监测过程中要根据监测目标与对象的不同，选取合适的数据感知手段。对于永久基本农田、生态保护红线等自然空间管控要素的监测，可充分发挥卫星遥感、航空摄影等方法监测范围广、数据周期短、数据信息丰富的优点，定期采集多时相遥感影像，提取地表信息变化；对于人口活动强度、区域联系度等人类活动信息的监测，可采用手机信令、交通刷卡、互联网等可以反映人口时空结构、情感变化规律的数据，从人的活动、感受等维度监测城乡运行体征。

另一方面，要充分运用大数据、机器学习、深度学习等技术，结合监测对象的表现形式与变化特征，构建融合多源大数据的空间信息动态感知与快速识别模型体系。模型体系由国土空间信息智能提取模型与城乡运行体征监测模型两类模型构成，其中国土空间信息智能提取模型主要以遥感影像数据为基础，对建筑、水体、植被、耕地等要素进行高精度提取，用于国土空间规划中对重点管控边界与要素的监测。城乡运行体征监测模型是以新兴大数据为基础，通过融合空间分析、定量分析、语义分析等分析方法，从多源异构的人类活动监测数据中挖掘人类活动特征规律。两类模型互为补充，实现对国土空间自然信息与人类活动信息的全面监测，为国土空间保护与开发利用监测提供支撑。

国土空间规划监测模型体系架构如图 9-3 所示。其中，国土空间信息智能提取模型是以随机森林、支持向量机等机器学习算法以及卷积神经网络、全卷积网络、生成式对抗网络等深度学习算法为支撑，通过对遥感影像纹理、特征的学习训练，进而具备精准识别地表要素的能力，从而辅助自然资源与国土空间要素的快速监测。而对于城乡运行体征监测模型，其更多是通过对海量人类活动与城乡运行数据的综合分析与挖掘，运用空间分析、语义分析、对比分析等分析手段来实现对人类活动空间规律、变化趋势特征的识别分析。总体而言，构建融合多源大数据的空间信息动态感知与快速识别模型体系，是实现国土空间规划动态监测的必要前提，尤其是在国土空间底线管控要素方面，需要充分应用人工智能手段，实现智慧监测。

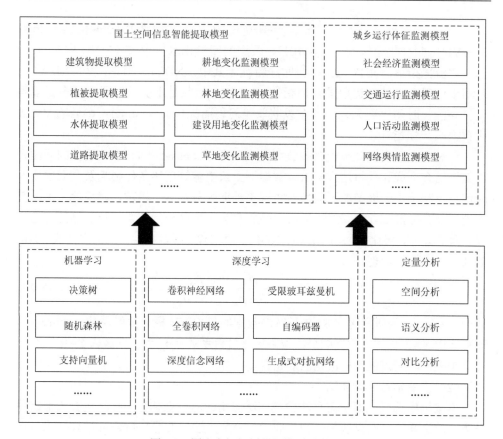

图 9-3 国土空间规划监测模型体系架构

9.2.3 国土空间规划动态监测应用

1. 土地利用变化监测

国土空间规划动态监测的重点要素之一就是生态保护红线、永久基本农田等各类管控边界内的土地利用变化。近年来高时空分辨率遥感观测技术的进步为土地利用/覆盖变化提供了多源遥感影像数据来源，机器学习等分类算法的发展提高了土地利用/覆盖分类的精度，各类云计算平台为大范围、高时效的遥感影像分类提供了算力支撑。本节案例以 Sentinel-1/2 和 Landsat 7/8 遥感影像为数据源，介绍利用机器学习分类算法进行土地利用分类以实现永久基本农田保护区动态监测的应用。

（1）多元时序特征选择

土地利用/覆盖变化监测与分析依赖遥感影像时间序列的变化特征信息，因此在构建时间序列时，时序特征的选择尤为重要。本案例的研究区位于华南地区，结合该地区土地利用/覆盖类型变化的主要过程选择归一化植被指数（NDVI）、归一化建筑指数（NDBI）、改进的归一化水体指数（MNDWI）、归一化 VV 极化指数（NDVVI）作为时序特征。其中，NDVI、NDBI 和 MNDWI 均是用于遥感影像特征提取的常用指数，NDVVI 指数是本书针对研究区多云多雨天气导致长时间序列无云影像难以获取等问题而提出的 Sentinel-1 影像的 VV 极化数据归一化指标。

　　针对研究区多云多雨天气导致可见光影像（Landsat 7/8）多云遮挡的问题，本案例结合合成孔径雷达（SAR）数据不受云雨雾等自然条件影响及全天候成像的优势，利用不同地类的不同散射机理来辅助区分水体、植被、建筑等土地覆盖类型，并将 Sentinel-1 影像的 VV 极化数据作为研究区土地覆盖变化监测的雷达数据。为了将 VV 极化数据与 NDVI、NDBI、MNDWI 指数相统一，采用公式（9-1）对其进行归一化处理。

$$\text{NDVVI} = \frac{\rho_{vv} - \max \rho_{vv}}{\min \rho_{vv} + \max \rho_{vv}} \tag{9-1}$$

式中，$\max \rho_{vv}$ 为研究区内 SAR 长时序数据的最大 VV 极化散射系数；$\min \rho_{vv}$ 为研究区内 SAR 长时序数据的最小 VV 极化散射系数；ρ_{vv} 为研究区内 SAR 长时序数据中某一时间点的 VV 极化散射系数。

　　（2）机器学习分类算法

　　本案例中选取机器学习算法中被广泛应用的随机森林分类算法进行土地覆盖分类。随机森林分类算法是一种集成学习分类方法，采用 bootstrap 抽样技术从原始数据集中抽取训练样本集，并通过训练样本集构建 CART 决策树。影响随机森林分类器性能和效率的主要参数为决策树变量、候选特征子集和叶节点最小样本数。本案例中这 3 个参数分别设置为：随机森林分类器的决策树变量为 100，候选特征子集为 4，叶节点最小样本数为 1。

　　（3）分类精度评价

　　为了保证土地覆盖分类结果的准确性，本案例选择总体精度（OA）和分类精度值（F-Score）作为土地覆盖变化监测的精度评价指标。这两个指标均来源于混淆矩阵，其中 OA 用于评价整体分类结果的有效性，F-Score 用于评价每一土地覆盖类型的分类精度。针对上述研究区内土地覆盖类型变化监测结果的精度评价，本案例采用分层随机采样的方法在研究区内抽取了 1000 个验证样本点，并通过目视解译判读其是否为土地覆盖类型发生变化的区域，进而获得 587 个非变化样本点和 413 个变化样本点。精度评价结果显示，研究区内基于随机森林分类器的土地覆盖变化监测结果的总体精度（OA）为 83.5%，单一土地覆盖类型的分类精度值（F-Score）为 0.82，分类结果精度可以满足国土空间规划动态监测的业务需求。

图 9-4 展示了基于随机森林分类器识别的永久基本农田保护区内建设用地变化监测结果，显示监测结果能够有效捕获该农田保护区内 2017 年和 2018 年建设用地变化的信息。

RF   2017年Sentinel-2假彩色合成 2018年Sentinel-2假彩色合成
（R = SWIRl, G = NIR, B = Blue） （R = SWIRl, G = NIR, B = Blue）

图 9-4　基于随机森林算法的永久基本农田保护区内建设用地变化识别（后附彩图）

2. 城市建筑物智能提取

城市建筑物精细智能提取，即从高分辨率遥感影像中精细准确地提取城市建筑物轮廓，对于监测国土空间开发利用违法违规等现象具有重要支撑作用。本节采用开放的高分辨率遥感影像，借助深度学习技术构建城市建筑信息识别模型，从而实现城市建筑物轮廓的精细快速智能提取与可视化。整个技术路线包括三部分：一是构建训练数据集；二是训练建筑物提取模型；三是大尺度建筑物快速提取和制图。

（1）构建训练数据集

不同于图像分类，建筑物的精细提取需要对每个像素判别其是否为建筑物，因此，用于建筑物提取的训练数据集应该包括两部分：高分辨率的光学影像；对应的标签图像，该标签图像包括两类，即建筑物和非建筑物，与高分影像具有相同的空间坐标系、投影转换参数、行列数和空间分辨率。

建筑物标签数据需要与原始影像存在高度的一致性，即影像中出现的建筑物必须准确刻画，而影像中不存在建筑物的像素不能标记为建筑物。为此，结合 OpenStreetMap、百度地图等开源的地图产品，通过 GIS 编辑软件实现原始标签数据的人工编辑和纠正。通过将矢量格式的建筑物标记数据转为与原始影像相同分辨率和地理参考系统的栅格格式图像，进而得到一套高质量的建筑物提取训练数据集。

图 9-5、图 9-6 展示了部分示例训练数据，包括城市不同类型建筑的影像及其对应的标签。其中每一景影像的覆盖范围约为 35km^2，覆盖了国内大部分建筑物类型，包括密集低矮的城中村、工厂厂棚、大型厂房、高层公寓和写字楼等。

影
像

标
签

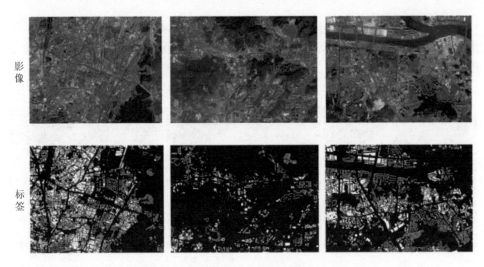

图 9-5　城市建筑物提取训练数据集示例

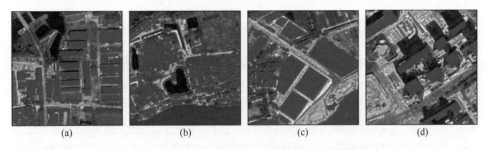

(a)　　　　　　　　(b)　　　　　　　　(c)　　　　　　　　(d)

图 9-6　部分影像与标签的叠加示意图（后附彩图）

（a）工厂厂棚；（b）密集底层住宅；（c）大型厂房；（d）高层公寓

（2）训练建筑物提取模型

从图像中进行建筑物的识别往往采用语义分割的方法，具体应用了全卷积网络（FCN）模型方法。FCN 模型可对输入图像的每一个像素进行分类，因而能得到密集的预测输出，它既要保证图像分类的准确性，又要保证图像空间位置的准确性。自 FCN 的概念被提出以来，许多 FCN 模型被广泛提出，例如 FCN-8s、SegNet、U-Net、DeepLab 等。其中，Deeplab-v3＋能学习和聚合多尺度的上下文信息，因而在各大语义分割竞赛中都取得了非常优异的成绩。图 9-7 展示了Deeplab-v3＋的网络架构，其主要包括两部分：编码器和解码器。Deeplab-v3＋的编码器是一个改进版本的 Xception 特征提取模块。相比于原始的 Xception 特征提取部分，它做了如下改进：①将所有的池化层替换为步幅为 2 的深度可分离卷积层，深度可分离卷积能够将传统的二维卷积分解为逐波段的空间卷积和 1×1 的通道卷积，从而极大地降低参数量；②中间层增加了 8 个深度可分离卷积层，末尾层多了 2 个深度可分离卷积层；③所有的 3×3 的深度可分离卷积层后都增加了一个批量归一化（batch normalization）层和激活（ReLU）层，有助于模型的稀疏性和快速收敛。Deeplab-v3＋的解码部分需要融合多层级的语义特征，即编码器提取的深层语义特征和浅层语义特征。同时，为了聚合多尺度的上下文信息，实现更准确的建筑物提取，Deeplab-v3＋提出了一个聚合多尺度上下文信息的模块，即空洞空间金字塔池化（atrous spatial pyramid pooling，ASPP）模块。ASPP 模块通过不同尺度的空洞卷积率，从而能学习到不同尺度下的上下文信息，通过上下文信息的聚合，能够对像素的分类提供更丰富的上下文信息，从而提高分类精度。ASPP 模块的提出对于大型建筑物的识别具有很大意义。

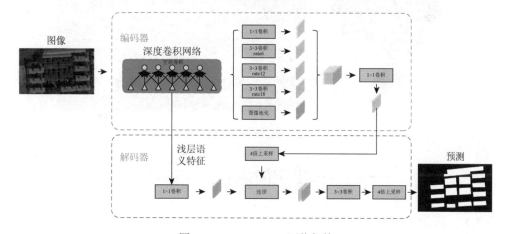

图 9-7　Deeplab-v3＋网络架构

（3）大尺度建筑物快速提取和制图

由于卷积操作过程中的 0 值填充，语义分割结果通常会在图像块边缘处存在较明显的拼接痕迹。为此，我们采用输入图像的 1/4 作为预测时的步幅，对于某一被多个图像块覆盖的像素，其属于建筑物的概率为在各个图像块中的概率的均值。通过步幅移动的方式能减缓边际的拼接痕迹，同时能保证较高的预测效率。

基于上述技术路径，进行数据预处理、模型训练，对建筑物分布和轮廓进行快速提取。最终建筑物提取结果如图 9-8 所示。可以看出，该模型表现良好，可识别出绝大部分研究区内建筑物信息，建筑物边界清晰，轮廓基本连贯，不同建筑物能够很好地区分开来，建筑提取总体精度达到 95%以上，表明该模型具有巨大的应用潜力，可以辅助高效开展国土空间规划实施中违法建设用地监测，为国土空间规划动态监测提供可靠的决策依据。

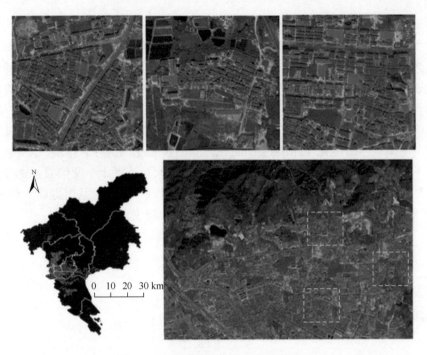

图 9-8　建筑物提取结果（后附彩图）

9.3　国土空间规划精准评估

9.3.1　概念内涵

《中共中央　国务院关于建立国土空间规划体系并监督实施的若干意见》指出，要"建立国土空间规划定期评估制度"。为贯彻落实这一要求，2020 年 5 月自然资源部办公厅发布的《关于加强国土空间规划监督管理的通知》（自然资办发〔2020〕27 号），提出要依法依规编制规划、加强规划实施监测评估预警，按照"一年一体检、五年一评估"的要求开展城市体检评估。国土空间规划精准评估，是按照国土空间规划城市体检评估的要求，根据国土空间总体规划目标，围绕"创新、协调、绿色、开放、共享"的框架，构建一套"可动态跟踪、可持续维护、可国际对标"的评估体系，应用遥感、大数据、人工智能等技术方法，从规划实施过程、实施结果和实施成效等方面进行国土空间规划实施评估，重点聚焦规划实施的核心问题和关键变量，剖析规划实施和城市发展中的不平衡、不协调问题和趋势性、结构性问题，有针对性地提出对策建议。根据评估结论，辅助形成评估报告，为国土空间规划编制、动态调整完善、底线管控和政策供给等提供依据。

2020 年 10 月，自然资源部国土空间规划局发布的《关于开展现行国审城市国土空间规划城市体检评估工作的通知》（自然资空间规划函〔2020〕235 号），要求国务院审批国土空间规划的 108 个城市按照《国土空间规划城市体检评估规程（试行）》开展体检评估工作。2021 年制定的国家标准《国土空间规划"一张图"实施监督信息系统技术规范》（GB/T 39972—2021）规定，按照"一年一体检、五年一评估"要求，对市县国土空间开发保护现状和规划实施情况进行体检评估，特别是对底线管控、结构效率、生活品质等基本指标的分析评估。2021 年 6 月，自然资源部发布了行业标准《国土空间规划城市体检评估规程》（TD/T 1063—2021）和《城区范围确定规程》（TD/T 1064—2021），为城市体检评估明确了技术流程和参考指标体系。因此，本节将主要围绕城市体检评估的要求，构建国土空间规划评估模型体系，以此辅助城市体检评估的应用实践。

9.3.2 国土空间规划评估模型体系

国土空间规划评估是监测评估预警的核心工作，其重在评估规划实施成效与规划目标之间的差距。传统的规划评估主要为城市总体规划实施评估，受限于数据获取范围小、技术方法落后等问题，评估方法以定性分析为主，难以保证评估的客观性与科学性，致使评估结果往往流于表面，无法准确反映规划实施的真实成效。

随着规划评估理论与方法的不断成熟以及新兴技术的发展完善，规划评估方法逐渐由"定性"走向"定性"与"定量"相结合的道路。当前规划评估主要有三种方法：指标体系法、GIS 分析法以及社会影响调查法，各类方法应用基础广泛、各有优劣，但无论是侧重指标构建的指标体系法、侧重空间分析的 GIS 分析法还是侧重公众意见收集的社会影响调查法，在评估过程中都需要庞大的数据资源做支撑，这是开展定量评估的基础。规划分析评估也有赖于定量化算法模型提供技术支持，以保证评估结果的科学性与客观性。

当前海量的多源时空大数据、丰富的地理空间分析方法以及社会公众对空间规划关注度的提升，都为动态精准的国土空间规划评估提供了有力支持。新时代的国土空间规划评估应将传统的指标体系法、GIS 分析法以及社会影响调查法等融合，在充分考虑物质空间与人本空间的基础上，以动态更新、种类丰富的多源大数据为支撑，基于大数据分析、空间分析、人工智能等技术方法，构建耦合人类活动和自然环境作用的综合评价模型体系，进而科学客观、精准智能地实现国土空间规划现状评估与实施评估。

耦合人类活动和自然环境作用的综合评价模型体系如图 9-9 所示。在基础支撑分析方法上，以 GIS 空间分析以及专项主题分析为主，前者通过叠加分析、插值分析、空间自相关等分析手段支撑各类空间类评估模型的构建与运算；后者则主要以情感分析、社会网络分析、图片分析等支撑对人类活动情感、规律的分析。在评估模型上，以两大分析方法为基础，根据国土空间规划城市体检评估重点内容，从空间格局与结构、公共空间与服务、基础资源与环境、底线管控与约束以及自然与历史文化五个方面，构建涵盖人口、交通、产业、用地、环境等多个维度的规划评估模型，从而实现对国土空间开发利用现状、规划实施成效的全面评估。

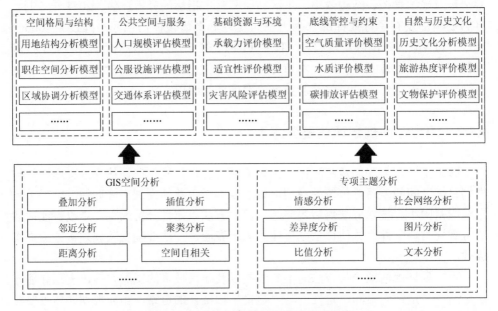

图 9-9　国土空间规划评估模型体系架构

9.3.3　国土空间规划精准评估应用

　　本节将通过相关实践案例介绍手机信令数据在城市对外日均人流联系量、实际服务人口数量、45min 通勤距离内居民占比等传统数据无法评估的指标计算中应用，展示结合该类数据与相关空间分析方法，为区域国土空间开发利用的趋势变化、结构布局、开发程度等分析提供更加全面精准的支撑。

　　基于大数据的现状指标评估大致可分为如下三个步骤，包括数据预处理、算法模型应用以及空间汇总统计。

　　数据预处理：数据预处理是基于大数据实现现状指标评估的重要基础。由于采集到的数据在来源、格式、数据质量等方面可能存在较大的差异，需要对数据进行整理、清洗、转换、融合等预处理，以便支撑后续数据处理、查询、分析等进一步应用。

算法模型应用：指标评估的核心支撑是对算法的选择与应用，合适的模型算法是保障评估结果科学性、准确性、实用性的基础，因而需要基于城市体检评估对各项指标的要求，设计分析评估大数据算法。除了传统的空间分析以外，还可结合数据与指标特征，将机器学习算法融入数据的处理与分析过程，进一步提升数据处理结果的精准度、智能化和分析效率。

空间汇总统计：根据指标评估的应用需求，评估的初步结果往往需要进行更进一步的汇总统计，按照行政级别划分统计单元，分别对省市县三级行政级别进行汇总统计，得到各级行政区的指标最终计算结果。

1. 城市对外日均人流联系量（万人次/天）

（1）指标内涵

以地级市为研究单元，统计城市与外部地级市之间日均人流联系量，包括流入量、流出量，表征城市与外部人流联系量；可利用位置大数据、手机信令数据等，分析人口的空间位置变化，识别流入和流出人口数量，汇总得出城市对外日均人流联系量。

（2）数据需求

区域内若干日的出行 OD 数据、市级行政区范围。

（3）模型算法

①通过大数据空间统计算法，抽取 OD 数据中跨城出行的 OD 点对组合，并分别将起始点与到达点匹配到市级行政区内。

②分别对各地级市为出发地的人流量与到达地的人流量进行统计，并根据以下公式计算得到总对外日均人流联系量到指标结果：

$$N_i = \left(\sum_j O_{i,j} + \sum_j D_{i,j} \right) / (T \times 10000) \tag{9-2}$$

式中，N_i 表示 i 城市对外日均人流联系量（万人次/天）的指标结果值；O_i 表示以 i 城市为出发地的 OD 记录；D_i 表示以 i 城市为到达地的 OD 记录；j 表示第 j 条 OD 记录；T 表示统计天数。

（4）评估结果

从分析结果来看，广西全域各大城市中，城市对外日均人流联系量最大的地区为南宁市，无论是人口流入还是人口流出数量都要远超其他城市，且总体上城市人口流入量要大于人口流出量，这不仅表明南宁市作为广西首府在各地经济贸易来往间的核心地位，也体现出城市自身较强的吸引力。相较之下，除了柳州、玉林、贵港三地城市人口来往量能达到 40 万人次/天以外，其余各城市对外联系都较弱（图 9-10）。

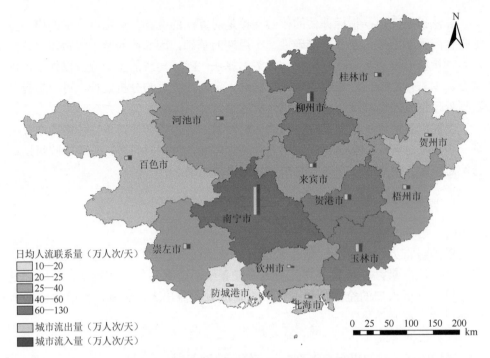

图 9-10　城市对外日均人流联系量（后附彩图）

2. 实际服务管理人口数量（万）

（1）指标内涵

指需要本区域提供各类公共服务和商业服务以及行政管理的城市实有人口规模的日均值，常住人口和 3 天以上、半年以下短期驻留人口的总和，可利用大数据分析识别方法，识别区域内有稳定居住 3 天以上的人数，选取某一天计算人口数量。

（2）数据需求

连续时间的手机信令分布数据、市级行政区范围。

（3）模型算法

①通过时空大数据分析统计算法，提取连续一个月手机信令数据中满足在城市驻留 3 天以上的手机信令数据。

②在提取得到的手机信令数据中，提取信令点在工作日（周一至周五）非工作时间（21:00 至次日 8:00）在固定地点驻留时长最长、频次最高的地点，标记为该信令点的居住地。

③选择某一天的手机信令数据，匹配提取后的居住地数据，为实际服务人口。

④以各级行政区划为空间统计范围，统计各区域内的实际服务人口数量，得到指标结果。

（4）评估结果

根据评估结果可以看出，在广西全域各大城市中，南宁市作为常住人口最多的城市，其实际服务人口也是最多的，远超其他城市，这不仅体现了南宁市自身对于人流的强大吸引力，同时也从侧面体现出城市服务设施的承载力。相比之下，除了柳州、桂林、贵港、玉林四座城市服务人口超过 500 万外，其余城市的实际服务人口都较少（图 9-11）。将评估的实际服务人口与现状各类设施配套水平做匹配分析，可动态监测规划编制中设施布局均衡性。

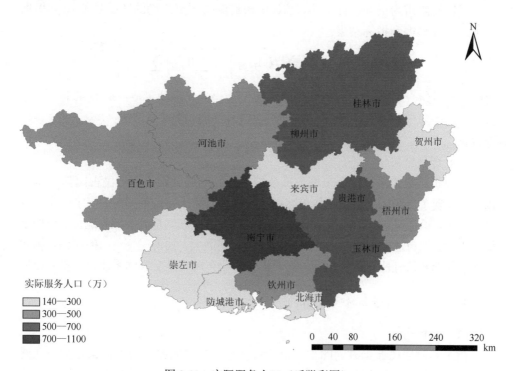

图 9-11 实际服务人口（后附彩图）

3. 45min 通勤距离内居民占比（%）

（1）指标内涵

指 45min 通勤距离以内人口数量与常住人口的比值，可依据一定时间序列的大数据分析识别通勤人口及其工作地、居住地，通过筛选通勤距离在 45min 以内通勤人口数量与总通勤人口的比值来计算获得。

（2）数据需求

一定时间序列的出行 OD 数据、一定时间序列的手机信令分布数据、市级行政区范围。

（3）模型算法

①基于一定时间序列的分时人口数据与大数据统计分析算法，识别在工作日（周一至周五）工作时间（9:00—17:00）在固定地点驻留时长最长、频次最高的地点为工作地，识别在工作日（周一至周五）非工作时间（21:00 至次日 8:00）在固定地点驻留时长最长、频次最高的地点为居住地。

②基于一定时间序列的出行 OD 数据，结合工作地与居住地数据，识别出职住 OD 点对组合，提取职住 OD 的记录。

③以地级市为空间统计范围，统计上班通勤与下班通勤的通勤时长 t，并根据以下公式计算得到指标结果：

$$N_i = \left(\sum_j W_{i,j,t \leqslant 45} + \sum_j H_{i,j,t \leqslant 45} \right) \Big/ \left(\sum_j W_{i,j} + \sum_j H_{i,j} \right) \qquad (9\text{-}3)$$

式中，N_i 表示 i 城市 45min 通勤距离内居民占比的指标结果值；W 表示上班通勤人数；H 表示下班通勤人数；t 表示通勤时长；i 表示第 i 个城市；j 表示第 j 条信令数据。

（4）评估结果

从分析结果来看，广西全域大部分城市 45min 通勤距离内居民占比都在 80%以上，体现了广西居民整体职住平衡指数较高，通勤压力较小。其中南宁市作为省会城市，无论是居住人口还是 45min 通勤距离内居民占比都处于领先地位；在剩余城市中，崇左市通勤距离超过 45min 的居民比例最大，约占三分之一的比例，侧面反映该城市在职住配比有所失衡，需要优化产业布局或是交通体系建设（图 9-12）。

4. 工作日平均通勤时间（min）

（1）指标内涵

指工作日居民通勤时间的平均值，可依据一定时间序列的大数据分析识别通勤人口及其工作地、居住地，通过通勤人口的通勤总时长与通勤人口的比值计算获得。

（2）数据需求

一定时间序列的出行 OD 数据、一定时间序列的手机信令分布数据、市级行政区范围。

（3）模型算法

①基于一定时间序列的分时人口数据与大数据统计分析算法，识别在工作日（周一至周五）工作时间（9:00—17:00）在固定地点驻留时长最长、频次最高的地点为工作地，识别在工作日（周一至周五）非工作时间（21:00 至次日 8:00）在固定地点驻留时长最长、频次最高的地点为居住地。

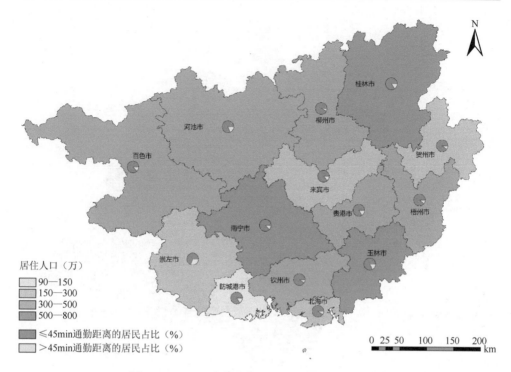

图 9-12　45min 通勤距离内居民占比（后附彩图）

②在手机信令识别到工作地与居住地的基础上，提取工作日（周一至周五）上下班两类固定通勤行为的 OD 点对组合。

③计算职住 OD 的通勤时长与通勤人口，并根据以下公式计算得到指标结果：

$$N_i = \sum_j T_{i,j} / \sum_j P_{i,j} \tag{9-4}$$

式中，N_i 表示 i 区域工作日平均通勤时长的指标结果值；T 表示职住通勤时长；P 表示职住通勤人数；t 表示通勤时长；i 表示第 i 个城市；j 表示第 j 条信令数据。

（4）评估结果

从分析结果可以看出，南宁市域范围内，大部分区域随着平均出行距离的增加，平均通勤时长也同步增多。其中，武鸣区作为平均出行距离最远的区域，其平均通勤时间却最短，从侧面反映出该区的交通设施建设较为完备；青秀区作为平均出行距离最短的区域，其通勤时间并非最少，表明其交通建设还需加强（图 9-13）。

5. 轨道站点 800m 范围人口和岗位覆盖率（%）

（1）指标内涵

指轨道站点 800m 半径范围所覆盖的人口、岗位占现状总人口、岗位的比率，

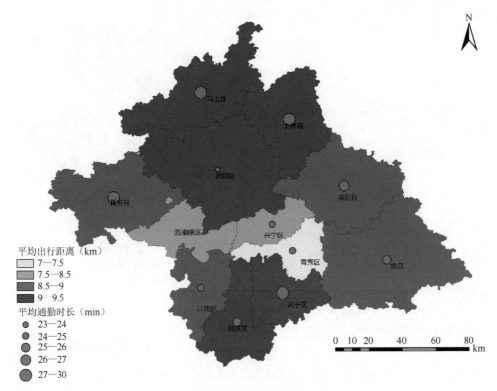

图 9-13　工作日平均通勤时间（后附彩图）

轨道站点结合国土调查、地理国情普查和遥感监测等手段确定，人口、岗位数据可结合大数据技术分析识别。

（2）数据需求

轨道站点分布数据、一定时间序列的手机信令分布数据、市级行政区范围。

（3）模型算法

①基于一定时间序列的分时人口数据与大数据统计分析算法，识别在工作日（周一至周五）工作时间（9:00—17:00）在固定地点驻留时长最长、频次最高的地点为工作地，识别在工作日（周一至周五）非工作时间（21:00 至次日 8:00）在固定地点驻留时长最长、频次最高的地点为居住地。

②计算轨道站点的 800m 缓冲区，并使用缓冲区提取居住地人口与工作地人口。

③使用空间统计方法，并根据以下公式分别计算得到人口覆盖率和岗位覆盖率的指标结果：

$$H_i = \sum_j H_{i,j,d \leq 800} \Big/ \sum_j H_{i,j} \tag{9-5}$$

$$W_i = \sum_j W_{i,j,d \leq 800} \Big/ \sum_j W_{i,j} \tag{9-6}$$

式中，H_i 表示 i 区域人口覆盖率的指标结果值；W_i 表示 i 区域岗位覆盖率的指标结果值；i 表示第 i 个城市；j 表示第 j 条信令数据；$d \leqslant 800$ 表示人口距最近的轨道站点不超过 800m。

（4）评估结果

对南宁市轨道站点所覆盖的几个区进行分析，从结果可以看出，即便是人口覆盖率高达 60% 的良庆区，其岗位覆盖率也不足 70%，因此南宁市内轨道站点周边人口与岗位配比仍有较大的提升空间，轨道交通对区域人口与就业的吸引力仍有较大的潜力，需进一步加强交通、产业、人口等各要素间的匹配研究（图 9-14）。

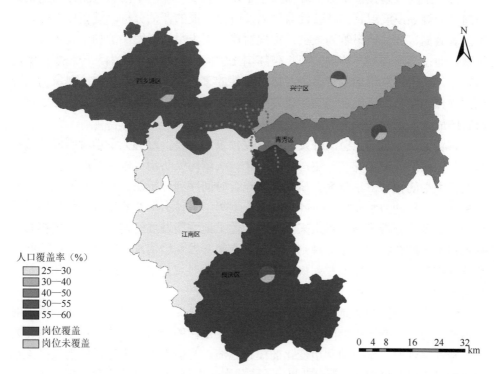

图 9-14 轨道站点 800m 范围人口和岗位覆盖率（后附彩图）

9.4 国土空间规划及时预警

9.4.1 概念内涵

国土空间规划及时预警是在全流程监测和重点评估的基础上，通过构建预警指标模型，对要突破管控底线的趋势提前预警，对违反国土空间规划实施中的开发保护边界及保护要求的情况进行及时预警。《国土空间规划"一张图"实施监督信息系统技术规范》明确重点围绕生态保护红线、永久基本农田、城镇开发边界等重要控制线的刚性管控要求和国土空间规划约束性指标开展及时预警。目的是通过建立预警规则进行预警信息告知，为国土空间开发利用和管控提供参考。

9.4.2　国土空间规划预警模型体系

国土空间规划预警是监测评估预警工作的重要一环，不同于监测评估主要是面向空间规划发展现状的持续性监测以及阶段进展的评估分析，规划预警是以当下监测数据、评估结果等为依据，实现对违反国土空间开发保护利用要求行为的预警，通过事前预判与防御，阻止破坏国土空间安全的现象发生。传统规划实施监管中，对于违法用地监管多为对违法事件的事后处置，缺乏对违法现象的精准识别与预判能力，只能在违法现象发生后，做补偿性的处置措施，既增加了规划监管的成本，又无法保证规划实施的成效。

事实上，面对国土空间开发利用管控预警的需要，已有大量学者围绕城镇扩张、耕地保护、粮食安全、生态环境安全、土壤污染防治等领域开展了以土地利用变化为主的预警方法研究。研究方法包含时间序列分析法、灰色预测法、回归分析法、系统动力学模拟、贝叶斯网络模型等，总体上多数预警方法都是通过运用相应的预测分析模型，对未来一定时期的土地空间发展结构、形态、规模等进行模拟，再结合特定的预警规则，实现对空间开发利用情况的警示预警。这些方法研究都对构建情景模拟预测模型体系，以辅助对规划重点管控要素变化的及时预警起到较强支撑作用。

情景模拟预测模型是以情景分析、机器学习、深度学习等技术为主，通过对土地类型特征、变化影响因子以及其历史演变规律的分析，预测土地未来变化趋势，从而实现对未来土地利用变化的模拟推演。当前使用较为广泛的情景模拟模型包含马尔可夫模型、元胞自动机、系统动力学模型、CLUE-S 模型、FLUS 模型、FLUS-UGB 模型以及 Multi-Model 模型等。如 FLUS-UGB 模型是一种耦合了人工神经网络、系统动力学、元胞自动机等算法的城镇空间发展模拟模型，通过综合考虑自然条件、社会经济、政策规划等影响城镇发展的驱动与限制因素，动态模拟城镇空间时空演变过程，预测一定时期内城镇空间形态与结构，该模型可用于辅助判断城市增长侵占生态保护红线、基本农田控制线等管控区域的可能性，从而支撑重要控制线的变化预警。

基于人工智能的国土空间规划预警模型体系如图 9-15 所示。总体上，通过耦合各类机器学习与深度学习算法，构建以土地利用变化模拟为代表的国土空间多情景模拟模型，一方面可以支撑生态保护红线、永久基本农田等重要控制线的管控预警。另一方面，相关分析模拟结果也可用于辅助国土空间规划约束性指标、资源开发利用限制的趋势预警，通过结合国土空间规划监测信息，构建相应的预警规则，进而对国土空间开发强度、土地资源利用压力等指标和内容变化进行严格的管控，从而更好地辅助国土空间用途管制与底线管控。

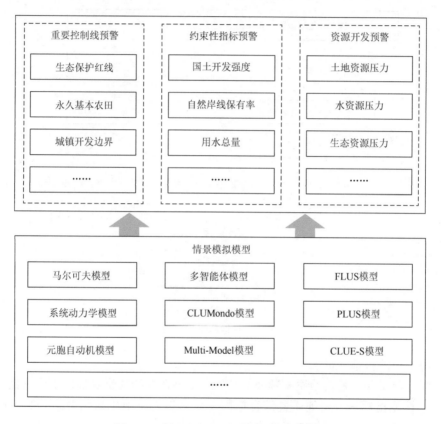

图 9-15　国土空间规划预警模型体系架构

9.4.3　国土空间规划及时预警应用

1. 江苏省常州市金坛区耕地质量预警

本节以江苏省常州市金坛区为例，介绍耕地质量预警的原理、方法和应用。

高时空分辨率遥感观测技术的发展为耕地数量动态监测和预警提供了极大便利，但耕地质量评价和预警因涉及因素较多，无法安全依赖遥感观测手段，需综合考虑多因素在耕地质量动态评价的基础上建立耕地质量预警模型。耕地质量预警流程包括明确警情、寻找警源、分析警兆、预报警度、排除警情等环节（图 9-16）。

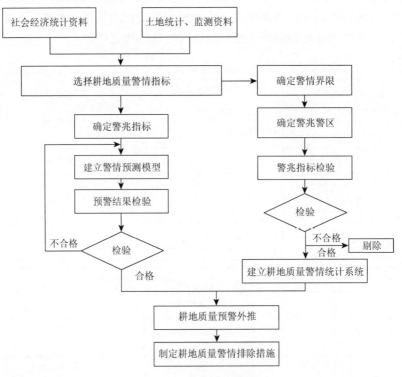

图 9-16　耕地质量预警流程

（1）耕地质量评价

耕地质量评价是耕地质量预警的基础。本书选取能够反映耕地质量变化情况的综合性能指标——耕地质量综合指数变化率作为耕地质量预警系统的警情指标，耕地质量综合指数的计算公式如下：

$$S = \sum S_i W_i \tag{9-7}$$

式中，S 表示耕地质量综合指数；S_i 表示耕地质量评价单元内各个评价因子的分值；W_i 表示耕地质量评价单元内各个评价因子相对应的权重。耕地质量综合指数可解释为在最优土地利用水平和最优经济条件下，该评价单元内耕地所能实现的最大可能单产水平。耕地质量评价因子的选择应针对不同区域由专家评判确定，一般应涵盖耕地土壤属性、自然环境条件、农田基本建设等各个方面，相应地选择这些评价因子的变化率作为耕地质量预警系统的警兆指标。结合金坛区的实际情况，选取耕地土壤属性、自然环境条件、农田基本建设等方面的耕地质量评价因子，并通过层次分析法确定其权重（表9-1）。根据式（9-7）得出各评价单元的耕地质量综合指数，并将每一评价单元划入相应的耕地质量等别（表9-2）。

表9-1 耕地质量评价因子及其权重

因素	权重	因子	权重
耕地土壤属性	0.339	速效 P	0.092
		速效 K	0.104
		有机质含量	0.143
自然环境条件	0.394	坡度	0.136
		地下水位	0.101
		有效土层厚度	0.157
农田基本建设	0.267	灌溉保证度	0.154
		道路通达度	0.113

表9-2 耕地质量等别划分标准

等别	耕地质量综合指数	等别	耕地质量综合指数
一等地	>0.90	六等地	0.40>～0.50
二等地	0.80>～0.90	七等地	0.30>～0.40
三等地	0.70>～0.80	八等地	0.20>～0.30
四等地	0.60>～0.70	九等地	0.10>～0.20
五等地	0.50>～0.60	十等地	≤0.10

以2019年为耕地质量预警基准年，并以2019年耕地质量评价单元作为耕地质量预警评价单元。将耕地质量综合指数变化率作为耕地质量预警系统的警情指标，选取速效 P、速效 K、有机质含量、坡度、地下水位、有效土层厚度、灌溉保证度、道路通达度8个耕地质量评价因子的变化率作为警兆指标。

（2）警情判定模型

耕地质量预警是要预报耕地质量警情与警兆的警度，而警情警度则通过警情警限（L）来判别，警兆警度则依据警兆警区（R）来判定。先利用区间分析、历史分析、数学方法等综合确定耕地质量警情的无警、轻警、中警、重警、巨警的警限 L，再根据 L 来确定对应的耕地质量警兆变量的无警、轻警、中警、重警、

巨警的警区 R。具体方法是，当警兆变量（X）与警情变量（Y）正相关时：

$$r_n = X_{max} - \rho(Y_{max} - l_n)(X_{max} - X_{min}) / (Y_{max} - Y_{min}) \tag{9-8}$$

当警兆变量与警情变量负相关时：

$$r_n = X_{min} + \rho(Y_{max} - l_n)(X_{max} - X_{min}) / (Y_{max} - Y_{min}) \tag{9-9}$$

式中，X_{max}、X_{min} 分别表示各个警兆变量的最大值与最小值；Y_{max}、Y_{min} 分别表示警情变量的最大值与最小值；r_n 表示警兆变量各警区之间的分界值；l_n 表示警情变量各警限之间的分界值，$n = 1,2,3,4$ 则对应无警与轻警、轻警与中警、中警与重警、重警与巨警之间的分界，报警区间 $(-r_1, r_1 - r_2, r_2 - r_3, r_3 - r_4, r_4 -)$ 以及 $(-l_1, l_1 - l_2, l_2 - l_3, l_3 - l_4, l_4 -)$ 分别对应警兆、警情的无警、轻警、中警、重警、巨警 5 个警度。

$$\rho = \frac{\sum_{k=1}^{m} X_k Y_k}{\sqrt{\sum_{k=1}^{m} X_k^2} \sqrt{\sum_{k=1}^{m} Y_k^2}} \tag{9-10}$$

式中，ρ 表示各警兆变量与警情变量的相似系数；X_k 表示各个警兆变量在 k 年的监测值；Y_k 表示代表警情变量在 k 年的监测值；m 表示总监测年数。

采用上述警度划分方法，确定警情指标与警兆指标的警度需要先确定警情警限，亦即要先确定耕地质量综合指数变化率的警限。我国实行世界上最严格的耕地保护政策，因此本书中设定耕地质量一下降就预报警度。按照负数原则，警情警限划分如下：耕地质量综合指数变化率大于等于 0 视为无警区间，$-5\% \sim < 0$ 视为轻警区间，$-10\% \sim < -5\%$ 为中警区间，$-15\% \sim < -10\%$ 为重警区间，-15% 以下为巨警区间，因此，$l_1 = 0, l_2 = -0.05, l_3 = -0.10, l_4 = -0.15$。根据金坛区耕地质量预警数据库中 2010—2019 年警情变量和各警兆变量的监测值，获取警情变量的最大值（Y_{max}）与最小值（Y_{min}）、各警兆变量的最大值（X_{max}）与最小值（X_{min}）以及各警兆变量与警情变量的相似系数 ρ，针对警兆变量与警情变量之间的正、负相关关系，将已求解变量分别带入式（9-8）、式（9-9），求得各警兆变量的警区之间的分界值 r_1、r_2、r_3、r_4，结合各个警兆变量的具体情况加以调整划分，结果见表 9-3。

表 9-3　金坛区耕地质量警情与警兆指标的警度划分结果

指标变量	无警警区	轻警警区	中警警区	重警警区	巨警警区
耕地质量综合指数变化率/%	≥0	$-5 \sim < 0$	$-10 \sim < -5$	$-15 \sim < -10$	< -15
速效 P 变化率/%	≥0	$-3.23 \sim < 0$	$-8.64 \sim < -3.23$	$-11.31 \sim < -8.64$	< -11.31
速效 K 变化率/%	≥2.36	$0 \sim < 2.36$	$-5.37 \sim < 0$	$-10.52 \sim < -5.37$	< -10.52

续表

指标变量	无警警区	轻警警区	中警警区	重警警区	巨警警区
有机质含量变化率/%	≥4.62	0～<4.62	−6.32～<0	−13.88～<−6.32	<−13.88
坡度变化率/%	<0.08	0.08～<0.24	0.24～<0.28	0.28～<0.31	≥0.31
地下水位变化率/%	≥0.23	0～<0.23	−4.39～<0	−10.66～<−4.39	<−10.66
有效土层厚度变化率/%	≥0	−5.92～<0	−10.45～<−5.92	−16.74～<−10.45	<−16.74
灌溉保证度变化率/%	≥0.34	0～<0.34	−4.24～<0	−6.71～<−4.24	<−6.71
道路通达度变化率/%	≥0	−2.39～<0	−5.66～<−2.39	−8.94～<−5.66	<−8.94

（3）预警结果检验及外推

预警结果的检验方法为：用警兆变量对相应警情变量的预警结果进行检验，如预警有效年占预警所有年份的 2/3 以上，即为有效，则该警兆变量可用于对警情进行外推预警。

采用扩散指数 $DI(L_m)$ 预报警情：假定警兆变量对警情变量的影响重要性（权重）为 W_j，且 $\sum W_j = 1$，则有

$$DI(L_m) = \sum W_j A(R_m) \tag{9-11}$$

规定警兆变量处于相应的警区 R_m 中时，$A(R_m) = 1$，否则 $A(R_m) = 0$，R_m 和 $A(R_m)$ 分别表示警兆变量的预警区间和预警值。当 $DI(L_m) > 0.67$ 时，表示警情变量在 t 时期处于 L_m 警限中。与 $m = 0,1,2,3,4$ 对应的 R_m、L_m 分别为警兆与警情的无警、轻警、中警、重警、巨警区间（警度）。然而，实际情况中，$DI(L_m)$ 往往小于 0.67，此时需将五种警度对应的 DI 值由大到小排列，按下述方法进行预警：若两种警度所拥有的 DI 值之和大于 0.67，则①两种警度是相邻的，基本预警结果介于两种警度之间；②两种警度不相邻，且隔一种或三种警度，预警结果为中间的警度；③间隔两种警度，预警结果处于中间的两种警度之间。若三种警度拥有的 DI 值之和大于 0.67，基本预警结果为中间的警度。

依照上述警限和警区区间，采用金坛区耕地质量预警数据库提供的历史监测数据对所选警兆指标进行预警检验，结果全部通过检验。利用预警信息系统所提供的预测功能，针对不同的警兆指标，选择合适的预测方法得到各警兆指标的预测值，再用扩散指数 $DI(L_m)$ 对耕地质量警情进行外推并预警，得到金坛区耕地质量警情分布图（图 9-17）。

据统计，金坛区耕地质量警度为无警、轻警、中警、重警、巨警的耕地占全市耕地总面积的比例分别为 24.54%、18.80%、26.15%、23.68%、6.83%，其中有警耕地面积合计达到 75.46%。结果表明，金坛区耕地质量风险面较大，若不采取

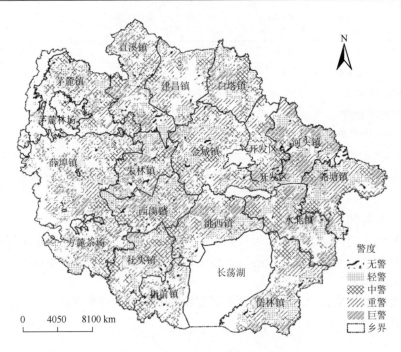

图 9-17　金坛区耕地质量警情分布

示意图，非当前实际预警情况

积极措施保护耕地、提高耕地质量，将出现较为严重的耕地质量警情，威胁粮食安全。

2. 广东省东莞市生态保护红线内建设用地预警

本节以广东省东莞市生态保护红线预警为例，简要介绍基于地理模拟方法的生态保护红线空间预警应用。

城市快速发展过程中，城市发展对建设用地的旺盛需求和城市扩张会威胁生态保护红线的边界及其完整性。因此，针对生态保护红线范围内建设情况的动态监测和及时预警是必要的，尤其是通过空间模拟预测生态保护红线最可能受建设用地侵蚀威胁的位置，对加强生态保护红线管理有积极意义。由于城市土地利用变化影响因素较复杂和演化过程较大的不确定性，采用单一模型的建设用地空间模拟结果存在不确定性，比如可能忽略某些影响因素从而导致部分区域未来可能发展为建设用地而模拟结果未能发生这一情况。针对这个问题，采用了一种双模型"并集"的策略，分别基于逻辑回归和人工神经网络建立 CA 地理模拟模型，再将二者的模拟结果取其空间"并集"，以此保证模拟结果最大程度覆盖生态保护红线的风险点（图 9-18）。

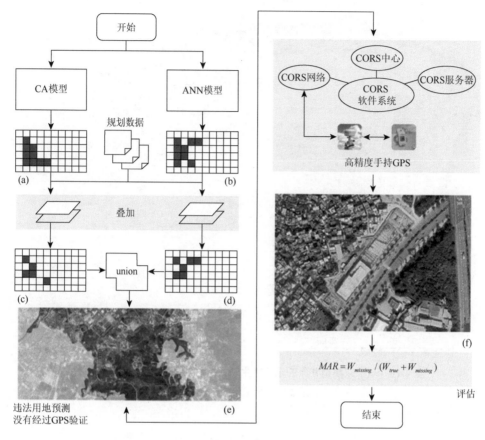

(a) CA模型预测出来的土地利用空间格局
(b) ANN模型预测出来的初始违法用地空间格局
(c) CA模型预测出来的违法用地空间格局
(d) ANN模型预测出来的违法用地空间格局
(e) CA+ANN模型预测出来的违法用地空间格局（没有经过GPS验证）
(f) CA+ANN模型预测出来的最终违法用地空间格局

图 9-18　基于双模型的生态保护红线风险模拟策略（后附彩图）

该策略的具体实现路径是：①分别采用逻辑回归和人工神经网络方法挖掘土地利用转换规则并用于元胞自动机空间模拟；②将二者的模拟结果进行合并，取其并集作为最终模拟结果；③将建设用地模拟结果与生态保护红线进行叠加分析，获取可能被建设占用的生态保护红线用地，即生态保护红线最可能被突破的区域，从而生成生态保护红线空间预警（图 9-19）。

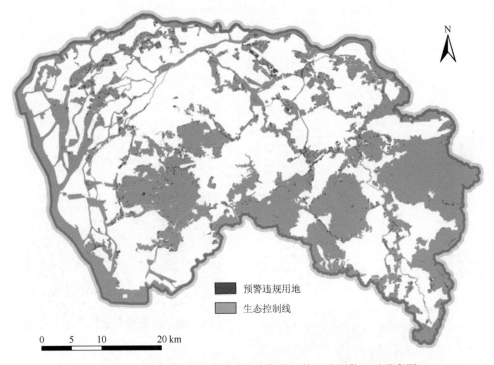

图 9-19　基于双模型并集的东莞市生态保护红线风险预警（后附彩图）

示意图，非当前实际预警情况

参 考 文 献

张鸿辉，刘友兆，曾永年，等，2008. 耕地质量预警系统设计与实证[J]. 农业工程学报，(8): 74-79.

钟镇涛，张鸿辉，洪良，等，2020. 生态文明视角下的国土空间底线管控："双评价"与国土空间规划监测评估预警[J]. 自然资源学报，35(10): 2415-2427.

钟镇涛，张鸿辉，刘耿，等，2022. 面向国土空间规划实施监督的监测评估预警模型体系研究[J]. 自然资源学报，37(11): 2946-2960.

自然资源部国土空间规划局，2021. 新时代国土空间规划：写给领导干部[M]. 北京：中国地图出版社.

10 信息化支撑国土空间规划全周期管理

随着国土空间规划业务数字化、信息化、智能化发展的需求愈发强烈，信息化平台在国土空间规划管理中的地位与作用日益凸显。2019 年，自然资源部印发的《自然资源部信息化建设总体方案》提到，面临新时代下自然资源管理的新形势与新要求，要充分利用云计算、大数据、人工智能等新一代信息技术构建自然资源信息化体系，全面提升自然资源监测与态势感知能力、综合监管与科学决策能力，落实统一行使全民所有自然资源资产所有者职责、统一行使所有国土空间用途管制和生态保护修复职责，促进生态文明建设，为国土空间治理体系和治理能力现代化提供支撑。

国土空间规划作为自然资源业务体系中的重要一环，其信息化应用建设的重要性不言而喻。一方面，国土空间规划涉及规划编制、审批、实施、监督等多个业务环节，业务数据体量大、应用繁多，需要信息化手段进行高效管理，提升规划质量与成效；另一方面，建设信息化平台也是支持实现"可感知、能学习、善治理、自适应"的智慧规划的必要前提，可促进国土空间规划分析决策、监督监管等能力升维。因此面向国土空间规划全周期数字化管理的需要，充分结合大数据、云计算、人工智能等新技术，构建服务于国土空间规划编制、审批、实施、监督全过程的应用体系，是必要且迫切的。

国土空间规划全周期管理核心应用为"一平台与一系统"，即以国土空间基础信息平台为支撑，构建国土空间规划"一张图"实施监督信息系统。前者是实现国土空间规划数据汇聚、整合与分发的基础支撑平台，为包括国土空间规划"一张图"实施监督信息系统在内的各项自然资源业务应用提供数据、功能服务支撑；后者服务于空间规划业务全周期数字化管理，促进实现规划编制智能化、审查自动化、实施精准化以及监管实时化转型升级。本章将围绕"一平台与一系统"建设思路、框架、内容，详细阐述平台与系统的建设路径，以及二者如何应用于国土空间规划数据管理、业务支撑等，并分析总结当前全国部分典型城市在信息系统建设中的特色做法、先进经验以及成效与优化方向等，以期为各地国土空间规划信息化建设提供参考借鉴。

10.1 国土空间基础信息平台

国土空间基础信息平台是连接国家、省、市、县四级自然资源主管部门，分布式共建共享的数据管理与应用服务平台。纵向上，国土空间基础信息平台承上启下，基于统一的服务注册规范和接入标准，实现与其他各级平台互联互通，便于数据汇交共享。横向上，平台需与其他政府部门实现业务协同，及时获取统计、发改、生态环境、住建、交通、水利、农业农村等部门的相关信息，实现数据资源的"共建、共用、共享、互联"。总体而言，作为国土空间规划"一张图"数据资源的载体，国土空间基础信息平台是国土空间规划以及自然资源各类业务应用系统的基础服务支撑平台，同时也是串联不同系统的"数据中台"。

10.1.1 　总体设计

1. 建设思路

（1）以标准规范为保障

在参考国家标准和上级标准的基础上，建成符合地方国土空间基础信息平台实际的标准规范体系，规范国土空间基础信息资源共享的范围、内容、权限和更新频率等，制定数据标准规范、服务标准规范、平台接入规范、运行维护规范、数据更新机制和数据共享交换机制，保障信息资源现势性和准确性，促进国土空间数据在政府部门间充分共享和交换。

（2）以数据资源为核心

全面梳理自然资源相关的现状数据、规划数据、管理数据和社会经济数据四大类数据，按照数据类别、层次和关系，建立统一的国土空间基础信息数据目录，实现四大类数据的综合管理，通过统一的标准规范、统一的数据基准和统一注册接入，形成内容完整、准确权威、动态更新的国土空间规划"一张图"数据资源体系。

（3）以中台技术为支撑

基于统一的国土空间规划"一张图"数据资源目录，实现对现状数据、规划数据、管理数据、社会经济数据四大类数据的统一组织和管理的数据中台。基于微服务技术，在国土空间规划"一张图"数据资源的基础上创建各类微服务化的应用服务，统一注册到服务中台，为不同的前台业务系统提供可共享和重复使用的服务能力。通过将国土空间基础信息平台相关的数据、服务、应用等资源进行一体化组织和集中管理，形成国土空间基础信息平台"大中台、小前台"的架构体系。

2. 平台架构

国土空间基础信息平台采用"大中台、小前台"架构建设，通过提炼自然资源业务系统的重点业务模块，拆分为标准统一、松散耦合的微服务，统一注册到服务中台，为不同的前台业务系统提供可共享和重复使用的服务能力。国土空间基础信息平台总体架构如图 10-1 所示。

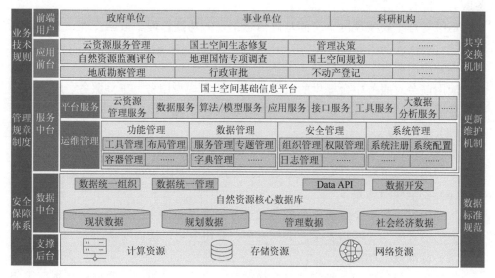

图 10-1 国土空间基础信息平台总体架构

（1）支撑后台

支撑后台由计算资源、存储资源和网络资源等部分组成，为平台正常运行提供基本保障。实现计算、存储、网络等资源的统一管理和调度，提供自动高效、安全可靠、伸缩自如、统一运维、按需使用的云服务，主要包括资源虚拟化、资源调度与监测、弹性伸缩与自动拓展、自动化运维、云服务管理等功能。

（2）数据中台

以国土空间规划"一张图"为数据基础，涉及现状数据、规划数据、管理数据、社会经济数据四大类数据。根据实际情况和需要，实现数据资源的整合和存储、统一组织和管理。

（3）服务中台

服务中台由国土空间基础信息平台的平台服务和运维管理两部分组成，为各类业务系统等提供基础支撑。平台服务主要为应用前台提供数据服务、算法/模型服务、工具服务、应用服务等服务以及云资源管理服务和大数据分析服务，实现服务注册、发布、更新、监控等管理功能。数据服务提供国土空间规划"一张图"数据资源的浏览、查询、元数据管理等基础服务；算法/模型服务提供空间分析算法、机器学习算法、指标/模型算法等，模型主要包括地类统计分析、空间数据挖掘、国土空间规划"双评价"、规划监测预警、人口预测等模型；工具服务提供空间分析基本工具，如空间查询、空间叠加、空间插值分析等；应用服务涵盖通用类和专题应用类，包括调查评价、确权登记、资产和权益管理、空间规划与用途管制、耕地保护、生态修复、地质矿产、测绘与地理信息管理、执法监察、政务服务、综合管理等服务。

运维管理主要实现国土空间基础信息平台的功能管理、数据管理、安全管理和系统管理等方面内容。

（4）应用前台

应用前台对服务中台提供的数据服务、算法/模型服务、工具服务、应用服务等服务进行组装和集成，供各类业务应用系统进行调用。

（5）前端用户

前端用户包括政府单位、事业单位、科研机构等，在保证数据安全的前提下，根据不同用户需求和信息安全保密要求，使用不同权限等级的数据和功能。

（6）安全保障体系

按照国家信息安全等级保护的要求进行安全保障体系的建设，确保系统运行过程中的物理安全、网络安全、数据安全、应用安全、访问安全。

（7）标准规范制度

根据平台建设要求，制定共享交换制度、更新维护机制、数据标准规范等相关标准规范制度，保障平台安全稳定运行。

10.1.2　平台功能

国土空间基础信息平台主要包含云资源管理系统、数据资源管理系统、云服务门户、运维管理四大功能模块。

1. 云资源管理系统

云资源管理系统是整个分布式体系架构的枢纽，为分布式架构体系下云资源的调配和有机衔接提供支撑，包括云基础设施管理、云服务资源管理两个子模块。云基础设施管理提供针对分布式架构、云环境下IT资源的管理及维护；云服务资源管理提供对服务资源进行管理的模块，包括服务注册、服务发布、服务调度、服务监控等。

（1）云基础设施管理

云基础设施管理子系统提供针对分布式架构、云环境下包括网络、存储和计算等IT资源的自动注册管理及维护；实现监控资源运行情况、资源占用情况，对资源负载能力进行评估和预测、预警；并根据应用需要进行资源调度与分配，使IT系统的运行达到最优状态。云基础设施管理子系统由控制台、宿主机管理、容器管理、基础资源管理、云GIS资源管理、资源调度、日志管理等模块组成。

①控制台。

云基础设施管理子系统通过控制台实现对组件监控、主机总览和主机监控等信息的展示。

组件监控实现对平台中的大数据集群、中间件集群等集群的状态监控，通过不同状态显示图标展示集群的运行状态，及时发现集群状态预警，提高集群管理效率（图10-2）。

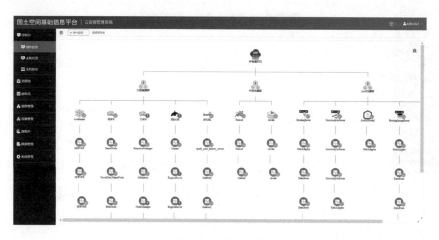

图 10-2 组件监控

主机总览可以实现对主机所有设备的信息展示，包括主机状态和 IP 信息、虚拟机和集群状态统计，展示告警历史和操作日志，以折线图按时间统计 CPU 使用率、内存使用率、磁盘 IO 和网络 IO 情况（图10-3）。

图 10-3 主机总览

②容器管理。

容器管理模块实现对平台中容器的新增、容器列表查看、容器监控，如新增容器模块可根据镜像新增容器，输入基本信息和配置信息后进行新增（图 10-4）。

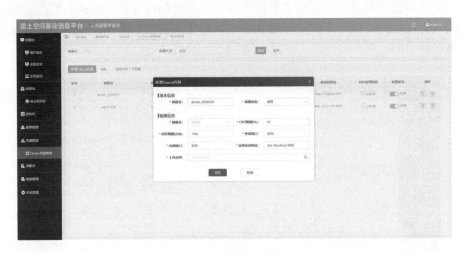

图 10-4　容器管理

（2）云服务资源管理

云服务资源管理提供服务注册、服务发布、服务调度、服务监控等模块。

①服务注册。

服务注册是进行云服务管理的前提，云服务注册将平台需要管理和提供的服务进行登记（图 10-5）。

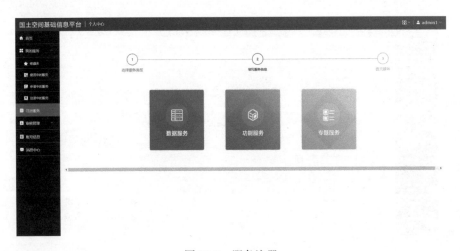

图 10-5　服务注册

②服务发布。

云服务发布提供在云平台服务注册后服务发布功能。结合业务需求，云服务发布主要提供通用服务、专题服务等服务发布功能（图10-6）。

图10-6 服务发布

2. 数据资源管理系统

数据资源管理系统提供针对分布式数据资源的目录管理、元数据管理、数据质检入库、数据下载、数据版本管理、数据日志管理、数据接入、数据发布、数据监测、数据调度等方面的管理，动态实时监控数据资源运行情况并根据应用需要进行资源调度与分配。

（1）目录管理

目录管理可实现各类分布式数据资源目录的创建、编辑、删除功能，能够创建不同分类目录树的基本结构，可按业务体系、组织结构、数据来源、资源类型、数据格式、接口种类、服务方式等进行分类组织。目录管理包括数据资源目录、数据服务目录、功能服务目录和专题服务目录。

①数据资源目录。

数据资源目录主要提供对现状、规划、管理与社会经济四大类数据资源信息的编辑与修改（图10-7）。

②功能服务目录。

功能服务目录可支持对平台所提供的包含通用地图服务、叠加分析服务、通用统计服务、决策应用服务等服务资源的编辑与修改，以及服务的新增与删除（图10-8）。

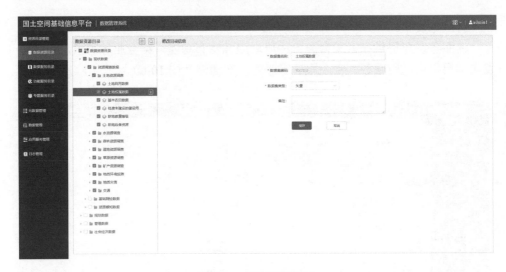

图 10-7　数据资源目录

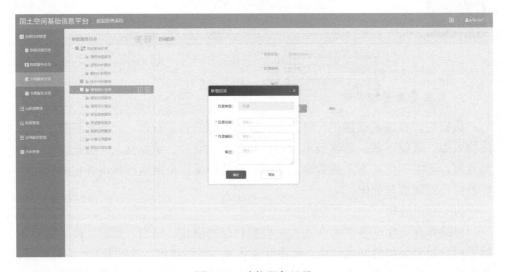

图 10-8　功能服务目录

（2）元数据管理

实现各类数据资源的元数据管理，包括数据资源元数据（图 10-9）、数据服务元数据、功能服务元数据和专题服务元数据。

（3）数据日志管理

对每次数据的上传、入库、下载、发布等操作进行用户行为记录，并支持不同时间和各数据资源的日志调取，实现数据资源操作留痕与责任可追溯（图 10-10）。

图 10-9　数据资源元数据

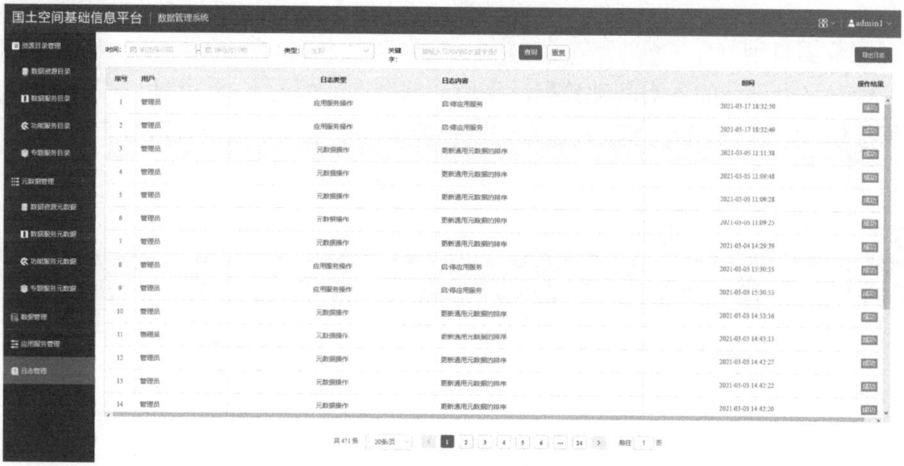

图 10-10　数据日志管理

3. 云服务门户

（1）门户网站

门户网站是国土空间数据资源、服务资源、应用资源、开发资源等资源的服务与展示窗口，主要包括首页、"一张图"应用、数据服务、功能服务、专题服务、开发支持等模块（图 10-11）。

（2）数据服务

通过国土空间基础信息平台的云服务门户向用户呈现数据资源体系，并支持数据查询、数据浏览、数据共享等功能。

图 10-11　门户网站

①数据查询。

针对平台设计的各类基础数据，采用数据查询适配的方式，提供基础数据查询扩展接口，并基于配置方案，提供单一条件检索和多条件检索查询服务（图 10-12）。

图 10-12　数据查询

基于单一条件检索，用户可以选择需要查询的图层，根据选择图层属性字段，通过输入检索条件，查询满足条件的查询结果。

基于多条件检索，用户可以选择需要查询的图层，根据选择图层选择多属性字段或者属性字段与空间范围相结合，通过输入关键词，查询满足条件的查询结果。

②数据浏览。

支持空间数据、影像数据等多类型数据基本浏览操作，包括地图基本操作如漫游、全屏、距离量算、面积量算、图层选择、鹰眼、比例尺、平移缩放、卷帘、拉框缩放等功能；支持多图层、多要素的叠加、动态显示，支持比例尺控制和地图样式的配置，支持动态投影实现对海量空间数据和影像数据的快速无缝浏览。平台提供地图浏览定制服务，支持自定义配置地图内容、地图范围、地图风格等（图 10-13）。

图 10-13　数据浏览（后附彩图）

③数据共享。

通过在线服务或接口的方式，对授权数据集提供以时间、区域、类别为条件的各种形式的数据服务，包括单一要素数据集、要素数据集、实体数据集、数据图元、数据对象等服务（图 10-14）。

图 10-14　数据共享

（3）功能服务

功能服务基于矢量数据提供一系列基础服务，包括通用地图服务、提取分析服务、合规性检查服务、对比分析服务等，为各部门的应用提供基础空间信息服务。支持以标准 API 的形式发布，以统一的门户的形式对外展现。

①通用地图服务。

提供地图操作类服务、图形绘制类服务、专题图制作服务、现状与历史地图服务、个性化地图服务等地图服务（图 10-15）。

图 10-15　通用地图服务

②对比分析服务。

通过叠加分析、对比分析等手段，分析不同类别、不同层级的国土空间规划数据、现状数据和建设项目数据等不同数据之间在空间位置、数量关系、内在联系等方面的情况。

通过点选、坐标输入、外部文件导入、属性查询等方式，提供缓冲区分析、叠加分析、网络分析、空间统计分析等空间分析工具，分析国土空间各类数据的关联情况，实现时空变化分析、关联分析、占地分析、差异统计（图 10-16）等分析功能。

（4）专题应用服务

专题应用服务面向各类业务专题分析需要，包含规划编制服务、行政审批服务、资源监管服务、资源评价服务、决策支持服务、公众查询服务等。

①规划编制服务。

基于各类自然资源数据，利用空间分析技术，将指定用地数据与"三线"、国土空间总体规划、控制性详细规划、林地保护利用总体规划等规划数据进行叠加分析，综合判断用地数据是否符合规划，按类别进行统计，详细列出规划占用情况并在地图上展示。辅助判断用地是否符合规划，提供审查地块自动叠加、自动分析、自动生成结果等规划编制服务（图 10-17）。

图 10-16　差异统计

图 10-17　合规性分析（后附彩图）

②决策支持服务。

基于历年的土地利用现状数据，提供土地利用统计分析服务，及时掌握历年国土空间变化情况，为国土空间用途管制提供辅助决策支持。提供按指定区域内历年地类名称、权属性质、坐落单位、图斑面积等土地利用现状的分析明细并支持一键式将分析结果输出报告（图10-18）。

图 10-18　决策支持

4. 运维管理

（1）用户权限管理

实现不同用户角色的系统功能和专题数据定制，从而不需要通过代码修改，直接实现"零代码"系统功能变更（图10-19）。

图 10-19　用户权限管理

（2）服务审核管理

在用户管理上层搭建组织机构管理模块，服务于自然资源主管部门不同科室、不同部门的管理与职能划分，便捷地定义各个部门的平台作用域，实现自然资源内部组织机构管理（图10-20）。

图 10-20　服务审核管理

10.2　国土空间规划"一张图"实施监督信息系统

新时代下的国土空间规划是面向国土空间全域、全要素，以建立形成覆盖全国、动态更新、权威统一的国土空间规划"一张图"数据为支撑，覆盖国土空间规划编制、审批、实施、监测、评估、预警全过程的动态规划。建设国土空间规划"一张图"实施监督信息系统是推进传统规划向智慧规划转型，落实规划全过程、全要素一体化管理，促进国家治理体系和治理能力现代化必不可少的信息化支撑。

国土空间规划"一张图"实施监督信息系统是基于国土空间基础信息平台构建的业务应用系统，系统旨在开展国土空间规划动态监测评估预警，加强规划实施监管，并为逐步实现"可感知、能学习、善治理、自适应"的智慧规划提供重要基础。系统纵向上实现国家、省、市、县的国土空间规划传导，横向上与各行业主管部门信息联通，利用信息化手段，在形成统一的底图、底数、底线的基础上，推动国土空间规划编制智能化、审查自动化、实施精准化、监管实时化。

10.2.1 总体设计

1. 建设思路

在国土空间基础信息平台的基础上，基于闭环管理思维，建立贯穿涵盖规划编制、审查、实施、监测、评估、预警等环节的国土空间规划"一张图"实施监督信息系统。以"一张图"数据和指标模型为支撑，对规划编制开展规划分析和底板评估，为规划审查提供辅助支撑工具，对用途管制提供审批决策支持，对资源利用和国土空间开展长期监测，对规划实施情况和生态保护状况开展定期评估，对危情隐患和底线管控等开展及时预警。总体上实现"全域数字化、编制智能化、监管实时化、决策精准化、治理网络化"。

（1）全域数字化

在传统数据的基础上，结合大数据技术和手段，建立国土空间大数据体系，形成国土空间全域的数字化表达和信息化底板，实现国土空间数字化成果全域覆盖。

（2）编制智能化

通过系统集成国土空间大数据，以及构建自然资源评价、资源环境承载能力评价、国土空间开发适宜性评价模型等实现对资源本底摸查智能实现，支撑规划目标和空间格局确定。

（3）监管实时化

通过系统对国土空间实施的各项行为，在多源异构大数据的集成基础上，进一步从实时互联网、物联网等平台获取实时数据，实现对各项目标指标、空间发展体征的实时监测。

（4）决策精准化

在国土空间大数据的基础上，通过信息化建模与表达，建立国土空间规划指标库和模型库，支撑开发利用状况的分析、监测预警评估和决策分析，并结合人工智能、地理模拟等技术，建立业务推理库，实现模拟推演和政策引导，最终实现对空间治理精准化。

（5）治理网络化

构建覆盖全国的国土空间治理网络，横向上与平级各部门互联互通，实现信息共享和业务协同；纵向上实现国土空间规划垂直条线上的信息汇交，支撑国土空间管控。在工作过程中围绕国土空间规划编制、审批、实施、监测、评估、预警全过程应用，实现可持续优化的闭环管理。

2. 系统架构

国土空间规划"一张图"实施监督信息系统总体架构可分为基础设施层、信息资源层、指标模型层、应用层以及用户层（图 10-21）。

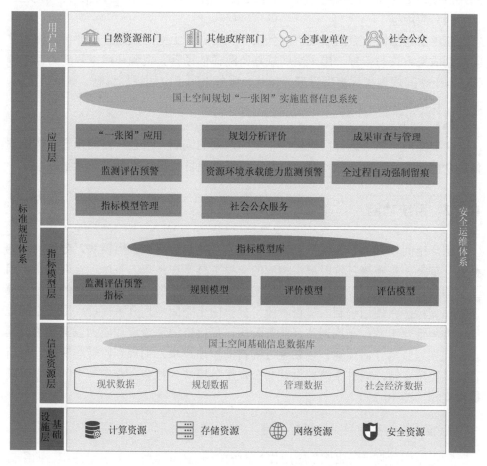

图 10-21　国土空间规划"一张图"实施监督信息系统架构

（1）基础设施层

根据系统建设需求和自然资源主管部门相关基础设施建设要求，建立安全稳定、弹性可用、按需分配的基础设施环境，为整个系统运行提供高性能的计算资源、存储资源、网络资源和安全资源服务。

（2）信息资源层

系统调用国土空间基础信息平台的国土空间规划"一张图"数据，包括现状数据、规划数据、管理数据和社会经济数据，基于"一张图"数据资源，为国土空间规划指标模型构建、规划评估分析等提供数据支撑。

（3）指标模型层

指标模型层主要包括国土空间规划指标体系与模型体系，指标体系主要为监测评估预警指标体系的构建，模型体系主要包括规则模型、评价模型与评估模型。

（4）应用层

应用层包括国土空间规划"一张图"应用、国土空间规划分析评价、国土空间规划成果审查与管理、国土空间规划监测评估预警、资源环境承载能力监测预警、国土空间规划指标模型管理等模块，服务于国土空间规划编制、审批、实施、监测、评估和预警。

（5）用户层

主要面向自然资源部门提供国土空间规划的编制、审查、监测预警、实施评估等功能服务，面向其他政府部门及单位提供项目合规性审查等功能服务。

10.2.2　系统功能

国土空间规划"一张图"实施监督信息系统包含八大应用模块，分别为规划编制、审批、实施等各阶段提供相应的支撑工具。在系统的整体运行架构中，国土空间规划"一张图"应用与指标模型管理模块为系统运行提供基础的数据与模型算法支撑；在规划编制与审查阶段，提供国土空间规划分析评价、国土空间成果审查与管理工具；在规划监督监管阶段，提供资源环境承载能力监测预警、国土空间规划监测评估预警、规划全过程自动留痕模块，为规划监管与资源环境监管提供决策支持，同时系统提供社会公众服务模块为社会公众参与空间规划管理提供支撑（图 10-22）。

1. 国土空间规划"一张图"应用

国土空间规划"一张图"应用模块面向国土空间规划成果应用部门，调用国土空间基础信息平台中的国土空间数据资源服务，为国土空间规划编制、审批、实施、监测、评估、预警全过程全环节提供专项应用，包括资源浏览、专题图制作、对比分析、查询统计、成果共享、集成功能工具集、社会公众服务等应用功能。

（1）资源浏览

资源浏览模块通过调用国土空间基础信息平台中的国土空间数据资源服务，提供基础的数据浏览与操作功能，按照现状数据、规划数据、管理数据、社会经济数据资源目录进行浏览、查询、定位；支持相关规划指标、规划文本和图件的关联浏览查看；提供多屏展示工具，满足多源数据的集成浏览展示与查询应用需求。该模块主要开发建设多源数据浏览、我的目录、资源关联查看、场景收藏等功能（图10-23）。

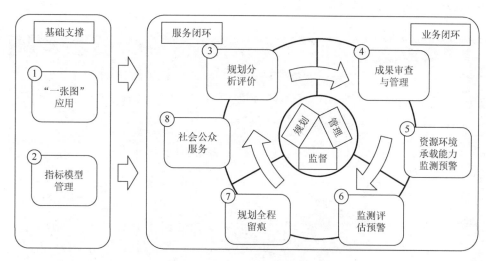

图 10-22　国土空间规划"一张图"实施监督信息系统功能设计思路

图 10-23　多源数据浏览（后附彩图）

（2）专题图制作

以专题应用为导向，支持通过数据选取、数据组织、数据展现、数据导出等步骤实现专题图制作输出，可支持模板化定制并记录导出日志，以适应不同场景和多次使用需求。专题图制作时，支持选择需要展现的图层数据，将不同内容的图层进行叠加显示，调节图层的顺序和透明度，输入相关的制图参数，定制化导出需要的专题图，为规划编制、风险识别、生态修复、土地整治、空间格局等提供相应的专题数据产品（图10-24）。

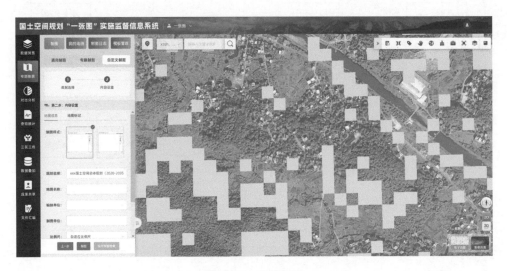

图10-24　在线打印

（3）对比分析

针对国土空间规划"一张图"数据资源的对比分析应用需求，对比分析模块开发了基础分析子功能与专题分析子功能。基础分析子功能包括叠加分析、分屏对比这两个模块，可应用于系统内所有空间数据的对比分析；专题分析子功能包括土地数据叠加对比、土地数据演进分析、规划与实施对比、约束性指标与现状图层对比四个模块，可满足专题特定业务场景下的快速分析需求，支撑空间资源利用决策分析的高效化、科学化、便捷化开展（图10-25）。

2. 国土空间规划分析评价

规划分析评价重点在支撑规划编制环节。面向编制单位提供"双评价""双评估"等在线分析评价模型，辅助了解区域资源本底情况。

（1）"双评价"

考虑"双评价"工作开展过程中对海量数据运算、分析模型配置与评价成果复用的多方面应用需求，系统设计了底板数据、分析模型与成果管理三个子模块，其中"底板数据"主要提供对"双评价"基础数据的管理与质检功能；"分析模型"为规划分析评价核心模块，提供多种可实现生态评价、土地资源评价（图 10-26）、气候评价等的算法与模型，实现资源环境承载能力与国土空间开发适宜性评价；"成果管理"则用于管理"双评价"的历史评价成果，便于成果复用以及支撑国土空间规划编制相关应用。通过这三个子模块即可实现对"双评价"工作的全程管控。

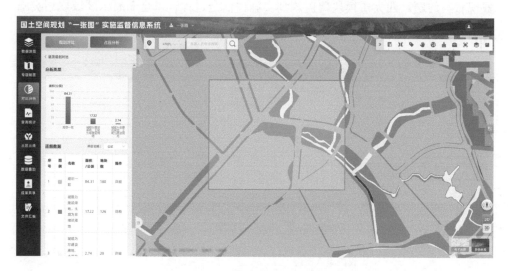

图 10-25　对比分析（后附彩图）

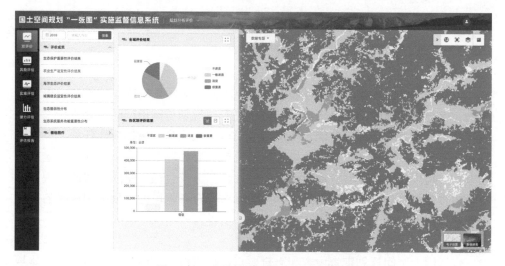

图 10-26　土地资源评价（后附彩图）

（2）"双评估"

针对国土空间规划评估业务需求，实施评估模块由规划指标、战略目标、空间利用、要素配置四大子模块构成。其中，规划指标模块旨在反映省级国土空间规划实施中各类规划指标的完成情况；战略目标模块重点反映省规划发展的主要目标完成度、落实情况、与实际目标差距等宏观信息；空间利用反映国土空间规划中空间布局是否合理，还有哪些待优化空间；要素配置针对性展示空间要素配置现状与问题。四大子模块覆盖规划实施评估全过程，可全面展示区域规划实施各方面问题（图 10-27）。

图 10-27　评估报告导出

3. 国土空间规划成果审查与管理

依据国土空间规划审查内容和审查要点，开发对国土空间总体规划成果进行质检、审查与管理的功能模块，提供对相关专项规划与国土空间规划进行"一张图"核实的审查与管理等功能，实现对成果自动化检测，包括新建任务、参数配置、开始任务、生成导出报告，以及数据表单查看；对于规划审查要点，建立规划审查结构化规则，能够自动对图文一致性、指标符合性、空间一致性、规划冲突等内容进行检查，生成审查报告，并实现对审查各阶段的规划编制成果的全流程管理和利用。

（1）成果质检

依据国土空间规划审查内容和审查要点，提供对审批的市县国土空间总体规划和相关专项规划成果的质检功能，对规划成果数据完整性、属性标准性、空间拓扑性和属性基础等进行自动检查，并生成质检报告，从而规范并提升规划成果质量（图 10-28）。

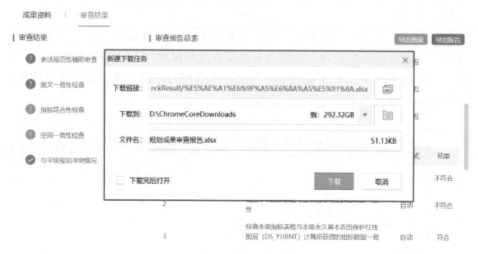

图 10-28　导出质检报告

（2）成果审查

依据国土空间规划审查内容和审查要点，开发成果上报、接收、机器审查、辅助人工审查、审查任务管理等模块，并自动生成审查报告（图 10-29）；提供对相关专项规划与国土空间规划进行"一张图"核实的审查功能，对包括资源开发利用类、空间修复类、基础设施类、公共服务设施类、经济产业类和交通类相关专项规划的"一张图"汇入要素进行成果审查，为审查提供参考依据，辅助空间规划成果审批。

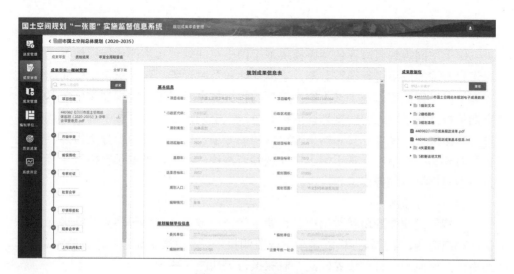

图 10-29　审查报告浏览

（3）成果管理

提供对市县国土空间总体规划成果的质检成果、审查成果管理，开发批复成果上传、规划成果详情查看、规划成果备案管理等模块，支持对专题研究、听证、批前公示、征求意见、专家论证、上两会、上报审查、批复及公告等各阶段每次审查的成果进行综合管理（图10-30）。

图 10-30　规划成果信息表

4. 国土空间规划监测评估预警

国土空间规划监测评估预警模块基于国土空间规划实施评估指标体系，定期对规划实施的成果进行动态监测、定期评估和及时预警。包括对国土空间规划的实施情况进行监测，基于国土空间规划的指标体系对国土空间规划实施情况进行定期体检；基于国土空间规划评估模型对国土空间规划实施过程中的重难点问题进行数据采集、模型计算和结果输出，辅助专项评估；建设预警分类体系，明确预警对象和关键指标，基于国土空间规划监测评估结果，根据预警模型及警情划分标准提供分级预警信息和报告。

（1）动态监测

支持通过获取的现状数据库、行业主管部门或统计年鉴等多源数据进行指标值的动态监测，支持根据模板自动生成监测报告。该模块主要开发建设监测总览、约束性指标监测、管控边界监测、监测报告等功能（图10-31）。

（2）及时预警

针对及时预警模块的应用需求，系统依据指标预警等级和阈值，获取相关数据，对违反开发保护边界及保护要求，或有突破约束性指标的情况，进行及时预警，支持以空间地图渲染和图表联动的方式展示预警详情，支持导出预警清单；支持根据模板自动生成预警报告。该模块主要开发建设预警总览、约束性指标预警、管控边界预警、预警报告等功能（图10-32）。

图10-31 监测信息总览

图10-32 预警总览

（3）定期评估

针对国土空间规划定期评估的业务应用需求，定期评估模块开发建设了指标评估与地区评估两大子模块。其中指标评估模块重点呈现对区域国土空间规划现状评估指标的评估成果的详细展现，并提供指标变化趋势分析参考；地区评估则是以各行政区为分区，展现不同区域的指标评估结果，满足地方对下辖区域现状发展的监管的需求（图10-33）。

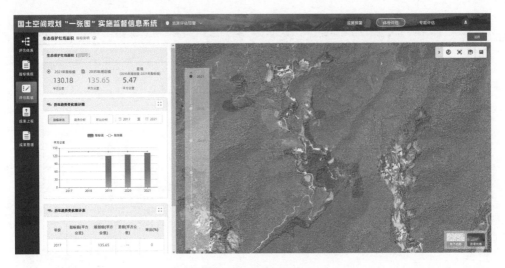

图10-33　地区评估

5. 资源环境承载能力监测预警

（1）综合监管

综合监管旨在实现对土地资源、水资源、环境、生态等多方面自然资源要素的现状、变化的监管。基于有关部门资源环境承载能力监测数据，通过建立的监管模型，支持对资源环境承载能力监测预警智能分析与动态可视化展现，支持根据不同发展阶段的社会经济各相关指标对资源环境承载能力影响程度的变化，及时调整预警指标的权重值和安全值，以便对资源环境承载能力变化情况进行定期监控，并生成监测报告（图10-34）。

（2）动态评估

通过建立动态评估模型，动态获取相关部门的水资源、矿产资源、土地资源、环境、生态系统监测数据，实现对这些重点区域、特定区域、特定类别资源环境承载能力的动态评估。支持对评估指标变化趋势和空间分布态势展现，依据重点开发区域、农产品主产区、重点生态功能区等主体功能分类，进行专项评估，实现资源环境承载能力专项评估（图10-35）。

图 10-34 监管总览

图 10-35 土地资源评价

（3）决策支持

决策支持模块的建设旨在依据资源环境承载能力综合监管与动态评估的结果，对超载或临界超载地区解析超载因子，辅助形成分析报告，以及对各类管控措施执行情况及效果进行综合评价，辅助奖惩措施调整。系统中该模块的建设重点在于以资源环境承载能力监测结果为基础，完成超载原因分析，形成综合监测报告，进而支撑相关业务部门开展相关决策，落实资源环境监管责任，保护国土空间资源（图 10-36）。

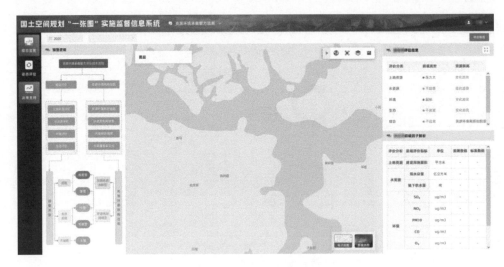

图 10-36　超载因子分析

6. 国土空间规划全过程自动强制留痕

按照国土空间规划编制、审批、修改和实施监督全过程留痕制度要求，该模块具备对规划内容修改，规划许可变更或撤销，公开征求意见情况，提出、论证、审查过程及参与人员意见等自动强制记录归档功能，确保规划管理行为全过程可回溯、可查询。

一方面，系统以图文一体化的形式对规划调整、审批等全要素信息进行关联展示，通过时间线形式，展现规划项目更改全周期节点内容，并支持对历次更改信息进行详情查看。

另一方面，针对规划信息全程留痕的需要，系统对每一次规划调整、审批改动等变化信息都进行记录，所有规划变动信息统一保存至日志库中，可按需查询、浏览（图 10-37）。

7. 指标模型管理

（1）指标管理

为实现国土空间规划指标体系的快速搭建、统一管理和实现应用，使用指标管理、指标计算配置、指标值管理及数据字典功能对国土空间规划指标的指标项、指标值、指标状态及指标计算方式等进行信息化管理（图 10-38）。

（2）模型管理

服务于国土空间规划各类分析模型的统一注册、管理和应用，针对国土空间规划的评价模型、规则模型、评估模型、审查模型、管控模型以及各项扩展模型

图 10-37   规划审查信息留痕

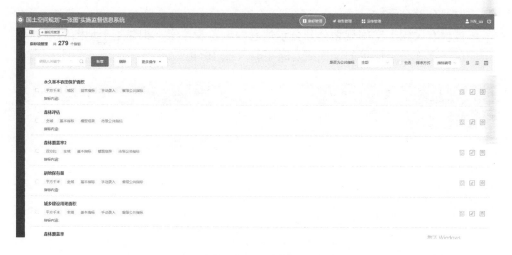

图 10-38   指标管理

进行模型管理。通过算法注册、数据源管理、配套可视化建模工具、模型监控等模块，根据不同的业务域和业务类型进行分级分类管理，实现国土空间规划编制、审查、实施、监测、评估和预警提供算法模型支撑（图 10-39）。

8. 社会公众服务

充分利用各种公开途径，提供面向公众的国土空间规划服务，支持多终端、多渠道的公开公示、意见征询和公众监督，促进规划公众参与。

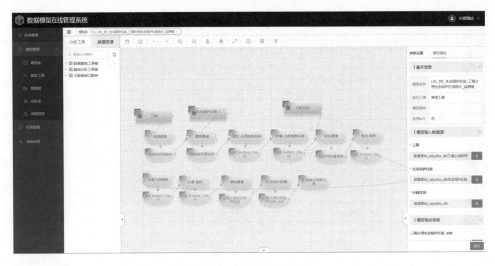

图 10-39　模型管理

（1）公开公示

提供有关国土空间规划公开公示信息的浏览和检索，构建基于地图的规划公示应用，实现公示信息的定期或实时更新（图 10-40）。

图 10-40　公开公示

（2）意见征询

提供意见征询表格定制功能；提供公众意见整理与分析功能（图 10-41）。

图 10-41　意见征询

（3）公众监督

提供社会公众留言、意见回复、违规举报功能，接受群众监督（图 10-42）。

图 10-42　公众监督

10.3　信息化案例总结分析

本节以自然资源部官方公众号开设的国土空间规划"一张图"建设专栏中收录的 46 份地方实践经验为研究对象，涉及 17 个省（直辖市、自治区）和 29 个地市。梳理分析了各地在标准体系制定、数据体系构建、指标模型构建、规划传导衔接、三维立体管控、要素保障支撑等方面取得的成效，并通过各地建设现状分析，总结了"一张图"建设下一步优化完善方向。

10.3.1 建设成效

1. 标准规范建设层面

依据自然资源部相关规范，甘肃、四川、广东、福建、新疆、湖南等地遵循标准先行的理念陆续出台相关标准来推动规划数据治理和系统建设，主要包括数据库规范、数据汇交要求、数据质检细则、系统接口规范、数据治理指南等规范类型，以总体规划相关标准为主。值得关注的是，海南、福建、江苏等省份提前谋划了详细规划（村庄规划）和专项规划数据规范，建立了详细规划、专项规划衔接核对机制。如海南省出台了《海南省城镇开发边界内控制性详细规划数据库标准》和《海南省控制性详细规划调整"三把钥匙"协同监督操作实施细则》，福建省出台了《福建省控制性详细规划建库和汇交要求》和《福建省村庄规划手册》，江苏省出台了《江苏省城镇开发边界内详细规划数据库标准》和《江苏省村庄规划报备审查要点》。

2. 数据资源体系搭建层面

通过国土空间规划"一张图"的构建，各地基本形成了涵盖现状、规划、管理、社会经济 4 大类型的自然资源大数据体系。广东省形成了覆盖全域、三维立体、权威统一、陆海相连的国土空间数字化底板；上海市发布了 1400 多个图层，打通经济社会大数据、城市管理"神经元"与时空大数据的融合，形成人口、法人、事件、物联设备、视频监控等"城市治理要素一张图"；广州市建成了 4 大类约 1000 个图层的数据资源体系；南京市多源汇聚了 4 大类 300 余项空间数据，形成了坐标一致、边界吻合、上下贯通的国土空间规划三维立体"一张图"；长沙市形成了二三维一体化国土空间规划"一张图"，实现从"纸上查规划"转变为"空间看规划"。

3. 指标模型构建层面

根据《国土空间规划城市体检评估规程》等标准规范，在上级要求的基础上，各地在实践中探索出了具有地方特色的指标体系。甘肃省制订了 12 大类、340 项的国土空间规划预期性和约束性指标，构建了 63 个模型服务于规划编制、成果审查、监测预警、体检评估等相关工作；天津市采用体检方式建立市区规划实施监测机制，对近 100 项城市体检评估指标、10 余项资源环境承载能力监测预警指标进行分析、自动计算、比较和监测；南京市从底线、传导和质量 3 个维度探索开展国土空间规划实施监督，构建了 8 类 41 项的指标体系，同时基于国土空间规划实时体检评估指标填报系统构建了包含 65 项指标的南京市"实时"指标体系，涵盖统计上报类、空间分析类、多源耦合类三大类计算模型，为精细化的国土空间规划和智能分析提供决策支持。

4. 规划传导衔接层面

根据《若干意见》构建纵向和横向的规划传导机制，传导内容主要包括"指标、结构、名录、位置、分区、边界"六种形式。山东省利用大数据、云计算、空间规则引擎等技术，将布局、控制线、指标、名录等管控要求数字化，在规划"一张图"上实现层层传导、严格管控，发挥国土空间总体规划对专项规划的指导约束作用；北京市提出市级、区级、单元级、街区级、项目地块级五级"抽屉"空间单元，以"空间＋指标"传导验证的方式，动态监测国土空间规划管控目标的传导情况，确保"功能任务不改变，规模结构不走样，红线底线不突破"；成都市将全市自然资源保护利用类、基础设施类、公共服务类专项规划阶段成果上图入库，开展专项规划成果入库核对、叠加上图工作，确保专项规划与国土空间总体规划衔接一致。

5. 三维立体管控层面

伴随着数字孪生、实景三维、三维渲染等技术的发展，各地基于"一张图"搭建了二三维一体化管理模块，实现了规划立体管控。广东省在三维遥感影像上进行"即时分析、实时展示"，为规划管理决策提供陆海统筹、直观立体的数据服务；南京市运用数字孪生、三维渲染等技术，对重点区域国土空间要素进行高仿真三维可视化渲染，让规划成果"立起来"，将各类管控要素制作成三维立体"盒子"，提升审批效率与精准度；成都市借助二三维一体化应用功能，结合地形分析、坡向分析、淹没分析等，对永久基本农田"上山下河"，城镇布局涉及地质灾害高风险区、地震断裂带等问题进行判识，有效支撑永久基本农田、生态保护红线、城市开发边界划定工作。

6. 要素保障支撑层面

在高质量发展和空间要素保障需求下，各地基于规划"一张图"构建重大项目库，服务重大项目落地。海南省基于"一张图"搭建了土地超市模块，构建了归集产权明晰的存量建设用地、发布公开透明的土地信息、配对有效精准的项目要素、实施规范高效的服务监管为一体的土地全生命周期服务监管制度体系；成都市收集全市 3000 余个近期重大建设项目位置、建设内容、用地规模等属性信息，通过与永久基本农田、市域蓝线等强制性内容叠加分析，夯实过渡期重大项目建设用地保障工作基础；厦门市依托规划"一张图"系统，搭建全市招商项目资源规划要素保障服务模块，建立调度清单，逐年梳理招商空间资源，分级分类推出可供招商成熟空间和备选空间，精准服务招商引资。

7. 数据共享服务层面

为了更好地提供规划数据共享服务，各地通过 APP、便民小程序等方式助推规划"开门"服务和"阳光规划"行动。上海市搭建了 15min 社区生活圈智慧化应用场景，上线后在市民互动，以及社区规划师、社会组织开展规划咨询和公众参与方面发挥了重要作用；杭州市推出"规划一点通"应用场景，社会公众可以通过浙里办、微信、支付宝等扫码登录，上线以来已成为收集民情民意、征集金点子、加强规划监督的"重要窗口"，成为指尖的规划展览馆；重庆市国土空间总体规划知识服务系统聚集了 5 个一级主题、19 个二级主题、244 个知识点和近千个数据事实，有着丰富的图片、数据、视频、案例，形成了一个规划"网上展览馆"。

10.3.2　完善方向

总体上，各地在国土空间规划"一张图"建设的实践探索中，积累了诸多有益经验。然而随着国土空间规划成果的陆续报批，国土空间规划实施监督工作逐步深入，为更好地满足国土空间规划监测评估预警的需要，现有的国土空间规划"一张图"实施监督信息系统仍有进一步优化提升的空间，主要落实在以下五方面：理论体系有待健全，技术工具有待提升，数据资源有待治理，指标体系有待完善，算法模型有待深化。

1. 理论体系有待健全

国土空间规划作为谋划空间发展和空间治理的战略性、基础性、制度性工具，要注重目标、问题和运行（实施）导向。国土空间规划"一张图"实施监督信息系统作为国土空间规划运行体系建设的支撑系统，是国土空间规划编制、审查、实施、监督、体检等业务运行的重要载体。

目前，尽管各地已基本实现规划编审环节的"多规合一"，但仍难以做到国土空间规划全周期业务逻辑、法理、技术支撑的统一。具体而言，我国的规划实施监督工作起步较晚且集中在建设空间，尚未探索出全域全要素的、具有广泛指导意义的国土空间规划实施监督理论体系，配套的实施监督机制尚不健全、纵向上事权界定不合理、传导关系不明晰，横向上部门责任落实不到位、市场社会参与程度不高等。下一步需要理顺各级、各类规划之间与事权的关系，建立面向高质量发展的规划调控体系，构建精准传导、编管协同的规划实施体系，处理好政府和市场、中央与地方、决策与实施监督的关系，确保规划体系高效运行。

2. 技术工具有待提升

国土空间规划的各个环节均需要先进的技术工具，支撑"可感知、能学习、善治理、自适应"的智慧规划建设与转型。目前研发的各类工具较为零散，在不同层次规划之间的衔接、关键环节的逻辑串联等方面存在明显断点，在国土空间格局解析、问题研判、结构诊断、趋势预测、态势预警、方案推演等定量处理与分析方面支撑不足。

例如在规划编制阶段，许多规划院仍旧主要利用传统的静态数据与 GIS 方法开展规划现状分析评估，缺乏大数据技术、定性与定量分析融合技术的应用，未能充分发挥新技术在辅助规划编制上的优势；规划审查阶段，目前已逐渐由人工审查向人机协同审查过渡转型，审查规则数字化转译有了较大突破，但面向规划自动化审查还有一定距离，对于实现三维规划审查也还需要进一步探索；规划实施监督阶段，现有的技术手段缺乏对规划实施路径、规划实施过程、规划反馈机制的考虑，仅仅依托国土空间监测评估预警指标体系，配套的指标更新、运算逻辑等底层技术支撑底座尚未形成，无法有效实现国土空间规划精准管控。总体上需要加强国土空间规划智能决策技术中枢的系统性谋划与布局，打造能用、管用、好用的决策分析"工具箱"。

3. 数据资源有待治理

国土空间规划"一张图"数据治理应面向形成规划知识管理的 DIKW 金字塔目标，实现从 data（数据）到 information（信息），从 knowledge（知识）到 wisdom（智慧）的跨越，即数据治理遵循着从感知数据到挖掘信息，再到知识关联乃至智慧应用的路径。按照"数据-信息-知识-智慧"国土空间信息金字塔模型，目前国土空间规划"一张图"数据治理的深度多数处在信息金字塔的中下层，即数据汇聚和信息获取层面，需要强化智慧规划所需的科学完备的高层次信息与知识，进而实现更高维的智慧应用。

国土空间规划实施监督所需的数据来源多、分布广，但目前数据的全面性、实时性不足，难以动态实时反映国土空间全域全要素变化；各类数据标准化程度不够，多元异构数据融合应用难，缺乏科学的数据融合技术方法；数据业务关联、时间关联、空间关联等语义联系脉络不够清晰，难以构建国土空间规划知识认知网络，形成层次分明、结构清晰的国土空间知识图谱；面向规划全周期管理的数据产品不成体系，对于规划决策分析、监测评估预警、要素模拟推演等的支撑力度有限。总体上，国土空间规划"一张图"数据治理还需要进一步做好 DIKW 金字塔各层次的基础能力建设,加快探索"获取数据-整合数据-理解数据-应用数据"的全链条路径。

4. 指标体系有待完善

指标体系作为考量规划实施的重要手段,是规划达成度评判和精准实施追溯的重要依托。针对国土空间规划实施监督的特点与需求,自然资源部提出构建多层级、协同式的全国国土空间规划实施监测网络,旨在实现动态监测评估,加强对重要控制线、重大战略区域、重点城市等规划实施情况和重大工程重点领域、突出问题等的监测预警。

因此,从满足各级各类的国土空间规划实施监督管理需求角度上看,当前支撑国土空间规划"一张图"规划实施监督应用的指标体系尚不完善,还未形成有针对性、系统化的监测内容框架和指标体系。为此,需要推动技术融合、数据融合、系统融合、业务融合多方面的智慧监测指标体系建设,制定科学的监测方法和标准,提高监测评估的准确性和可操作性,以满足各级各类规划的实施监督管理需求。通过提高和完善"一张图"的规划实施监督指标体系,实现对国土空间保护和开发情况的动态监测和评估,为国土空间规划实施提供科学的决策支持和管理抓手。

5. 算法模型有待深化

国土空间规划监测评估预警需要实现对国土空间规划全流程信息的深入分析,而监测分析大多停留在数据统计层面,缺少深度分析、综合评价和实时预警,缺乏对国土空间各类风险的识别与预判,对规划优化调整方案的模拟推演能力不足,基于算法模型的自动化、智能化监测分析评价能力需要大力加强。

一方面,随着国土空间规划业务场景的复杂化,传统的、基于统计的、单一的分析评估方法已经不能满足日益增长的数据挖掘和分析需求。如以往许多规划实施评估模型在城市土地利用、公共空间使用等专项用途或局部重点领域得到较好的应用,但专项的、局部的、特殊用途的模型并不能反映国土空间规划实施的广泛性、动态性、系统性和长期性特征。再比如,面向国土空间规划实施监督需要,尚未形成通用的预警分析、场景构建、模拟推演算法模型体系,极大地制约了国土空间执法督察的灵活性、及时性。另一方面,国土空间规划数据量的不断增长也为算法模型动态分析带来了巨大挑战,如对于大规模的数据集,现有的算法模型往往存在处理速度较慢的问题;对于数据的准确性和实时性要求较高的场景,常规算法模型也尚未达到实时更新的标准。因此,当前应结合生成式 AI、大模型等新技术发展趋势,加快国土空间规划专业算法模型研发,通过提高算法的运行效率和准确性,同时加强算法在多元关联分析上的应用,以实现"一张图"动态监测分析的高效化、准确化和实时化。

11   总结与展望

11.1   总   结

从历史上看，我国国土空间规划体系建设都与各阶段的经济社会发展相呼应。当前，我国已经从粗放式扩张的经济发展阶段，走到了需要更加注重社会民生、生态，经济与环境均衡协调发展的时期。正如2019年中共中央、国务院发布的《关于建立国土空间规划体系并监督实施的若干意见》中所述，"国土空间规划是国家空间发展的指南、可持续发展的空间蓝图，是各类开发保护建设活动的基本依据"。因此，当前国土空间规划实质上被赋予了转换发展方式、实现"换道超车"，推进国家治理体系和治理能力现代化的重要使命。这也要求国土空间规划向智慧化转型，逐步具备"可感知、能学习、善治理、自适应"的能力，以智慧国土空间规划引领空间发展，推进生态文明建设。

在此背景下，本书聚焦智慧国土空间规划理论、方法与技术，对当前智慧国土空间规划的理论方法框架、建设路径、规划应用和管理模式进行了系统梳理。智慧国土空间规划与传统规划相比，核心转变在于通过融合新的科学技术手段，加强国土空间规划的智能性、科学性、实时性和精准性。本书围绕国土空间规划全流程智慧化管理需要，在构建智慧国土空间规划理论方法框架的基础上，提出了智慧国土空间规划关键技术体系——主要包括信息感知、信息融合、知识发现、智能决策和信息集成五个部分。以多源大数据作为感知中介，利用前沿数据融合技术构建数字基底，以深度学习等技术构建国土空间新认知，进而结合三维技术、地理建模技术实现国土空间智能决策。在此基础上，构建智慧国土空间规划信息化应用体系，助力国土空间规划"一张图"数据治理和国土空间智慧编制、自动化审查、精准实施与智能监管，串联融合智慧规划关键技术与方法，赋能规划全周期业务，打造智慧规划应用闭环。

在理论方法梳理的基础上，本书面向传统规划理念、技术、方法向智慧规划转型的现实需要，融合全国各地空间规划编制与管理实践，对国土空间智能规划各级应用做了详细的论述。过去几年，各地纷纷开展国土空间基础信息平台、国土空间规划"一张图"实施监督信息系统等信息化建设工作，为智慧规划打下坚实基础，本书提炼的相关技术方法对各地空间规划的编制、审批、实施、监督等具有较强的支撑作用。同时，本书从大量案例中归纳了各项规划工作的具体工作框架、操作细则等，展现了在智慧国土空间规划过程中的各项关键节点和技术思路，具备较高的科学性、指引性与可操作性。

11.2 展　　望

智慧国土空间规划是指基于大数据、人工智能、云计算等新一代信息技术，对国土空间进行综合规划、精细管理、智慧利用的一种新型规划方式。未来，随着新一代信息技术的不断发展和应用，智慧国土空间规划将有更广阔的应用前景。智慧国土空间规划可以推动国土空间数字化建设，提高规划决策的科学性和准确性，推动国土空间治理能力提升和创新发展。当然，智慧国土空间规划的建设和完善非一日之功，作为国土空间规划进阶的智慧形态，需要持续的浇灌、培养，不断地探索更优的智慧之道，促进结出"智慧之果"。

尤其是随着各地国土空间规划成果的陆续报批，加强国土空间规划实施监督已成为下一阶段国土空间规划管理的重点工作。为进一步适应国土空间规划实施监督需要，自然资源部正基于规划"一张图"系统，推动建设全国国土空间规划实施监测网络（CSPON），对资源环境承载能力、国土空间开发适宜性、国土空间开发保护状况实施动态监测评估，加强对重要控制线、重大战略区域、重点城市等规划实施情况和重大工程重点领域、突出问题等的监测预警。该工作是推动国土空间治理数字化转型和"智慧国土"建设的重要抓手，遵循国土空间规划"数治、智治与共治"的建设路径，以国土空间规划"一张图"实施监督信息系统迭代升级建设 CSPON，打造一个凝聚众智、开放共享、合力创新的国土空间数字化治理平台，合力推进国土空间治理体系和治理能力现代化，将是未来国土空间智慧治理的重要方向。

11.2.1　夯实"数治"基础

提升国土空间治理现代化能力的关键基础在于"数治"。"数治"要求国土空间治理中依"数"而治、循"数"而治。随着科技的不断发展和数字化时代的到来，数据已成为国土空间治理的重要资源。因此，在国土空间治理中，加强"数治"基础建设是实现现代化的关键基础。当前在国土空间规划编制和实施中，大数据的应用愈发频繁，而相关的数据应用技术、制度、机制、方法还不甚完善，需要加强对"数治"体系的统筹与谋划。通过夯实数据底板、打通数据共享交换渠道、强化数据管理，加快形成"用数据说话、用数据管理、用数据决策、用数据创新"的"数治"新基础。

首先，数据底板是国土空间"数治"体系的基石。未来需要加强国土空间数据采集、整合、更新和共享，提高数据质量和完整性。这需要政府加强数据管理、规范数据标准，推广数字化技术和设备，建立完善的数据采集体系，以保证数据的准确性和实时性。具体而言，可基于当前部、省、市、县四级国土空间规划管理信息平台，优化和完善数据的多模态数据融合。建立国土空间数字化数据库，收集各类国土空间信息，对数据进行分类整理、统一编码、标准化等处理，提高数据质量和可用性，为国土空间规划和治理提供可靠的数据基础。

其次，数据共享是"数治"建设的重要环节。这需要政府与企业、社会组织、公众等多方主体加强合作，推动数据共享平台建设，完善数据交换机制，推进数据的共享和利用，实现数据互通、信息共享的目标。通过建立统一的数据共享平台，促进数据共享和交换，使数据更加通畅和流动，有助于避免"信息孤岛"和"数据壁垒"，为国土空间治理提供更加全面和准确的信息支持。

再者，数据管理是"数治"基础建设的重要保障。未来需要建立健全的国土空间数据管理机制。政府应加强对数据的监管和管理，加强数据安全和保护，制定数据共享和使用的规则和制度，保障数据的可靠性和有效性。通过制定科学的数据安全管理制度和规范，确保数据的真实、完整和安全，同时加强对数据使用和共享的监管和管理，维护数据资源的公共性和稳定性。

最后，数据创新是国土空间"数治"基础建设的核心要求，需要政府与企业、社会组织等多方主体加强合作，合力推动数字技术创新，开发新的数据应用场景，探索数据驱动的发展模式，促进国土空间的可持续发展。在国土空间规划和治理中，不断探索和应用新技术和新方法，以数据为支撑，实现科学、精准、高效的国土空间治理，推动国土空间治理现代化。

11.2.2 完善"智治"体系

"智治"是国土空间规划智慧化转型的重要目标之一。"智治"的实现既需要依托人工智能、大数据、云计算、三维可视化等"硬"技术在国土空间规划中的反复探索与实践，更需要在国土空间规划理念、机制、范式等方面的突破创新。探索新时代国土空间规划智慧化的多元方向，融合机器的"智能"与人的"智慧"，构建新时代国土空间"智治"新体系，是完善"智治"的方向。

首先，从智慧国土空间规划理念上，"智治"体现在充分利用先进技术，提升智慧国土空间治理的效率和科学性。例如可以运用人工智能和大数据技术，建立国土空间利用智能评估模型，通过对历史数据和环境因素的分析，预测国土空间未来发展的趋势和潜力，为空间规划提供科学依据。同时，还可以利用机器学习算法，实现国土空间风险智能预警，优化国土空间规划布局和方案，提高规划的科学性和实用性。

其次，在智慧国土空间规划的机制上，"智治"要求深化探索和完善现有国土空间规划的机制以及规范标准的支撑，例如智慧规划管理业务流程的再造、规范标准等。同时，通过云边端及区块链技术等，实现各级部门之间的信息共享和协同，避免信息孤岛和数据冗余，提高信息的透明度、准确度和安全性。通过智能合约等技术，实现审核、审批、管理的自动化，避免人为干预和管理不当的情况发生。

最后，在智慧国土空间规划的范式上，"智治"体现在从传统二维规划走向三维，从感性规划走向科学评估。第一，利用三维可视化技术，建立数字化的国土空间规划模型。通过将实际场景转化为三维数字模型，可以更加直观地呈现空间结构和布局，提高空间规划的可视性和可操作性。第二，可以利用 VR 技术，实现规划场景的沉浸式体验，帮助相关人员更好地理解和把握规划意图。第三，可以利用人工智能技术进行指标筛选和优化，建立适合本地区的国土空间规划评估体系和预测分析，真正地实现"可感知、能学习、善治理、自适应"的智慧国土空间规划体系。

11.2.3　优化"共治"格局

国土空间规划是实现国土空间精细化治理的重要手段。以往的规划主体多以政府单位为主，空间治理缺乏对社会公众意愿的考虑，造成空间治理和规划的局限性。随着城镇化逻辑朝着高质量发展格局的转变，国土空间的管理和治理面临着更为复杂和精细的挑战。而优化"共治"格局是实现国土空间精细化治理的重要途径。新时代的国土空间治理必将是以"数治"和"智治"为依托，充分串联政府、企业、社会组织和社会公众等多方主体，大力发展多元主体彼此合作、良性互动机制，形成国土空间"共用治理平台、共建治理路径、共享治理成果"的国土空间"共治"新格局。

首先，建立共用治理平台是实现国土空间共治的重要基础。建立国土空间信息共享平台和信息共享服务体系，在夯实"数治"的基础上，实现国土空间信息安全、快速和稳定互通，实现各类信息共享和互通，将多方主体的信息资源充分整合，为国土空间精细化治理提供坚实的信息支撑。

其次，共建治理路径是实现国土空间共治的重要手段。共建即共同参与社会建设，各方主体应该围绕共建共享的思路，形成合理的治理路径和规划方案，充分发挥各方主体的优势和特长，实现多方主体的协同治理，提高国土空间治理的效率和效果。本着政府主导和政社合作原则，通过一系列政策安排，为市场主体和各种社会力量在智慧国土空间规划和治理中发挥作用创造更多机会。

最后，共享治理成果是实现国土空间共治的重要目标。在国土空间规划和治理过程中，应按照一级政府、一级事权、"多规合一"的要求，统筹政府机关、社会组织和民众等各方力量，形成共治、共享的良好氛围。具体措施上，通过"数治"基础和"智治"体系，以问题为导向，以场景为枢纽，借助计算技术在电脑、移动设备和可穿戴设备等多端平台形成政府、市场、社会的交互与反馈信息链。积极开展信息公开和政策公开等工作，充分吸收社会公众的意见和建议，让公众更好地参与到国土空间治理的过程中，建立多元协同形式，实现治理成果的共享。

11.3 结　语

智慧国土空间规划是我国未来城市和社会发展的重要方向之一。作为数字中国建设的重要一环，智慧国土空间规划有助于推进中国式现代化，构筑国家竞争新优势。加快智慧国土空间规划体系建设，对全面建设社会主义现代化国家有重要意义。

展望未来，智慧国土空间规划将以先进技术为基础，以人民的利益为出发点，着眼于社会经济发展、资源利用和环境保护等方面，全面提高国土空间利用效率和生态环境质量，实现美丽中国和可持续发展的目标。只有全社会共同努力，才能打造一个智慧、可持续的国土空间，为人民创造更加美好的生活。

后　记

本书历经五年的艰苦撰写，言短情长，字少情深。

在漫长的创作过程中，我们始终怀着对国土空间规划事业的深厚热情，一遍遍地修改、推翻、打磨，旨在使其成为经得起时间考验的经典之作，为国土空间规划智慧化转型贡献一份力量。

作为国土空间规划行业发展与变革的亲历者，我们深知我国空间规划事业从"九龙治水"演进至"多规合一"，再到上下统一的国土空间规划，经历了多少风雨与坎坷。正如蜿蜒前行的脚步铺就了道路，年轻而朝气蓬勃的国土空间规划仍面临着漫长的征途，未来的方向何在？前进的步伐如何？这是整个行业急需探讨和思考的命题。

本书不仅是我们对国土空间规划智慧化转型之路的实践探索记录，更是对智慧规划理念长期思考的凝练与总结。我们坚信，在以人工智能为代表的新兴技术引领下，国土空间规划必将焕发新的面貌。未来也许不再需要耗费大量人力从事基础数据采集、规划方案设计、实施评估分析等繁琐工作，面向空间规划领域的专业大模型将重构我们熟知的"编审施督"全过程管理方式，从而带来国土空间规划认知的升维、技术能力的升级以及管理水平的跃升。"可感知、能学习、善治理、自适应"将真正成为智慧国土空间规划的代名词。

在此，由衷感谢郭仁忠与吴志强两位院士对本书高屋建瓴的指导，感谢劳春华、马世发、赵克飞、金宇豪、李少英等老师在本书撰写过程中提供的宝贵修改意见。同时，我们还要特别感谢周裕丰、梁伟峰、骆文标、樊星、张淑娟、吴赛男、洪良、吴灿、马昊翔、崔学森、陈思渊、刘海霞、杨丽娅、刘娜、肖桂涛、刘禹麒、何剑锋、刘海、孙锦海等行业同仁为本书提供的支持和建议，以及感谢为本书案例实践提供支持的相关自然资源和规划管理部门。本书的诞生离不开诸位专家的悉心指导和相关部门的鼎力相助，谨此致以最诚挚的感谢。

在未来的日子里，愿本书能够为广大从业者以及关心国土空间规划的人士提供启发和指引，共同谱写智慧国土空间规划的崭新篇章！

彩 图

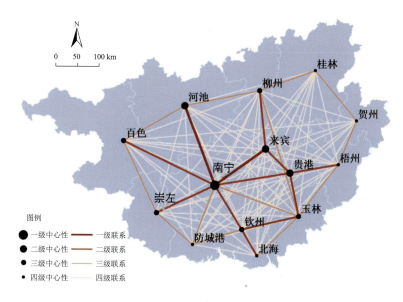

图 6-2 广西地级市间联系网络

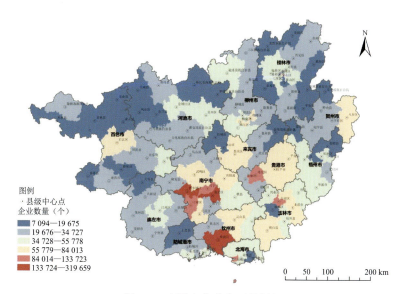

图 6-3 广西企业分布（县级）

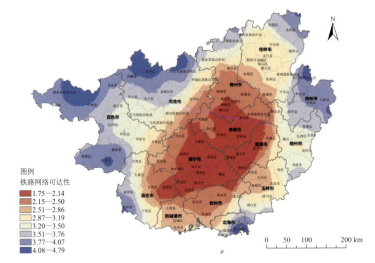

图 6-4　铁路路网可达性空间分布

图例
铁路网络可达性
- 1.75—2.14
- 2.15—2.50
- 2.51—2.86
- 2.87—3.19
- 3.20—3.50
- 3.51—3.76
- 3.77—4.07
- 4.08—4.79

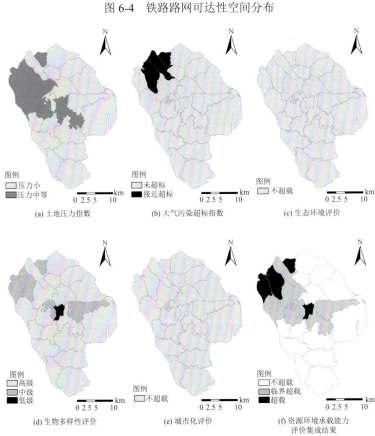

图例
- 压力小
- 压力中等

(a) 土地压力指数

图例
- 未超标
- 接近超标

(b) 大气污染超标指数

图例
- 不超载

(c) 生态环境评价

图例
- 高级
- 中级
- 低级

(d) 生物多样性评价

图例
- 不超载

(e) 城市化评价

图例
- 不超载
- 临界超载
- 超载

(f) 资源环境承载能力
评价集成结果

图 6-8　中山市资源环境承载能力评价指标及集成结果

示意图，非政府最终规划成果

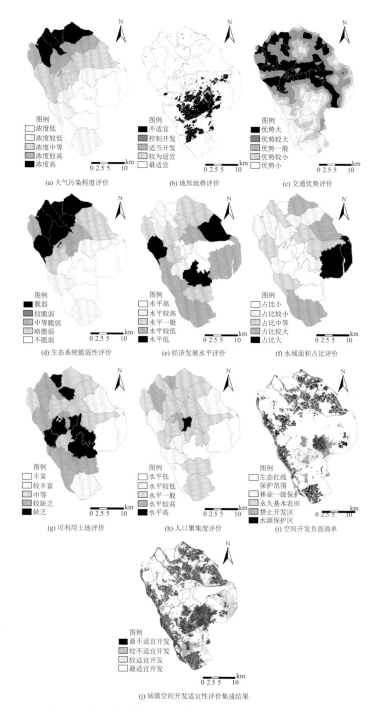

图 6-9　中山市城镇空间开发适宜性评价指标及集成结果

示意图，非政府最终规划成果

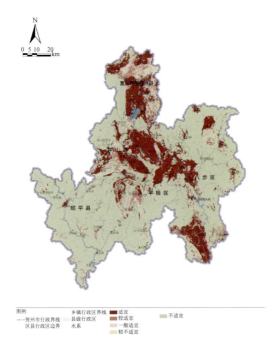

(a) 贺州市城镇建设条件分级图

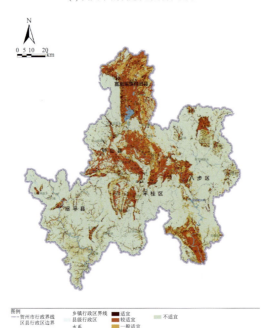

(b) 贺州市农业耕作条件分级图

图 6-11 贺州市土地资源评价结果

示意图，非政府最终规划成果

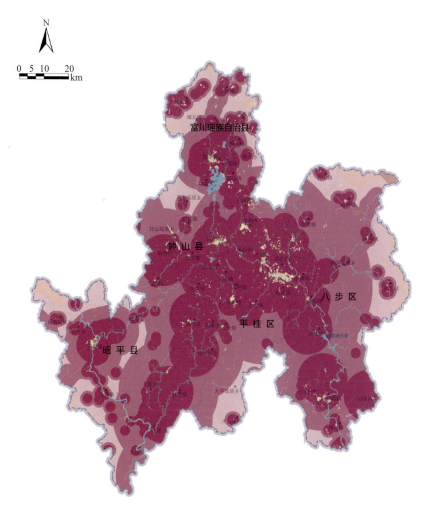

图例
— 贺州市行政界线
区县行政区边界
乡镇行政区界线
县级行政区
水系
建成区
高
较高
一般
较低
低

图 6-12　贺州市区位条件评价结果

示意图，非政府最终规划成果

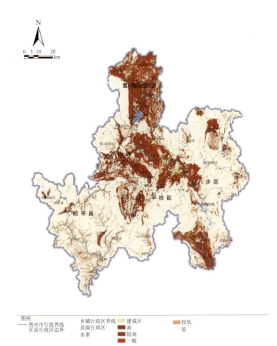

图例
——贺州市行政界线　　乡镇行政区界线　　建成区　　　较低
区县行政区边界　　县级行政区　　　高　　　　低
　　　　　　　　　水系　　　　　　较高
　　　　　　　　　　　　　　　　　一般

(a) 贺州市城镇建设适宜性等级评价图

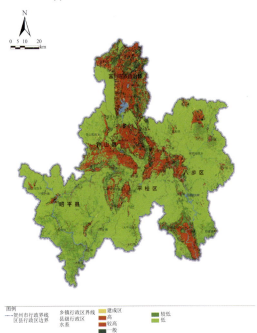

图例
——贺州市行政界线　　乡镇行政区界线　　建成区　　　较低
区县行政区边界　　县级行政区　　　高　　　　低
　　　　　　　　　水系　　　　　　较高
　　　　　　　　　　　　　　　　　一般

(b) 贺州市农业生产适宜性等级评价图

图 6-14　贺州市适宜性评价结果

示意图，非政府最终规划成果

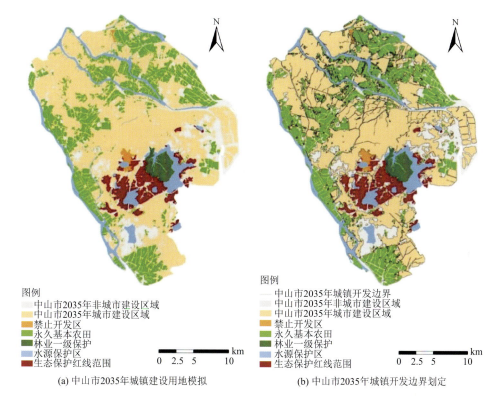

図例
—— 中山市2035年城镇开发边界
中山市2035年非城市建设区域
中山市2035年城市建设区域
禁止开发区
永久基本农田
林业一级保护
水源保护区
生态保护红线范围

图例
中山市2035年非城市建设区域
中山市2035年城市建设区域
禁止开发区
永久基本农田
林业一级保护
水源保护区
生态保护红线范围

0 2.5 5   10 km

0 2.5 5   10 km

(a) 中山市2035年城镇建设用地模拟

(b) 中山市2035年城镇开发边界划定

图 6-17　中山市 2035 年建设用地模拟及城镇开发边界划定结果

示意图，非政府最终规划成果

(a) 改进的蚁群优化算法

(b) 模拟退火法

(c) 遗传算法

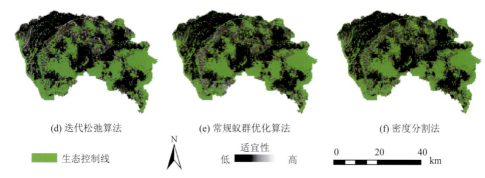

(d) 迭代松弛算法　　　　　(e) 常规蚁群优化算法　　　　　(f) 密度分割法

生态控制线　　　　　N　　　适宜性　　　　　0　　20　　40
　　　　　　　　　　　低■■■高　　　　　　　　　　　　km

图 6-18　多种算法划定结果对比

示意图，非政府最终规划成果

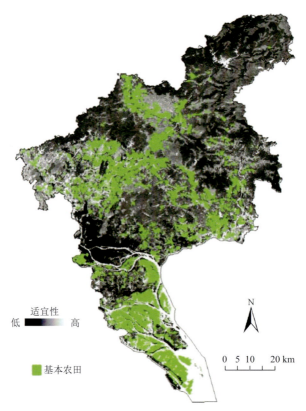

适宜性
低■■■高

基本农田

图 6-21　基于克隆选择算法划定的基本农田

示意图，非政府最终规划成果

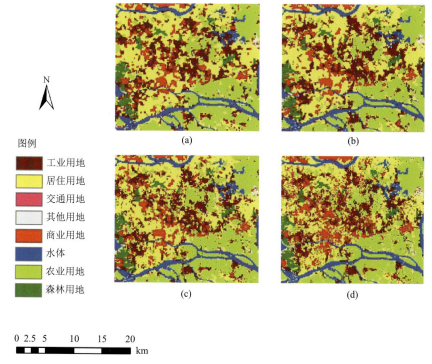

图例

■ 工业用地
■ 居住用地
■ 交通用地
□ 其他用地
■ 商业用地
■ 水体
■ 农业用地
■ 森林用地

0 2.5 5 10 15 20
km

图 6-24 MAI-LA 生成 4 个解的土地格局

示意图，非政府最终规划成果

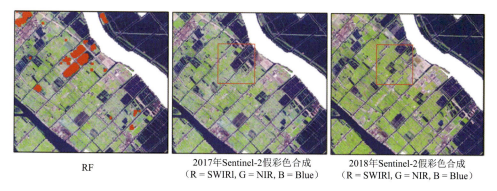

RF

2017年Sentinel-2假彩色合成
（R = SWIRl, G = NIR, B = Blue）

2018年Sentinel-2假彩色合成
（R = SWIRl, G = NIR, B = Blue）

图 9-4 基于随机森林算法的永久基本农田保护区内建设用地变化识别

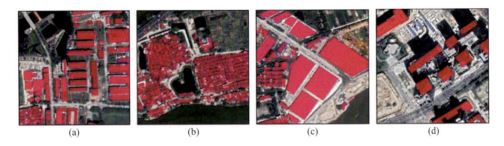

图 9-6　部分影像与标签的叠加示意图

（a）工厂厂棚；（b）密集底层住宅；（c）大型厂房；（d）高层公寓

图 9-8　建筑物提取结果

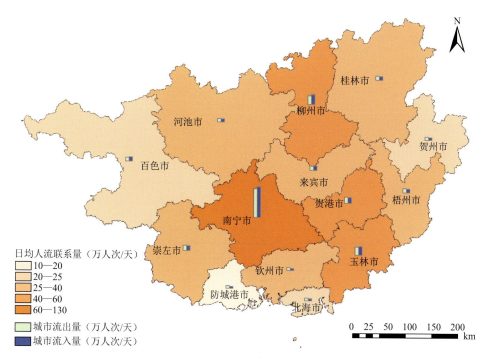

图 9-10 城市对外日均人流联系量

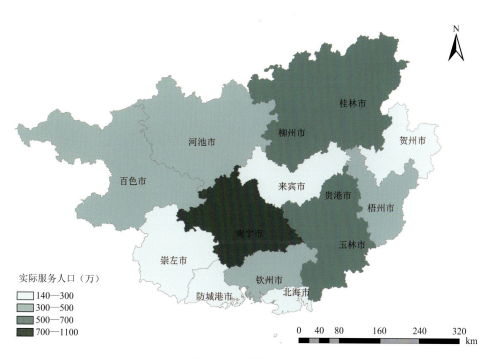

图 9-11 实际服务人口

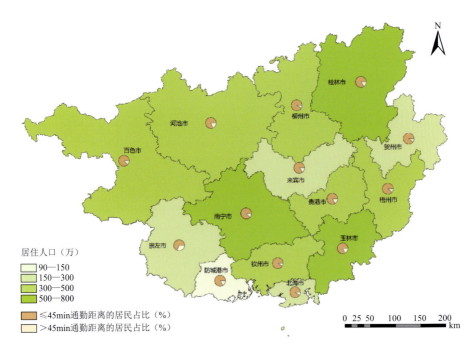

居住人口（万）

90—150
150—300
300—500
500—800

≤45min通勤距离的居民占比（%）
>45min通勤距离的居民占比（%）

0 25 50 100 150 200 km

图 9-12 45min 通勤距离内居民占比

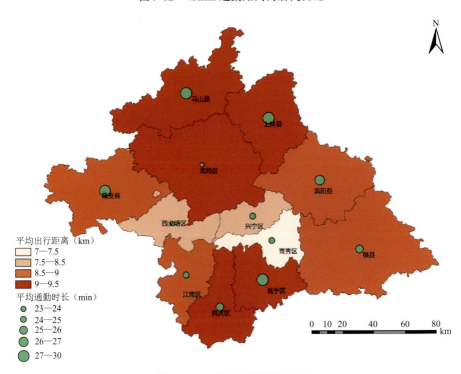

平均出行距离（km）
7—7.5
7.5—8.5
8.5—9
9—9.5

平均通勤时长（min）
23—24
24—25
25—26
26—27
27—30

0 10 20 40 60 80 km

图 9-13 工作日平均通勤时间

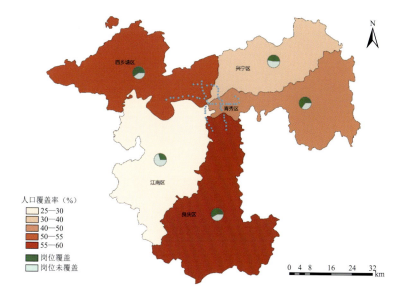

图 9-14　轨道站点 800m 范围人口和岗位覆盖率

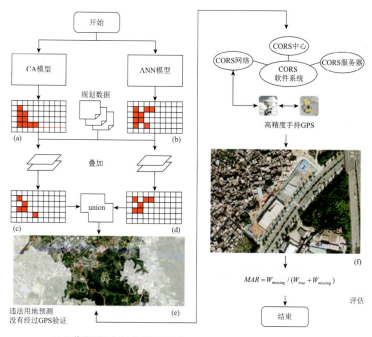

(a) CA模型预测出来的土地利用空间格局
(b) ANN模型预测出来的初始违法用地空间格局
(c) CA模型预测出来的违法用地空间格局
(d) ANN模型预测出来的违法用地空间格局
(e) CA+ANN模型预测出来的违法用地空间格局（没有经过GPS验证）
(f) CA+ANN模型预测出来的最终违法用地空间格局

图 9-18　基于双模型的生态保护红线风险模拟策略

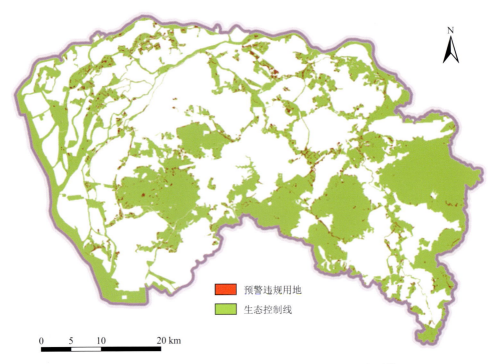

图例：
预警违规用地
生态控制线

0　5　10　　20 km

图 9-19　基于双模型并集的东莞市生态保护红线风险预警

示意图，非当前实际预警情况

图 10-13　数据浏览

图 10-17　合规性分析

图 10-23　多源数据浏览

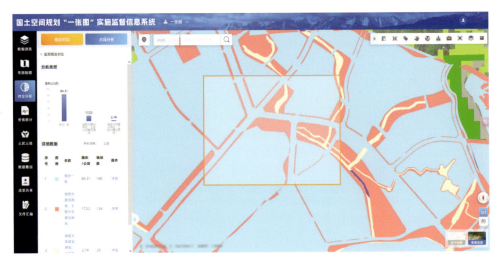

图 10-25　对比分析

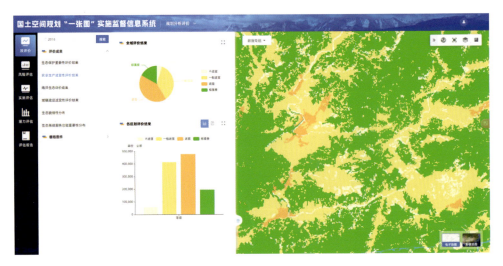

图 10-26　土地资源评价